军都法学

第六辑

主 编

刘大炜　杨婷婷

编委会

刘大炜　杨婷婷　陈艺方　王荣镭　徐宁蕾

陈沛瑶　戴杰克　李德懿　张静怡

中国政法大学出版社

2021·北京

图书在版编目（ＣＩＰ）数据

军都法学. 第六辑/刘大炜，杨婷婷主编. —北京：中国政法大学出版社，2021.8
ISBN 978-7-5764-0103-5

Ⅰ.①军…　Ⅱ.①刘…　②杨…　Ⅲ.①法学—文集　Ⅳ.①D90-53

中国版本图书馆CIP数据核字(2021)第186538号

书　名	军都法学（第六辑）
	JUNDU FAXUE DILIUJI
出版者	中国政法大学出版社
地　址	北京市海淀区西土城路 25 号
邮　箱	fadapress@163.com
网　址	http://www.cuplpress.com (网络实名：中国政法大学出版社)
电　话	010-58908466(第七编辑部) 010-58908334(邮购部)
承　印	北京九州迅驰传媒文化有限公司
开　本	720mm×960mm　1/16
印　张	13.5
字　数	215 千字
版　次	2021 年 8 月第 1 版
印　次	2021 年 8 月第 1 次印刷
定　价	75.00 元

特别鸣谢

王顺安	王桂萍	于国旦	曾文科	杨秀清	王秋兰	张　弘
张冬阳	曹　鎏	高家伟	成晓霞	朱建庚	孔得建	赵一单
张陆庆	张　劲	李松锋	姚国建	朱　铮	陈　煜	李　倩
李　超	姜晓敏	缪　宇	喻　中	王　雷	金　晶	刘智慧
蔡乐渭	罗智敏	范立波	雷　磊	王新宇	陈　健	付继存
王宏哲	赵雪纲	崔永东	冯晓青	佘力焓	孙　阳	何　兵
罗晓军	张吕好	林　华	马　允	张　力	刘　飞	夏　伟
李　响	邱星美	鄢一美	管晓峰	朱晓娟	刘　斌	李　蕊
赵廉慧	孙　颖	胡　静	刘继峰	张钦昱	安晋城	贺绍奇
孙　强	吴日焕	张子学	吴景明			

感谢各位老师对军都法学论文大赛的支持，老师们无私的奉献精神、严谨的治学态度，是我们继续前进的动力！

序

    为落实国家卓越法律人才培养计划，不断提高本科生培养质量，推进本科生培养体制改革，自 2011 年起，中国政法大学法学院秉承着营造学术氛围、活跃学术思想、提高科研能力、引发学术争鸣的初衷，每年在本科生中举办学术论文大赛。时至今日，"军都法学"论文大赛的举办经验日益丰富，活动机制日趋完善，已成为中国政法大学的精品活动，在中国政法大学论文比赛中已具有不可替代的作用。

    法学院的学生通过参与"军都法学"论文大赛，增强了学术研究意识，强化了专业能力训练。法学院广大师生对论文大赛的举办给予了充分的支持、鼓励与关注，是论文大赛得以生生不息的动力。

    继《军都法学》第一辑至第五辑出版后，法学院又成功举办了第九届论文大赛，共收到投稿论文 100 多篇。我们从中选取了 13 篇优秀作品，集结成《军都法学》（第六辑）出版，以示对学生们的学术能力的肯定与鼓励，同时扩大学术论文的影响，给更多学生以启发和借鉴。

    求学问道，亲近名师，浴伯牙风情；满腹经纶，论剑军都，悟学术精神。感谢广大师生的积极参与和支持，向追求学术的法学学子们致以美好的祝愿，对参与论文大赛的老师致以崇高的敬意！

    本书稿历经多次修改订正，仍难免有错漏之处，敬请广大读者批评指正。

《军都法学》编委会

二〇二一年八月

目　录

洹子孟姜壶所见仪礼释评　　　　　　　　　　　　　王世扬　1

因果关系认定中危险现实化说之提倡　　　　　　　　宋佳恒　21

卡梅框架下财产规则与责任规则的选择适用

　　——以环境污染侵权纠纷为例　　　　　　　　　张　瑜　37

中国学前教育阶段幼儿受教育权之可诉性及其实现途径

　　——写在《学前教育法》正式出台之前　　　　　何天翔　53

理论与实证角度下股权让与担保的效力分析　　　　　舒千芮　83

论"见危不救"入法的基础　　　　　　　　　　　　赵宇轩　94

我国环境污染强制责任保险的制度困境与对策研究　　吴　琼　107

论《联合国海洋法公约》的强制仲裁　　　　　　　　周永琪　129

关于我国居住权案件的司法实践研究

　　——以 72 个案例为样本　　　　　　　　　　　熊境坤　142

《魏玛宪法》立法规范的限定授权结构浅析

　　——以民事立法为例　　　　　　　　　　　　　赵昶龙　155

论债权二重让与的权利归属　　　　　　　　　　　　张　尧　167

我国法上显失公平行为要件的认定　　　　　　　　　陈惠子　178

论重新仲裁适用情形的完善　　　　　　　　　　　　刘佳琪　196

洹子孟姜壶所见仪礼释评

王世扬

摘　要：礼制是周人的立国之基，行至春秋，礼崩乐坏，各级贵族争相逾越礼制早已司空见惯，而洹子孟姜壶记载的却是诸侯自降身份为卿大夫服丧的史事。爬梳文献可见，相关的释读和考证相当丰富，然而，长期以来，学者关注多在文字考释，少有论及史事，更鲜论及具体礼仪，本文以洹子孟姜壶所见的礼仪为核心，探讨齐侯行为的合礼与违礼，挖掘洹子孟姜壶铭文的法制史内涵。

关键词：洹子孟姜壶　铭文　礼仪　历史影响

引　言

法制史相对史学的法制特色即在于其研究方法如同法学研究一样重视"规范"的进路，而对于先秦法制而言，"三礼"毫无疑问是最近乎"规范"的，而对于这些"规范"是否可以信据，尚还需要一些探讨。

本文主要引为规范的传世文献为"三礼"与《春秋》经、传。后者的史料价值为学界所公认，故不加赘述。而本文作为规范依据加以分析的"三礼"，关于其史料价值，学者颇多争议。李学勤先生曾言："先秦礼制的研究十分困难。就典籍而言，《十三经》中虽然有《周礼》《仪礼》《礼记》等所谓'三礼'，却为历代学者指为难治。"[1]"三礼"的成书年代也历来受到学者质疑。

---

〔1〕 李玉洁：《先秦丧葬与祭祖研究》，科学出版社 2015 年版，序一。

（一）仪礼

《仪礼》的成书年代，大约有三种说法。其一，《仪礼》为周公所作；[1]其二，《仪礼》为孔子及其弟子所作；[2]其三，《仪礼》作于荀子之后的秦汉之际。[3]周初时分，政权刚刚稳定，作出《仪礼》一般严密的礼书可能性不高，且《仪礼》文辞与西周金文及《诗》《书》不尽相同，似应非周初所作。[4]先秦诸子文章即早已见引《仪礼》诸文，《仪礼》固非秦汉后的产物。[5]故而，纵然《仪礼》十七篇最终形成的年代在战国以后，并不影响其作为春秋战国时期礼书的史料价值。吕思勉先生以《仪礼》为"治史者所必资"。[6]间或有疑礼书是否为当时遵守模范，《国语·周语·单襄公论陈必亡》载陈侯"弃衮冕而南冠以出"，单襄公认为其"不亦简彝乎？是又犯先王之令也"。陈侯衣地方服饰被斥"简彝"，可见周诸侯必有一套统一的冕服体系，并不能"因俗简礼"。诸侯应当是需要严守礼书的。如上所述，笔者以为将《仪礼》作为规范加以分析是合适的。

（二）礼记

吕思勉先生在其《先秦史》"古史材料"一章论及大小戴《礼记》时说

---

〔1〕 如贾公彦《仪礼疏序》："至于《周礼》《仪礼》，发源是一，理有终始，分为二部，皆是周公摄政太平之书。"

〔2〕 如司马迁《史记·孔子世家》："孔子之时，周室微而礼乐废，诗书缺。追迹三代之礼，序书传，上纪唐虞之际，下至秦缪，编次其事。曰：'夏礼吾能言之，杞不足徵也。殷礼吾能言之，宋不足徵也。足，则吾能徵之矣。'观殷夏所损益，曰：'後虽百世可知也，以一文一质。周监二代，郁郁乎文哉。吾从周。'故书传、礼记自孔氏。"按，司马迁所谓"礼记"即《仪礼》。又如杨天宇先生，从《仪礼》"敦""簋"不分的情况认为孔子编订的《礼》就是《仪礼》的初本，参见杨天宇撰：《仪礼译注》，上海古籍出版社1994年版，第8页。钱玄先生也认为《仪礼》经过孔子编订，只不过非后世所传十七篇之数，参见钱玄：《三礼通论》，南京师范大学出版社1996年版，第14-15页。

〔3〕 钱玄同与洪业从此说。

〔4〕 参见钱玄：《三礼通论》，南京师范大学出版社1996年版，第11页。

〔5〕 例见沈文倬：《宗周礼乐文明考论》，浙江大学出版社1999年版，第32-43页；钱玄：《三礼通论》，南京师范大学出版社1996年版，第14-15页。

〔6〕 吕思勉：《先秦史》，天津社会科学院出版社2016年版，第7页。

道"其书确为先秦、西汉古文","凡与经相出入者,皆可取资参证也";[1]
钱玄先生认为"大小戴《礼记》除少数为秦汉作品,多数为战国时期作品,
其中较早者仅次于《论语》之后",[2]且不少篇目能与《墨子》互证,《礼
记》各篇成书年代在战国以前,本文引为规范的《祭礼》篇成于孔子后三四
代,[3]与洹子孟姜壶作器年代相去不远。鉴于古史的层累造成,《祭礼》绝
非空穴来风。

(三) 周礼

《周礼》言祀五帝、重"法"观念、述田制,与他书不同,且经郭沫若
先生考《考工记》与古国、古地名、量制的对应关系,可以确定其作于战国
末期,处于思想观念向秦转变的时期。[4]吕思勉先生也说"《周礼》则间与
《管子》相合","欲考战国时制者,独赖此书之存"。[5]本文引《周礼》旨
在为齐侯行为进行定性,本就应经人总结分类,又并非引为规范,似不必苛
求其年代。

综上所述,就本文所论而言,《仪礼》《礼记》可为规范,《周礼》成书
年代较晚,并不一定为当时规范,故本文并未引为规范。然而,古史的层累
造成也意味着礼书的记载也是层累构造的。故而纵使书的最终成书年代较晚,
并不意味着在此前的时代此书的全部内容都不堪用,但确需细加辨别、取舍。

一、洹子孟姜壶铭文整理与述要

洹子孟姜壶又称"齐侯壶",旧称"齐侯罍",有甲乙两器,出现于清中
叶,初由吴荣光、苏州贝氏分藏,后均辗转归于吴云,吴氏斋名"两罍轩"
即为此二壶所做。现洹子孟姜壶甲器(字多一件)藏于中国国家博物馆(以
下简称国博),乙器(字少一件)藏于上海博物馆,其现行铭文为两器对照整
理。"齐侯壶为圆壶,长颈,腹最大径偏下,低圈足。双耳上饰扁角龙首,垂

---

〔1〕 吕思勉:《先秦史》,天津社会科学院出版社 2016 年版,第 8 页。
〔2〕 钱玄:《三礼通论》,南京师范大学出版社 1996 年版,第 14 页。
〔3〕 参见钱玄:《三礼通论》,南京师范大学出版社 1996 年版,第 14 页、第 44-48 页。
〔4〕 参见钱玄:《三礼通论》,南京师范大学出版社 1996 年版,第 31-33 页。
〔5〕 吕思勉:《先秦史》,天津社会科学院出版社 2016 年版,第 9 页。

环饰重璋纹。颈有波带纹，下加中间有目的窃曲纹，腹饰两重波带纹，足饰顾首夔纹。"[1]国博藏件颈部内壁有铭文 19 行 166 字（外形与铭文拓片见图 1、图 2）。

图 1

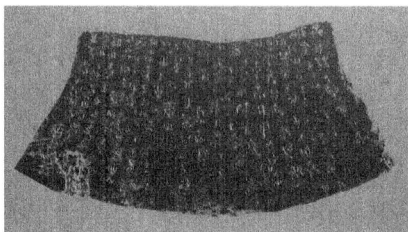
图 2

现将其铭文按行加句读整理如下：

01 齐侯［女］雷聿丧其舅。齐

02 侯命大（太）子乘遽来句（敬）宗

03 伯，圣（听）命于天子。曰："期则

04 尔期，余不其事。女（汝）受册，

05 遄传淄（祗）御，尔其跻

06 受御。"齐侯拜嘉命。［于］

07 上（二）天子用璧、玉備；于大

08 無、司折、于大司命用璧、

09 两壶、八鼎；于南宫子用

10 璧二、備玉二笥、鼓钟［一肆］。齐侯既跻

11 洹子孟姜丧，其人民都

12 邑谨寠舞、用

13 纵尔大乐。用铸尔羞鈚

14 用御天子之事。洹子孟姜

15 丧，其人民都邑谨寠舞、

16 用纵尔大乐。用铸尔羞

［1］ 李学勤："齐侯壶的年代与史事"，载《中华文史论丛》2006 年第 2 期。

17 鈚用御天子之事。洹子孟
18 姜[1]用乞嘉命、用乞眉寿、
19 万年无疆，用御尔事。

结合上文句读，大致可将铭文译为：

齐侯之女雷聿之舅去世，（齐侯欲为其服丧），齐侯命令其太子前往王畿，通过掌管礼制的大宗伯询问周王的意见。周王说："你要期服就服吧，我不会对你进行阻挠，（太子）你要尽快乘车回到齐国，齐侯即时成服。"齐侯拜谢周王命令。（齐侯）对二天子用玉璧和一笥玉佩祭祀，对大无、司折、大司命用玉璧、二壶、八鼎祭祀，对南宫子用二玉璧、二笥佩玉、一肆鼓钟祭祀。齐侯为洹子孟姜之事服丧后，齐国各城百姓辍乐舞（以示哀悼）并进献铜料辅弼天子之事。所铸壶赐予洹子孟姜用于祈求（人）好运及健康长寿。

此一释法为何绍基首倡，赵藩记于齐侯罍全形拓本跋文中，认为其"可备一说也"。齐侯罍（壶）旧藏阮元积古斋，何绍基早年为阮元门生，对其藏品应有独到见解。笔者所采金文文字释读主要来源于李学勤、代生二先生的文章（见李学勤《齐侯壶的年代与史事》、代生《齐侯壶新研》）与国博之文物说明，并有所取舍。笔者释义可能不尽完备，或亦可作参考，庶几差强人意。

（一）铭文所涉人物及其相互关系

"雷聿"，亦即后文洹子孟姜应为齐侯之女，历来认为是陈桓子之妻。[2] 由此，文中"齐侯"应是齐景公，"丧"的应是洹子孟姜之舅、陈桓子之父陈文子。释"**𣪘**"为"毁"读作"舅"的释法为郭沫若所提，其说为杨树达先生所认同。[3]

李学勤教授认可"雷聿"为齐侯女的说法，但是根据齐侯壶的形制纹饰

---

[1] 加粗楷体字为重文。
[2] 参见孙诒让《古籀馀论》、郭沫若《金文大系两录》、杨树达《积微居金文说》、白川静《金文通释》等。
[3] 参见杨树达：《积微居金文说》，中国科学院 1952 年版，第 52 页。

与景公时的圆壶庚壶不一致、纹饰偏向西周中晚期、"年"字从"土"等细节推断齐侯壶作器的时间应不晚于春秋早期，因而显然不是齐景公时物。李学勤教授认为铭文中的"洹子孟姜"应是女冠夫之谥，其夫谥为"洹（桓）"，并将"𢆶"释为"断"，而非"舅"。春秋早期，鲁桓公之妻姜氏依《礼记·檀弓下》的记载乃齐襄公之女，与文本相合，铭文所记乃孟姜家之丧事，乃鲁桓公之丧。[1]据李学勤教授观点所见人物关系参见图3。

管见以为，除却洹子孟姜壶形式上的判断，其铭文内容一定程度上也可辅助事实之推论。壶铭言及二天子，由包山简而见，著于楚地，而楚与陈有所渊源，陈与齐亦有渊源，但楚与鲁似无鬼神上之沟通，二天子又非广受祭祀之神祇——齐侯无论在齐在鲁，为鲁公之丧祭二天子似乎都说不过去。故而笔者认为郭沫若、杨树达二先生之说似更有道理。

综上所述，洹子孟姜壶壶铭所见人物关系大致可参见图4。

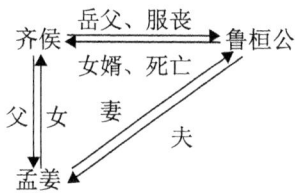

图3

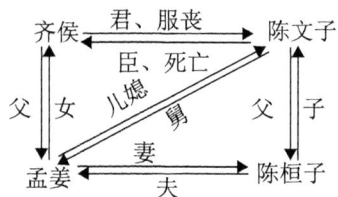

图4

参考上文对壶铭的释读与翻译，壶铭记载的是齐侯为其女之舅服丧并举行祭祀的史事，而无论"丧"的孟姜之舅是何身份，齐侯的行为都是不符合当时礼制规范的，这一点在后文详述。

（二）铭文所涉神祇及其司职

讨论铭文所涉神祇的司职可以辅助祭祀性质的判断，故笔者接下来对其进行比较全面的讨论，最终得出合理的判断。

1. 上天子

文中"上天子"一神，结合上下文而言显然指与"大司命""南宫子"

---

〔1〕 参见李学勤："齐侯壶的年代与史事"，载《中华文史论丛》2006年第2期。

等同类的神祇，有人将其理解为上帝，而"于礼，齐侯不能祭祀上帝，即使祭祀，所用贡品也不应如此微薄"。[1] 由于"二"与"上"之篆文类似，故难以分辨，而似乎将其理解为"二"更好一些——"二天子"本是源于楚地的神祇，但是春秋时期齐楚确实"共祭二天子"（关于其历史渊源后文有所涉及），[2] 如此可以更好地解释贡品之薄（从铭文看其贡品数量远少于大司命，若是"上天子"即"上帝"似乎过于僭越，而二天子之地位则显然低于大司命），同时这种看法亦有出土文献为依据——关于文中"上天子"，"旧皆释为'上天子'，惟《缀遗斋彝器款识考释》卷十三·二三释文作'上'、卷十三·二九释文作'二'，自包山简公布以后，学者多将见于包山简简213、简215、简219、简237、简243的'二天子'与之相联系，进而将旧释'上天子'改释为'二天子'"。[3]

2. 大無

"大無"所见史料甚少，惟宋华强副教授所言较为可信，余皆曰"無"为"舞"，甚谬，不足为论。下录宋华强副教授之观点以为定论。

"'宫襪'之'襪'与'大無'之'無'显然是一回事，大概是为神灵'無'所造的专字。郭沫若先生说：''無'当是'巫'，与《诅楚文》之"大神巫咸"殆是一事。'按，天星观简神灵本有'巫'，所以'宫襪'之'襪'不大可能也是'巫'，如此'大無'之'無'也不会是'巫'。我们怀疑'宫襪'之'襪'与'大無'之'無'皆当读为'祦'。'襪'从'無'声，'無'是明母鱼部字，'祦'是明母之部字。声母相同，韵部看似远隔，不过从有关材料看，从'無'之字与从'某'之字可以相通。如《诗·小雅·小旻》'民虽靡膴'，《释文》引《韩诗》'膴'作'腜'。《大雅·緜》'周原膴膴'，《文选·魏都赋》'腜腜坰野'下李善注引《诗》作'周原腜腜'。西周金文和战国文字'無'常写作从两'某'形，学者多以为属于'变形音化'。

---

〔1〕 李学勤："齐侯壶的年代与史事"，载《中华文史论丛》2006年第2期。

〔2〕 参见代生："齐侯壶新研"，载《考古与文物》2012年第2期。据考，"二天子"为舜之二妃娥皇、女英。

〔3〕 孙刚："东周齐系题铭研究"，吉林大学2012年博士学位论文。

《说文》'某'字古文作'槑'，可能就是假借'無'字。"〔1〕

另见王念孙《广雅疏证》之引证：

"《月令》仲春之月'玄鸟至。至之日，以大牢祠于高禖。天子亲往，后妃帅九嫔御。乃礼天子所御，带以弓韣，授以弓矢，于高禖之前'，注云：'玄鸟，燕也。燕以施生时来，巢人堂宇而孚乳，嫁娶之象也，媒氏之官以为候。高辛氏之出，玄鸟遗卵，娀简吞之而生契。后王以为媒官嘉祥而立其祠焉。变"媒"言"禖"，神之也。'《续汉书·礼仪志》注引蔡邕《章句》云：'高，尊也。禖，媒也，吉事先见之象也。盖为人所以祈子孙之祀。玄鸟感阳而至，其来主为字乳蕃滋。故重其至日，因以用事。契母简狄，盖以玄鸟至日有事高禖而生契焉，故《诗》曰"天命玄鸟，降而生商"'。又引卢植注云：'居明显之处，故谓之"高"；因其求子，故谓之"禖"。'《诗·生民》《玄鸟》《传》并云：'祈于郊禖。'又《鲁颂》'閟宫有侐'《传》引孟仲子曰：'是禖宫也。'"

由上引文献可知"禖"是主司生育之神，古人为求子而祭祷之。"故《玉篇·示部》云：'禖，求子祭。'或又谓之'高禖'，《集韵》平声灰韵枚小韵：'古者求子祠高禖。'上引蔡邕说认为'高'是尊称，可信。洹子孟姜壶'大無（禖）'亦如'高禖'，'大'应该也是尊称。后世感激媒人或谓之'大媒'，沿用至今，看来是有很古老的来源的。"〔2〕

3. 司折

"'司折'，吴云《二百兰亭斋收藏金石记》八读为'誓'，多从之。'司折'之称还见于'新蔡简'甲一：7，何琳仪怀疑应读为'慎'。晏昌贵已指出'折''慎'通假比较困难，他认为'折'应读如本字，'折'一般当'早夭'或死亡讲，他指出'司折或即《楚辞》少司命'，并赞同孙作云'少司是命司小儿之命'的观点。宋华强据王夫之《楚辞通释》'大司命统司人

---

〔1〕 "楚简神灵名三释"，载简帛网，http://www.bsm.org.cn/show_ article.php? id = 486，最后访问日期：2006 年 12 月 17 日。

〔2〕 "楚简神灵名三释"，载简帛网，http://www.bsm.org.cn/show_ article.php? id = 486，最后访问日期：2006 年 12 月 17 日。

之生死，而少司命则司人子嗣之有无。以其所司者婴稚，故曰"少"'及金开诚、董洪利、高路明《屈原集校注》中的相关意见，认为'把"司折"理解为"少司命"看来是有问题的'。"〔1〕

张政烺引《祭法》："大凡生于天地之间者皆曰命，其万物死皆曰折，人死曰鬼，此五代之所不变也。"在此段引文后面，他指出"司折主死，司命主生"。〔2〕笔者认为，张先生之言可信度更高，"折"应从其本字，作"死"理解——既然有司命主生，自有司折主死。

王国维先生在齐侯罍全形拓本跋文中言："此器言'折于大司命'，'折'者，'誓'之假借……据此，则司命为盟誓之神……证以此器，则古盟誓之神实为大司命……"将铭文句读为"折于大司命"，实则来源于吴云刻本所采陈颂南对字多的一件的释文166字版本，然二壶铭文皆有错脱，现通行铭文乃据二壶对照整理，与此铭文释本不尽相同，故本文不论。

4. 大司命、南宫子

大司命虽著于楚地，却确被记载于《周礼·春官》之中，是公认的掌管生命的神祇（主生）。

与大司命不同，南宫子作为神祇并不见于古籍，结合中国古人的鬼神崇拜多为实在的祖先被赋予了神格而成，笔者先考春秋诸国先祖中是否有"南宫子"见传。究其源流亦有数说，然仅一说源于春秋之前，即"南宫子"为周文王辅臣南宫适。而非常奇怪的是，南宫适其人似乎与陈国和齐国均无渊源——南宫适据考为曾国始祖，曾国封南宫适之后，为姬姓侯爵国；齐国封太公望之后，为姜姓侯爵国；陈国封舜帝之后，为妫姓公爵国，三者不同祖不同姓，南宫子亦并非广受祭祀之神。同时，从地理位置来看，曾国在今湖北省，齐国在今山东省，陈国在今河南省东部，三者地理位置亦相去甚远，中间数国，难有在鬼神崇拜上沟通交流之机会。此说实难以确信。

张政烺认为"南宫子，当是五祀之一，或是祝融神也"。〔3〕马承源主编《铭文选》认为"南宫子，神名。二台之上台为司命，此南宫子亦当与星座有关，《史记·天官书》'南宫朱鸟'，司马贞《索隐》引《文耀钩》云'南宫

---

〔1〕 孙刚："东周齐系题铭研究"，吉林大学2012年博士学位论文。

〔2〕 张政烺：《张政烺批注〈两周金文辞大系考释〉》，中华书局2011年版，第143页。

〔3〕 张政烺：《张政烺批注〈两周金文辞大系考释〉》，中华书局2011年版，第143页。

赤帝，其精为赤鸟也.' 则南宫子为朱鸟星座之神名"。[1]以上说法均无确切的实据，但确实有相当的共通之处：祝融是三皇五帝时夏官火正的官名；朱鸟（朱雀），《论衡·物势》篇载"南方火也。其星朱鸟也"。按照五行说，夏季属火，则祝融为夏官火正，朱雀主火，象征夏季——二者均属火；同时，朱雀在先秦被认为是"接引灵魂升天的神鸟"，[2]亦可助人成仙。由此看来，诸说同一，虽非确证，亦稍可信，南宫子或为能接引死者灵魂升天的神明。

至此，齐侯所祭五神身份与司职大致可以明晰，详见表1。

表1

神祇名	司职
二天子	田氏之先妣，舜之二妃娥皇、女英
大無	司人生育后嗣之神
司折	主死之神
大司命	主生之神
南宫子	接引灵魂升天之神

（三）铭文其他部分解读

有学者将"齐侯既跻洹子孟姜丧其人民都邑谨宴舞用纵尔大乐用铸尔羞鈃用御天子之事"句作"齐侯既跻洹子孟姜丧，其人民都邑谨宴，舞用纵尔大乐。用铸尔羞鈃，用御天子之事"，译为："洹子孟姜遇丧，她治下的人民、村邑贫乏困窘，无力为神灵提供大规模的舞乐。但是依然铸造了进献给神灵的祭祀用食器，用来执行天子命令。"[3]

但是似乎从语法上看，此句之"其"代指的应是齐侯，而非洹子孟姜，但或许古文表述与现代不同，又或铭文错漏，故笔者将探讨此句的两种不同理解。

首先，我们看看齐侯治下的都城（或译城市，二者在本文语境下差别不

---

〔1〕 孙刚："东周齐系题铭研究"，吉林大学 2012 年博士学位论文。

〔2〕 参见袁恩培、石琳："柿园汉墓《四神云气图》'四神'形象及作用探析"，载《中州学刊》2015 年第 7 期。

〔3〕 徐义华："洹子孟姜壶新释"，载《南方文物》2018 年第 4 期。

大）是否"谨宴"而致无法提供乐舞。

齐景公时政治比较清明。"官无废法，臣无隐忠，而百姓大说"，[1]"诸侯忌其威，高、国服其政，燕、鲁贡职，小国时期"，[2]"外无诸侯之忧，内无国家之患"，[3]"邻国忌之，百姓亲之"，[4]甚至有"复霸"之趋势。

齐国经济发展历来较好。"伯益兴畜牧养殖于齐国；蚩尤兴冶炼铸造于齐国，修兴舟车制造于齐国；天材地利，多所开发……多天材，饶地利。"[5]"太公以农、工、商为国家的'三宝'：'大农、大工、大商，谓之三宝'。农全则谷足，工全则器足，商全则货足；故'三宝各安其乡，民乃无虑……三宝完，则国安。'"[6]《史记·货殖列传》载："太公望封于营丘，地舄卤，人民寡，于是太公劝其女功，极技巧，通鱼盐，则人物归之，繦至而辐凑。故齐冠带衣履天下，海岱之间敛袂而往朝焉。其后齐中衰，管子修之，设轻重九府，则桓公以霸，九合诸侯，一匡天下；而管氏亦有三归，位在陪臣，富于列国之君……齐带山海，膏壤千里，宜桑麻，人民多文采布帛鱼盐。临菑亦海岱之间一都会也。"

以上是后世对齐国自太公望而始的齐国的整体评价，齐景公时有晏子、陈文子等贤臣辅佐，齐国实现中兴，齐国整体的经济情况应当较好，齐都临淄属于顶级繁华的大都市，经济自然在春秋诸国诸城中首屈一指，因而齐都与齐城进献铜料似乎不成问题。

齐国舞乐也相当发达。《史记·孔子世家》载："齐人闻而惧，曰：'孔子为政必霸，霸则吾地近焉，我之为先并矣。盍致地焉？'黎鉏曰：'请先尝沮之；沮之而不可则致地，庸迟乎！'于是选齐国中女子好者八十人，皆衣文衣而舞康乐，文马三十驷，遗鲁君。陈女乐文马于鲁城南高门外，季桓子微服往观再三，将受，乃语鲁君为周道游，往观终日，怠于政事。"孔子在齐闻《韶》乐，三月不识肉味，可见齐国乐舞技术相当之高；景公一出手就是经过精挑细选的能达到以歌舞技使鲁君"往观终日，怠于政事"的八十人精英乐

---

〔1〕 出自《晏子春秋》卷二·二十二。
〔2〕 出自《晏子春秋》卷七·二十二。
〔3〕 出自《晏子春秋》卷四·十二。
〔4〕 出自《晏子春秋》卷三·十二。
〔5〕 刘斌："周代齐国经济概观"，载《管子学刊》1994 年第 4 期。
〔6〕 姜尚：《六韬·文韬·六守》，咸丰四年刻本第 4b 页。

舞队伍，可见其国内储备更是充足，也当然有能力提供大规模的乐舞。

其次，我们不妨再来看一看田氏一族的封邑是否真的到了无法支撑舞乐，甚至进献铜料都要勒紧裤腰带的程度。

齐桓公封陈完于田地，其位置大约在今枣庄西北，在齐国偏内陆的地区，但境内资源较为丰富，煤矿较多，铜矿虽少但亦数量尚可，且地处国界边缘，处在交通要道，经济往来应当较为频繁，虽不及临淄繁华，其经济发展水平应当也说得过去；同时，齐国乐舞相当发达，想必齐侯宠臣的封地乐舞也不会太差。

综上所述，笔者认为齐国乃至陈氏封地的经济水平和矿产情况、冶炼技术应当能够支撑齐侯的一次祭祀，至少也不至于无法提供乐舞，为进献铜料而发愁。或许我们还是应当将此行为理解为自愿——"都邑人民因齐侯服丧而辍乐舞（以示哀悼）并进献铜料辅弼天子之事。"

二、洹子孟姜壶铭文所见仪礼的分析

（一）背景

1. 陈文子、陈桓子其人

陈桓子时齐景公立，庆丰代崔氏专权，广结仇怨，庆氏家臣王何等作乱，欲为齐庄公报仇（齐庄公为崔氏崔杼所杀，后崔杼立景公），正值陈桓子正与庆丰田猎，其父陈文子察觉将生事变，派人将陈桓子召回。陈桓子知道后，回来的路上破坏了渡船和桥梁，使得庆氏的势力很快被清除。昭公六年，陈桓子和鲍国联合向齐惠公子孙栾氏、高氏进攻，打击旧贵族的势力，并领封邑高唐，此时田氏势力进一步壮大。故《左传》庄公二十二年云："及陈之初亡也，陈桓子始大于齐。"杜预注："昭八年，楚灭陈。"陈文子与陈桓子父子有助齐侯翦除内患的功绩，成为齐侯的宠臣。[1]而比较有趣的是，陈桓子后不过百年，其后代田和即代姜齐而为齐侯，此事或与齐景公不无关系，对此

---

[1] 齐桓公十四年，陈宣公（妫杵臼）欲立宠妃之子（妫款）为太子。宣公见太子御寇与陈完交好，以为他们密谋不轨，就杀死了太子御寇。御寇被杀后，陈完担心会祸及己身，遂避祸奔齐，齐桓公以之为工正，因古代"陈""田"音相近，遂以田为氏，是为齐国田氏之始祖，亦即齐国田氏源于陈国陈氏。陈为楚灭后，田氏在齐国势力渐大。

后文还会提及。

2. 鲁桓公之死

即使按照李学勤教授的观点，齐侯服的是鲁桓公之丧，实际上这种行为也是不符合礼制的。因此我们就有必要了解一下鲁桓公死亡的历史背景。

《左传·桓公十八年》引《春秋》经载："十有八年春王正月，公会齐侯于泺。公与夫人姜氏遂如齐。夏四月丙子，公薨于齐。丁酉，公之丧至自齐。秋七月，冬十有二月己丑，葬我君桓公。"关于鲁桓公"薨于齐"的原因，《左传·桓公十八年》载："公会齐侯于泺，遂及文姜如齐。齐侯通焉。公谪之，以告。夏四月丙子，享公。使公子彭生乘公，公薨于车。"实际上就是齐侯与桓公夫人姜氏私通被鲁桓公发现，齐侯遂使公子彭生为桓公驾车，于是桓公就死于车，其意不言自明。

(二)"齐侯蹄洹子孟姜丧"的"合礼"与"违礼"

1. 合礼的问题

洹子孟姜壶铭中言："命大子乘遽来句宗伯，听命于天子。"周天子说："期则尔期，余不其事女受刺。"可见齐侯为其女之舅服丧一事，是经过上请周王的程序而得到周王认可的。因而虽然齐侯的这一行为与周礼不合，但经过周王的认证，显然为其正当性奠定了基础。

2. 违礼的问题

关于齐侯之服违礼的问题，李学勤教授略有提及："齐侯之女家的丧事，齐侯本应绝不成服，而自愿期服，这是逾越礼制的行为。"[1]李学勤教授用"逾越"一词其实略有一些不准确，卑者自用尊者礼为"逾越"，而尊者自愿为卑者服或不可谓"逾越礼制"。

但是即使认为其没有越礼，这样的行为显然也是违反了周礼的要求的。周礼重点在确定社会的秩序——"亲亲""尊尊"；"君君，臣臣，父父，子子"，即要求各人各安其位，各谋其政。孔子是后世所称的"圣人"，其身处春秋时期，对周礼有着较所有人都更深刻的理解，因此，我们不妨看一看孔子认为的"中礼"为何。

---

[1] 李学勤："齐侯壶的年代与史事"，载《中华文史论丛》2006 年第 2 期。

《论语·先进》篇载："子贡问：'师与商也孰贤？'子曰：'师也过，商也不及。'曰：'然则师愈与？'子曰：'过犹不及。'"由此可见，孔子认为"过犹不及"，即做事情做得不到位与做过度实际上是一样的。以上的说法放在礼制也一样，有《论语·先进》篇载另一事为证——"颜渊死，颜路请子之车以为之椁。子曰：'才不才，亦各言其子也。鲤也死，有棺而无椁，吾不徒行以为之椁。以吾从大夫之后，不可徒行也。'"即使是孔子最器重的弟子颜回死后，孔子仍然拒绝卖掉自己的车驾为颜回做椁，其原因在于：如果颜渊穷而无条件，那么其是可以像孔鲤一样有棺无椁的，而孔子作为大夫，是应坐车而不能徒步行走的——这并不是孔子对弟子缺乏同情，而是出于礼制的要求。

从孔子的行为、言论我们不难看到，在周礼所营造的体系下，人们不但不能僭越礼制，也不能做"猥自枉屈"降低自己身份的行为。以此而言，齐侯的行为显然属于后者，确是违背了周礼要求的。

以下对其加以分析。

齐国封太公望及其后人，为侯爵国，位诸侯之列。关于诸侯丧服，《仪礼·丧服》有特别规定："为父、嫡长子斩衰三年；为嫡妻齐衰杖期；为被封为诸侯之庶子齐衰不杖期；为嫁与诸侯之姑、姊妹、女大功九月；为嫡长子之长殇、中殇大功九月。"[1]《周礼注疏·卷二十一》有规定："凡丧，为天王斩衰，为王后齐衰。王后，小君也。诸侯为之不杖期。"同书亦有释曰"天子诸侯绝傍期"，天子、诸侯为本宗旁系亲属皆无服，只为父（先君）及嫡长子有服。

原则上"臣为君斩，君为臣无服"，《周礼注疏·卷二十一》亦有所涉及，其中亦有例外，即"王为三公六卿锡衰，为诸侯緦衰，为大夫士疑衰，其首服皆弁绖。君为臣服吊服也"。而根据唐贾公彦之释："'君为臣服吊服也者'，欲见臣为君斩，君为臣无服，直吊服，既葬，除之而已。"亦即，君[2]为贵臣服吊服，而此"服吊服"与"服"又有所不同——"服吊服"者，待到贵臣下葬后即可除去吊服；"服"者则须在一定期间内服丧并恪守一定仪礼规则，二者有着显著的不同。

---

〔1〕 参见杨辉："中国丧服服叙制度研究"，华东政法大学 2009 年博士学位论文。
〔2〕 《周礼注疏》中之"君"，多泛指自天子至大夫的各级贵族。

回顾洹子孟姜壶铭文:"齐侯女雷聿丧妻舅……齐侯既跻洹子孟姜丧……"反复强调齐侯是为其女孟姜的家人服丧,亦即作为亲属之身份服陈文子之丧,而根据"天子诸侯绝傍期"之原则,对于姻亲之家长,齐侯不应服丧,若服丧则逾越礼制,颇为不妥。

若认为齐侯以诸侯之尊为贵臣陈文子服丧,同样说不过去。《礼记·王制》载:"天子七日而殡,七月而葬。诸侯五日而殡,五月而葬。卿大夫、士、庶人三日而殡,三月而葬。"陈文子为卿大夫,三日而殡,三月而葬,铭文载:"期则尔期,余不其事女受剌。"表明齐侯欲为陈文子期服,即服一年丧,而于礼,作为诸侯的齐景公最多为陈文子服吊服三月,一年之期显然是过度违背礼制了。

但细忖之又有其他反常之处:春秋晚期礼崩乐坏,亦有诸多诸侯大夫越礼而为丧,未闻有上请周王者;而于齐景公而言,为臣下逾制治丧亦有其例。《晏子春秋》载,梁丘据死后,景公云:"据忠且爱我,我欲丰厚其葬,高大其垄。"周礼对各等级的葬制进行了严格规定,违之则逾制,而齐景公在梁丘据葬仪逾制时并未上请周王,为何单单为陈文子服丧一事,齐景公要大费周章遣太子上请周王呢?

一个可能的解释是,此丧以陈礼治,而在齐国以陈礼治丧且有齐侯亲自出席实在难以令人接受,齐侯唯有上请方敢为之。代生先生采此说,[1]笔者以为然。

在齐的田氏贵族,有以故国(陈国)之礼治丧之例:"山东海阳发掘的嘴子前墓群,作为陈氏家族远在东方的族墓和封邑,该墓出土的两件青铜器孟和甗,均来自陈国。以陈国之重器陪葬,可见田氏对故国的怀念和依恋,同时也可见他们仍固守着本国特殊的文化习俗。"[2]

同时,另一证据似乎也可证明齐侯以陈礼治丧,即齐侯祭祀之顺序。为何对"二天子"所用祭品数量更少而祭祀顺序却在大司命之前?或许与陈氏不无关系。《左传·昭公八年》载:"舜重之以明德,置德于遂,遂世守之。及胡公不淫,故周赐之姓,使祀虞帝。臣闻盛德必百世祀,虞之世数未也。继守将在齐,其兆既存矣。"亦即对舜的祭祀要一直延续,现在陈国国灭,但

---

〔1〕 参见代生:"齐侯壶新研",载《考古与文物》2012 年第 2 期。
〔2〕 代生:"齐侯壶新研",载《考古与文物》2012 年第 2 期。

是陈国在齐国尚有后继之人，齐国陈氏作为虞舜之后，一定也祭祀其先祖。齐侯若以陈礼服丧，自然要依俗祭祀"二天子"，[1]且由于"二天子"对于陈氏来说既是先祖又是神祇，先祭亦有所道理，此其证也。

或又有一证。公元前534年，陈为楚所灭，至公元前529年方才复国。前文提到过，杜预注《左传·庄公二十二年》云："昭八年，楚灭陈。"此时正是陈桓子恩宠日胜、权势如日中天之时。《左传·昭公十年》云："桓子授甲而如鲍氏，遭子良醉而骋，遂见文子，则亦授甲矣。"这是陈文子最后一次见于《左传》。陈文子是灵公、庄公、景公时期一位相当重要的臣子，在《左传》与《晏子春秋》中常与晏子、陈桓子一同出现，而在鲁昭公十年后再未见于史书，或许是因为彼时其已逝世。春秋的兼并战争，大多是"毁其宗庙，迁其重器"地抹杀一国存在痕迹的残酷战争，大致可以推知此时陈国宗庙既堕，陈礼不复存在，若陈文子恰巧逝于此时，齐侯上请似也有所道理了。然陈文子生卒年不考，只能权且做此猜测。

同时，陈文子卒于梁丘据之前，若依照上文所说的理解，对梁丘据一事可以更好地解释，周王连诸侯为大夫服丧之事都不反对，何况仅仅是"丰厚其葬""高大其垄"呢？

以上是多数学者之观点（也是笔者的观点），亦即认为铭文内容为齐景公为陈文子服丧为标本进行的分析。

而即使认为铭文若李学勤教授所说，为齐襄公为鲁桓公服丧，同样是说不过去的。前文已经引用了杨辉对《仪礼》中诸侯丧服制度的归纳，[2]可见诸侯也并不需要为另一诸侯服丧或服吊服，即使二者存在姻亲之关系。

综上所述，齐侯以诸侯之尊为卿大夫陈文子服丧期年并以陈礼治丧，为当时所难接受，故而上请周王寻求合法性的保障，得到周王同意后，齐侯方才"跻洹子孟姜丧"。

（三）关于齐侯在陈文子丧中主持的祭祀仪式的性质

洹子孟姜壶铭中载："于上天子用璧、玉備；于大無、司折、于大司命用璧、两壶、八鼎；于南宫子用璧二、備玉二筍、鼓钟一肆。"即在陈文子丧中

---

[1] "二天子"据考为舜之二妃娥皇、女英。

[2] 参见杨辉："中国丧服服叙制度研究"，华东政法大学2009年博士学位论文。

的仪式上，齐侯亲往祭祀，对二天子用玉璧和一笥玉佩祭祀，对大无、司折、大司命用玉璧、二壶、八鼎祭祀，对南宫子用二玉璧、二笥佩玉、一肆鼓钟祭祀。

关于此仪式的性质，各家之说大致不偏于五礼之吉礼、凶礼，故录《周礼·春官·大宗伯》中关于吉、凶二礼的记载：

"以吉礼事邦国之鬼神示，以禋祀祀昊天上帝，以实柴祀日、月、星、辰，以槱祀司中、司命、飌师、雨师，以血祭祭社稷、五祀、五岳，以貍沈祭山林川泽，以疈辜祭四方百物。以肆献祼享先王，以馈食享先王，以祠春享先王，以禴夏享先王，以尝秋享先王，以烝冬享先王。以凶礼哀邦国之忧，以丧礼哀死亡，以荒礼哀凶札，以吊礼哀祸灾，以禬礼哀围败，以恤礼哀寇乱。"

1. 丧礼（凶礼）

关于此仪式的性质，其中的祭祀内容显而易见，然而其似乎并不是一个严格意义上的丧礼。理论上讲，丧礼的祭祀活动多围绕死者本人，延及先祖。就铭文表述来看，齐侯主持的一系列祭祀仪式均与陈文子之丧有关，自然不能否认其丧礼的成分，不过似乎这一系列的仪式并非单纯的丧仪，大无与大司命（甚至南宫子）以其司职似乎更应出现在吉礼的过程当中，而非作为凶礼的丧礼；同时，根据铭文最后一句"洹子孟姜用乞嘉命，用乞眉寿、万年无疆，用御尔事"来看，此壶的用途偏向祈福迎祥，若此壶记载的只是田氏家长的丧事，断然是不会用于祈福的。故而笔者认为将此祭仪理解为丧礼似乎略显片面。

2. 选立宗族的新主人的仪式（吉礼）

有学者认为，"洹子孟姜壶铭应该与洹子之族的继承事件有关，而不是丧礼。学者之所以把洹子孟姜壶理解为丧事，主要原因是文中有'丧''期'等可以与丧事相关联的字；洹子孟姜用了夫谥'洹子'，说明其夫已丧；洹子孟姜又以女子的身份参与事务而非其子出面，也容易把'跻'与丧祭类的家族性事务相联系"。[1]

---

[1] 徐义华："洹子孟姜壶新释"，载《南方文物》2018 年第 4 期。

采此说法，结合壶的铭文，我们不难推知：此仪式是为了选立的田氏一族的新主人，而这一仪式需要齐侯参与，甚至需要请示天子。然而，田氏在齐不过卿大夫，即便选立宗子，似乎也不必派齐侯的太子亲自去往王畿报告周天子，而仅请示齐侯当家事处理即可。除此之外，若是选立宗子之事，似乎大可不必反复强调其与陈文子之丧之间的联系，且在吉礼中祭祀主死之神似也难以理解。同时，根据前注中笔者提到的杜勇教授的《金文"生称谥"新解》一文，此时洹子孟姜并不一定是在丧夫之后参与事务，而大有可能是后人追记此事时加上了"洹"之谥，而彼时陈桓子并未去世。

3. 齐侯进行的一年之中的常规祭祀（吉礼）

《礼记·祭礼》云："王为群姓立七祀——曰司命，曰中溜，曰国门，曰国行，曰泰厉，曰户，曰灶。王自为立七祀。诸侯为国立五祀，曰司命，曰中溜，曰国门，曰国行，曰公厉。诸侯自为立五祀。大夫立三祀——曰族厉，曰门，曰行。适士立二祀——曰门，曰行。庶士、庶人立一祀，或立户，或立灶。"由此可见，诸侯每年要为国内百姓祭祀司命、中溜、国门、国行、公厉五神；至于祭祀的时间，《礼记》中并未看出一定之规，故而这些祭祀属于吉礼的范围确实无可辩驳。但是笔者认为将齐侯之祭归为常规进行的祭祀也确实不妥，若是每年都需进行的常规祭祀，何必要借一个卿大夫之死搭顺风车呢？

4. 笔者的观点——送往迎来的仪式

笔者所谓"送往迎来"，也就是礼敬亡者，同时为族中生者祈福。齐侯所祭五神，难谓吉凶，不过究其司职，不外乎死生——引导死者，又祈求其保佑生者。中国古人之所以有祖先崇拜，是因为古人相信祖先在另一个世界会保佑生者，庇佑后世子孙，简而言之，古人认为生者的幸福来源于死者的护佑，敬事死者，才能保子孙福寿绵长。齐侯在祭祀当中祭二天子，以重享祭司折、南宫子或乃望其接引陈文子之灵魂，祭大無、司命，或为田氏后人祈福，祈愿健康长寿，多子多福。基于中国传统中的死生关系，笔者认为这种仪式乃送死迎生的杂糅并非妄作。

三、就洹子孟姜壶铭对其所记之事历史影响的蠡测

周代礼制的重要保障在于"出礼入刑"，不从礼者应当予以惩罚，而一旦

开了违礼而不罚的恶例，礼的体系就会土崩瓦解，再难得到遵行。这在齐国得到了充分的印证，可以说，是吕氏齐侯的宠信与对田氏一族逾制一再的纵容导致了姜齐的灭亡，或谓"自掘坟墓"。

《史记·田敬仲完世家》载："齐桓公欲使为卿，辞曰：'羁旅之臣幸得免负檐，君之惠也，不敢当高位。'桓公使为工正。""田孟夷生湣孟庄，田湣孟庄生文子须无。田文子事齐庄公。"田氏后人直至四世田文子尚且所记不多，而至陈桓子一代，便开始有所变化："田桓子无宇有力，事齐庄公，甚有宠。"至于桓子之后则更甚："田釐子乞事齐景公为大夫，其收赋税於民以小斗受之，其禀予民以大斗，行阴德於民，而景公弗禁。由此田氏得齐众心，宗族益彊，民思田氏。晏子数谏景公，景公弗听。已而使於晋，与叔向私语曰：'齐国之政卒归於田氏矣。'"其后，田乞更是"欲立景公他子阳生"亦即废立齐侯。

由田完而至田乞的转变，似在洹子孟姜壶中亦可以找到蛛丝马迹。

由洹子孟姜壶铭文看，其用途在于"洹子孟姜用乞嘉命，用乞眉寿，万年无疆，用御尔事"。即，齐侯以人民贡献之铜铸造青铜壶后将其赐予洹子孟姜"乞嘉命""乞眉寿""乞万年无疆"。齐景公不但为田氏服丧，还堂而皇之将其勒于金石赐还田氏，或许在齐景公眼里这是一种"礼贤下士"的贤君风范，但是显然，他的盲目宠信使田氏在齐国得以大肆收买人心，声望日隆而脱离齐侯的控制（虽然在景公的时代并未显现），甚至使田氏违礼治丧成为常态——"嘴子前墓 M4 的主人为田乞（陈桓子田无宇之子），墓中出土铜鼎 7 件。[1] 而据周礼，天子九鼎，诸侯七鼎，田乞最多不过卿大夫，是没有资格配七鼎的。此事恰发生在齐侯为陈文子越礼服丧之后——有了齐侯特请周天子同意违礼而为其祖父服丧，并以高规格的礼仪丧葬之例，田氏之后必然循其先例而厚葬"。[2]

由于拥立数代齐侯之事，又有助齐侯平叛维稳之功，历代齐侯对田氏家族的恩宠日益增进，以至于田氏之封地甚至超越了齐侯，田氏在齐势力渐大。直至公元前 387 年，田和与魏文侯在浊泽相会，求魏侯代告周天子，请列为

---

〔1〕 马良民、林仙庭："海阳嘴子前春秋墓试析"，载《考古》1996 年第 9 期。

〔2〕 代生："齐侯壶新研"，载《考古与文物》2012 年第 2 期。笔者以为此事亦可做洹子孟姜之事为陈文子之丧礼的旁证。

诸侯。魏文侯派使臣报告周天子，请求立田和为诸侯，周天子准许。公元前386年，田和正式成为齐侯，列名周王室。到此齐国的吕氏政权完全由田氏所取代。至此，姜齐王室吞下了自己一手植下的苦果，其因似在齐景公为洹子孟姜壶所记之事之时即已埋下。

因果关系认定中危险现实化说之提倡

宋佳恒

摘　要：危险现实化说在反思相当因果关系说的基础上产生，对介入因素的判断方法和判断视角都进行了重大调整，站在事后视角考察介入因素相对于先前行为的独立性，已经成为一种新的学说。危险现实化说看似与客观归责理论亲和，但二者在体系上和结果归属原理上都大相径庭，前者以实行行为论为前提，结果归属原理是经验判断而非风险分配。在方法论上，危险现实化说打破了归因与归责的机械二分。在实体内容上，危险现实化说以实行行为论为前提进行结果归属，弥补了客观归责理论的诸多缺陷。而且，客观归责理论能够处理的案件往往也可以用危险现实化说处理，又鉴于我国司法实践已有自发运用危险现实化说的范例，因此没有必要全盘引入客观归责理论。

关键词：危险现实化说　相当因果关系　客观归责　实行行为　介入因素

绪　论

因果关系不能局限于事实判断，还要进行结果归属。目前的因果关系理论普遍采用"归因+归责"的框架，在此框架下出现了两种进路：第一，将原因限定为实行行为，然后进行经验上的结果归属，如相当因果关系说和危险现实化说；第二，借助风险分配原理实现法所不容许的风险之判断，如客观归责理论。[1]

---

[1]　刘艳红教授指出，"客观归属"的译法更佳。因为客观归责之"责"不同于责任之"责"，前者的德文是"Zurechnung"，相当于英文中的"attribution"，讨论的是结果归属；后者的

在因果关系领域，我国不少学者的研究均以引进客观归责理论为结论。支持该理论的学者往往会标榜区分归因与归责在方法论上的重要意义，[1]批评相当因果关系说的"规范判断程度不高"，[2]不像客观归责理论那样"独立地迈入规范性审查的阶段……为刑法学规范性思考的特质赢得了独立性和尊严"。[3]

我国对是否引进客观归责理论的讨论大多聚焦于客观归责理论本身，对相当因果关系说与危险现实化说则着墨较少。日本的判例体现出危险现实化说的立场，并经以山口厚教授为代表的一众学者大力提倡而在日本渐为有力。本文将尝试梳理危险现实化说对相当因果关系说的修正，并总结危险现实化说与客观归责理论在体系上与结果归属原理上的差异，以期突出危险现实化说较之于相当因果关系说与客观归责理论的独特优势。

一、危险现实化说对相当因果关系说的修正

众所周知，单纯使用条件说可能会不当扩大因果关系的范围。[4]因此，相当因果关系说提出，若要肯定因果关系的存在，不仅应具有条件关系，还需根据一般社会生活经验认为行为足以发生结果。[5]于是，因果流程是否异常就具有独立的意义。但是，以大阪南港案为代表，日本部分判例认为，因果流程的异常性不影响因果关系的成立。[6]这种判例取向使得相当因果关系说面临危机，因为在相当因果关系说项下，如果具体地把握结果，那么，由于排除不能预见的后续他人暴力之后，对于死亡结果的提前发生难以作出说明，

（接上页）德文是"Schuld"，相当于英文中的"culpability"，讨论的是非难可能性。参见刘艳红："客观归责理论：质疑与反思"，载《中外法学》2011年第6期。但鉴于"客观归责"已成习惯，本文亦沿用之，在等同意义上使用"归责"与"结果归属"两个概念。

〔1〕 参见陈兴良：《教义刑法学》，中国人民大学出版社2017年版，第317页。

〔2〕 周光权：《刑法总论》，中国人民大学出版社2016年版，第128页。

〔3〕 车浩："假定因果关系、结果避免可能性与客观归责"，载《法学研究》2009年第5期。

〔4〕 参见邹兵建："条件说的厘清与辩驳"，载《法学家》2017年第1期。

〔5〕 参见〔日〕大谷实：《刑法总论》，黎宏译，中国人民大学出版社2008年版，第196页。

〔6〕 大阪南港案在日本学界获得广泛支持。只有西田典之等少数学者批评大阪南港案的结论，具体参见〔日〕西田典之：《日本刑法总论》，王昭武、刘明祥译，法律出版社2013年版，第91页。

故应当否定因果关系。[1]

大阪南港案的判决认为，尽管事后介入了独立于先前暴力侵害的第三人故意行为，但是先前行为所创设的危险还是现实化了，此即危险现实化说的个性之所在。山口厚教授将实行行为危险的现实化分为两类：一类是危险直接现实化，一类是危险由实行行为通过介入因素诱发。[2]前田雅英教授则进一步归纳出三个标准：实行行为危险性、介入因素异常性、介入因素对结果的贡献。[3]与相当因果关系说关注因果流程是否异常不同，危险现实化说更注重考察介入因素是否独立：如果介入因素是实行行为所诱发的，那么肯定因果关系；如果介入因素独立，则还需比较实行行为与介入因素对结果的贡献。[4]

有学者将危险现实化说归入相当因果关系说的范畴。[5]但是，危险现实化说与相当因果关系说在两个重要方面存在着区别。

一方面，相当因果关系说关注对因果流程主观的预见可能性，而危险现实化说则着重考察介入因素的独立性（与实行行为的关联性）。持危险现实化说的黎宏教授就明确指出，应考虑"介入因素是行为人的实行行为当中所包含的，或者说虽不是包含的，但却是伴随实行行为经常发生的，或者是说即便实施实行行为但也完全不会发生，即和实行行为完全无关"。[6]同样持此说的前田雅英教授虽使用了"异常性"的表述，但实际上衡量的也是介入因素是否与实行行为相关联，并且表示介入因素容易被预料到的"预料内"型也

---

〔1〕 参见［日］松原芳博：《刑法总论重要问题》，王昭武译，中国人民大学出版社 2014 年版，第 62 页。

〔2〕 参见［日］山口厚：《刑法总论》，付立庆译，中国人民大学出版社 2018 年版，第 59 页。

〔3〕 参见［日］前田雅英：《刑法总论讲义》，曾文科译，北京大学出版社 2017 年版，第 118 页。

〔4〕 本文将行为时就存在的因素和行为后出现的因素统称为介入因素。张明楷教授对介入因素的理解是狭义的，认为被害人特殊体质等不属于介入因素；黎宏教授则把行为时就存在的并发因素与行为后发生的因素统称为介入因素。既然是站在事后的视角，那么直接统一判断即可。如果区分介入因素和并发因素，那么被害人特殊体质问题就需要运用客观的相当因果关系说，显得叠床架屋。参见张明楷：《刑法学》，法律出版社 2016 年版，第 184 页；黎宏：《刑法学总论》，法律出版社 2016 年版，第 99 页。

〔5〕 参见邹兵建："论相当因果关系说的三种形态"，载《清华法学》2019 年第 4 期。

〔6〕 黎宏：《刑法学总论》，法律出版社 2016 年版，第 100 页。

可以说属于"实行行为诱发了介入情况"。[1]类似的还有张明楷教授，尽管他沿用了相当因果关系说中"异常性"的表述，但实际上关注的同样是介入因素是否为实行行为所诱发，例如张明楷教授主张，虽实行行为后介入被害人异常行为造成结果，但考虑到被害人的恐惧、紧张等心理仍具有通常性，应当肯定结果归属。[2]

另一方面，相当因果关系说站在行为时的视角考虑有无预见可能性，[3]而危险现实化说是站在事后的视角判断介入因素的独立性。

当然，相当因果关系说也尝试进行修正以回应大阪南港案的判决。例如大谷实教授认为后行为人的击打缺乏预见可能性，将其排除出判断基础后前行为人的行为仍足以导致死亡结果的发生，因此可以把结果归属于前行为人。[4]如果赞同这样的观点，确实如松原芳博教授所说，相当因果关系说与危险现实化说十分相似。不过，与危险现实化说相比，相当因果关系说存在一些理论上的缺陷。

第一，"相当性"就定义而言是指经验上某行为导致某结果发生的通常性，这很大程度上仅仅停留于实行行为性的判断。

第二，在违法层面引入了责任内容。如果坚持结果无价值论的立场，既然不法是客观的、责任是主观的，那么主观的预见可能性就不应对有无因果关系的认定产生影响，认定因果关系时自然也不应考虑主观的预见可能性。虽然新客观违法性说提出客观性是指违法性判断标准的客观性而非判断对象的客观性，[5]但这是为了把故意、过失作为主观的构成要件要素，不具有说服力。也正是因为如此，转向危险现实化说之后也不应考虑介入因素的预见可能性。

因此，有必要从相当因果关系说转向危险现实化说。

---

〔1〕 ［日］前田雅英：《刑法总论讲义》，曾文科译，北京大学出版社 2017 年版，第 124 页。

〔2〕 参见张明楷：《刑法学》，法律出版社 2016 年版，第 190 页。

〔3〕 参见 ［日］前田雅英：《刑法总论讲义》，曾文科译，北京大学出版社 2017 年版，第 115 页。

〔4〕 参见 ［日］大谷实：《刑法总论》，黎宏译，中国人民大学出版社 2008 年版，第 205 页。

〔5〕 参见 ［日］大谷实：《刑法总论》，黎宏译，中国人民大学出版社 2008 年版，第 216 页。

二、危险现实化说与客观归责理论的实质分歧

危险现实化说以事后视角进行判断，在这一点上与客观归责理论一致。[1]另外，虽然"风险"与"危险"的拼写不同，但是德国学者仍在等同意义上使用两个概念，[2]这样危险现实化与实现法所不容许的风险在字面意思上似乎也没有太大区别。于是一些学者主张危险现实化说与客观归责理论判断框架有渊源，并以此为客观归责的背书。[3]但这样的观点忽视了二者在体系和结果归属原理上的差异。

（一）在体系上是否依托实行行为

中国和日本一般认为因果关系是实行行为与结果之间的关系，而德国并无此限定。[4]

在体系上，危险现实化说以实行行为论为前提，把因果关系（实行行为引起构成要件结果的过程）理解为，实行行为引起的构成要件结果的现实危险性现实化为实害的过程，这与对实行行为的理解吻合。[5]而客观归责理论与实行行为论无法并存。例如，在暴风雨来临之际意图使人被雷劈死而将其派往森林不成立犯罪。[6]陈兴良教授引入客观归责理论时以此案例为例阐述

---

〔1〕 参见 [日] 前田雅英：《刑法总论讲义》，曾文科译，北京大学出版社 2017 年版，第 116 页。

〔2〕 参见 [德] 乌尔斯·金德霍伊泽尔：《刑法总论教科书》，蔡桂生译，北京大学出版社 2015 年版，第 94 页。

〔3〕 参见孙运梁："客观归责论在我国的本土化：立场选择与规则适用"，《法学》2019 年第 5 期。

〔4〕 参见张明楷：《刑法学》，法律出版社 2016 年版，第 183 页；黎宏：《刑法学总论》，法律出版社 2016 年版，第 94 页；[日] 山口厚：《刑法总论》，付立庆译，中国人民大学出版社 2018 年版，第 50 页；[日] 前田雅英：《刑法总论讲义》，曾文科译，北京大学出版社 2017 年版，第 111 页；[德] 乌尔斯·金德霍伊泽尔：《刑法总论教科书》，蔡桂生译，北京大学出版社 2015 年版，第 76 页。

〔5〕 参见 [日] 山口厚：《刑法总论》，付立庆译，中国人民大学出版社 2018 年版，第 59 页。

〔6〕 参见 [德] 克劳斯·罗克辛：《德国刑法学总论》，王世洲译，法律出版社 2005 年版，第 245 页。

法所不容许的风险。[1]然而他同时认为"实行行为具有限定因果关系起点的机能"，[2]那么劝他人在雨天漫步于森林意图使其被雷击而亡就因不具有故意杀人罪的实行行为而无需讨论因果关系。这显然是对同一问题的重复判断。

客观归责理论虽然有"制造法所不容许的风险"这一子原则，但是判断相对抽象。例如如下案例。

【医院纵火案】 A 将甲打伤，甲住院后被与 A 无关的 B 放火烧死。

如果按照客观归责的观点，医院纵火案中 A 的行为制造了风险并发生了法益侵害结果，但由于介入了第三人的故意行为而并没有实现风险。[3]如果将案例修改为：A 明知 B 要在医院纵火，于是把甲打伤住院使其葬身火海，那么维持没有实现风险的判断就明显不合适了。客观归责理论很难合理论证二者的区别。[4]危险现实化说则会认为两个案例中的实行行为是不一样的：A 不知 B 要纵火，只有故意伤害的实行行为，介入的 B 的纵火行为独立且对结果贡献极大，因此 A 行为的危险没有被现实化；A 知道 B 要纵火，是故意杀人的间接正犯，甲既然是被烧死的，那么因果关系就几乎是不言自明的。

再有，诸如违章超车使得旁边车辆的驾驶员心脏病发作死亡这样的情形，周光权教授认为因结果在规范保护目的之外所以不能归责，[5]也就是说，这样的行为也制造了法所不容许的风险。但是这样的行为根本就不是实行行为，没有必要考虑因果关系的问题。

由此可见，是否以实行行为论为前提，在案例中会形成不同的解释方案。

（二）结果归属原理是经验判断还是风险分配

客观归责理论与风险分配关系密切。[6]有学者认为危险现实化说将因果

---

〔1〕 陈兴良：《教义刑法学》，中国人民大学出版社 2017 年版，第 321 页。
〔2〕 陈兴良：《教义刑法学》，中国人民大学出版社 2017 年版，第 210 页。
〔3〕 陈兴良：《教义刑法学》，中国人民大学出版社 2017 年版，第 324 页。
〔4〕 参见蔡桂生："非典型的因果流程和客观归责的质疑"，载《法学家》2018 年第 4 期。
〔5〕 参见周光权：《刑法总论》，中国人民大学出版社 2016 年版，第 133 页。
〔6〕 参见劳东燕："风险分配与刑法归责：因果关系理论的反思"，载《政法论坛》2010年第 6 期。

流程理解为风险转化为结果的动态过程，为客观归责奠定理论基础。[1]这样的观点是存在疑问的。危险现实化说虽然包含价值判断，但主要还是经验上的结果归属。该说认为经验上的通常性没有独立意义，但并不是说经验判断不重要，恰恰是认为经验上确实存在因果流程异常但不影响因果关系成立的情况，所以才没有必要赋予因果流程通常性以独立的意义。下面用两个案例来具体说明经验判断与风险分配的区别。

【啤酒瓶案】 C 等人用碎啤酒瓶扎乙的后颈部，损伤其深颈静脉、外椎骨静脉周边，致其大出血。术后乙病情暂时稳定，预计需要 3 周时间来治疗。乙试图擅自出院，拔出治疗用的管子，导致病情急转直下，伤重死亡。[2]

持危险现实化说的山口厚教授肯定 C 的行为与乙死亡之间存在因果关系，其理由是：C 的行为本身具有致人死亡的危险，乙的行为并不妨碍实行行为的危险性现实化为结果。[3]当然，危险现实化说未必都会肯定先前的伤害行为与最终的死亡结果之间有因果关系。笔者认为，在病情稳定后 C 的伤害行为的危险已经解除了，如果术后乙因为医务人员的过失或者自己不配合治疗等行为导致病情恶化死亡，也不应当把结果归属于行为人。

三、危险现实化说的优越性

（一）方法论上，危险现实化说对"归因+归责"框架之突破

客观归责理论与相当因果关系说均采取"归因+归责"的双层次框架，先以条件说解决归因问题，然后考虑行为是否具有相当性或者能否进行客观归责。[4]但是，这可能存在两点疑问：第一，就归因而言条件说未必在所有场合下都

---

[1] 参见邹兵建："论相当因果关系说的三种形态"，载《清华法学》2019 年第 4 期。

[2] 参见 [日] 山口厚：《从新判例看刑法》，付立庆、刘隽、陈少青译，中国人民大学出版社 2019 年版，第 7 页。

[3] [日] 山口厚：《从新判例看刑法》，付立庆、刘隽、陈少青译，中国人民大学出版社 2019 年版，第 14 页。

[4] 参见 [日] 大谷实：《刑法总论》，黎宏译，中国人民大学出版社 2008 年版，第 203 页；周光权：《刑法总论》，中国人民大学出版社 2016 年版，第 131 页。

能得出妥当的结论；第二，归因与归责本身就非泾渭分明。

以二重的因果关系为例。

【双重投毒案】 D 向丙的空水杯中倒入 100 毫升掺入某有毒物质的水，不知情的 E 继续向丙的水杯中倒入 100 毫升被掺入某种有毒物质的水（D、E 投入的有毒物质种类、质量相同），丙喝下 50 毫升水后中毒身亡。

按照条件公式，无论排除哪一方的行为结果都会发生。为了回应"条件说错误论"，"整体考察说"对条件说进行了修正："如果若干行为虽可替代性地不予考虑，但不可累积性地加以排除，那么，这几个行为中的每个行为，都应认定为结果的原因。"[1]这也是目前的通说。但是这种修正"缺乏修正的根据和理由"，[2]如果将其推广开来，还会在某些场合下得出不妥当的结论，例如下述沙漠旅行案。

【沙漠旅行案】 丁准备穿越沙漠长途旅行，F 在丁出发前将其水壶中的水换成无色无味的毒药。不知 F 行为的 G 也想杀丁，在 F 投毒后将水壶钻了一个小洞。丁最终渴死于沙漠。

按照整体考察说，除去 F 的行为结果将发生，除去 F 和 G 的行为结果将不发生，因此 F 的行为也与乙的死亡有因果关系。这就与具体的结果观相抵牾，因为丁是渴死的，所以与之有因果关系的是 G 的行为而非 F 的行为。[3]

对此，邹兵建博士指出条件公式与条件说真正的判断公式不同，应当根据条件说提出者格拉泽的论述来确定条件说判断公式的内容，即：若无 P 则无 Q，P 是 Q 之因；若无 P 仍有 Q，Q 以不同方式出现，P 是 Q 之因；若无 P 仍有 Q，Q 以相同方式出现，P 非 Q 之因。[4]解释方案固然有其合理性，但这实际上已经成为区别于条件说的其他标准。

---

〔1〕 [德] 乌尔斯·金德霍伊泽尔：《刑法总论教科书》，蔡桂生译，北京大学出版社 2015 年版，第 87 页。

〔2〕 张明楷：《刑法学》，法律出版社 2016 年版，第 187 页。

〔3〕 而且，刑法上的因果关系必须能够在刑事诉讼中予以证明。若认为 F 的投毒行为与丁死亡有因果关系，需要进行毒理分析等鉴定，但本案中由于丁根本没有喝到毒水，自然无法验证。

〔4〕 参见邹兵建："条件说的厘清与辩驳"，载《法学家》2017 年第 1 期。

而且，这样的修正实际上是由结果反推论证，想方设法把账算在行为人头上，这其实已经不是单纯的事实认定，还包括了结果归属的规范判断。此即"归因+归责"双层次框架的另一个问题——事实判断可能会包括结果归属，结果归属也有可能包括事实判断。[1]例如，前述沙漠旅行案，认为丁不是被毒死的，既可以说这是一个事实判断，也可以说 F 投毒创设的危险并没有现实化。

持危险现实化说的山口厚教授直接指出，在判断危险现实化时必然包含行为与结果间的事实关联，因此不必将因果关系分为事实的关联（条件说）和规范的限定（相当因果关系），直截了当地追问有无危险性的现实化即可。[2]需要说明的是，不区分归因与归责并不意味着不进行事实判断（山口教授在判断杀人、伤害类案件中危险是否现实化时仍十分重视死因[3]），而是说，归因并没有独立的意义，而是服务于归责的，只要不把应该进行结果归属的"原因"错误地以没有事实上的关联为由排除出去即可。

于是，对前述条件说的第一个疑问也迎刃而解：条件公式"只是为了判断事实因果关系的辅助公式，本身并没有什么绝对的意义"，[4]完全可以混用条件说与合法则的条件说，既没有条件关系也没有合法则的条件关系时才否定因果关系。[5]按照这种思路，前述双重投毒案中 D、E 的行为都分别对丙的死亡起作用，存在合法则的条件关系，故二者的行为与死亡结果之间都有因果关系。

对此，邹兵建博士反驳道，条件说采取反事实思维而合法则的条件说采取正向判断，因果法则属于合法则的条件说的内容而不属于条件说的内容，因此条件说与合法则的条件说是敌对关系，不能并用。[6]但是，笔者认为，无论采取哪种学说，查明因果流程都以掌握相应的科学法则为前提，在一般情况下，条件说与合法则的条件说不会得出相反结论。例如，甲持刀捅刺熟

---

〔1〕 参见张明楷：《刑法学》，法律出版社 2016 年版，第 183 页。

〔2〕 参见〔日〕山口厚：《刑法总论》，付立庆译，中国人民大学出版社 2018 年版，第 59 页。

〔3〕 参见〔日〕山口厚：《从新判例看刑法》，付立庆、刘隽、陈少青译，中国人民大学出版社 2019 年版，第 11 页。

〔4〕 参见〔日〕山口厚：《刑法总论》，付立庆译，中国人民大学出版社 2018 年版，第 53 页。

〔5〕 参见张明楷：《刑法学》，法律出版社 2016 年版，第 185 页。

〔6〕 参见邹兵建："合法则性条件说的厘清与质疑"，载《环球法律评论》2017 年第 3 期。

睡的乙，尸检结果表明乙在被刺前已死于心脏病，两种学说都不会认为甲构成故意杀人既遂。在条件说与合法则的条件说结论不一致时，真正起决定性作用的不是条件关系或者合法则的条件关系，而是科学法则。因为联系具有多样性，很难指望一个抽象的规则可以无所不能地处理所有因果关系，只能依靠具体的科学法则去判断。所以，只要依据科学法则，通过"若无前者即无后者"或者"前者导致后者"的思路找到符合构成要件的实行行为即可，没有必要纠结何时用条件说，何时用合法则的条件说。因此，在双重投毒案中，只要证明丙喝了 D、E 投放了有毒物质的水而死，那么就可以认定 D、E 均为故意杀人既遂。

危险现实化说突破"归因+归责"的机械二分，避免了归因层面究竟应适用何种学说的无谓争论，同时还淡化了条件说在因果关系认定中的基础地位，缓和了由条件说带来的解释难题。例如，条件说认为所有条件都是等价值的，[1]而衡量实行行为与介入因素对结果的贡献其实暗含条件不等价，危险现实化说不再区分归因与归责，规避了条件说，条件说要求的等价值性问题自然也就不存在了。

（二）实体内容上，危险现实化说对客观归责理论缺陷之弥补

第一，客观归责理论脱离实行行为进行风险判断，缺乏清晰的标准。

【高尔夫球案】高尔夫球手 H 在练习击球过程中，将高尔夫球打到远处的球童戊身上，导致戊重伤。

持客观归责说的周光权教授认为，球手无法掌控因果流程（不能要求球手只能安全击打而不能打偏），打偏所带来的风险是社会所能接受的风险，因此球手并未制造法和社会所不允许的风险。[2]周光权教授将球手的行为定性为"打偏"，这种判断方法值得商榷。罪刑法定原则要求将刑法规定的构成要

---

〔1〕 参见［德］乌尔斯·金德霍伊泽尔：《刑法总论教科书》，蔡桂生译，北京大学出版社2015年版，第 79 页。

〔2〕 参见周光权："客观归责理论的方法论意义兼与刘艳红教授商榷"，载《中外法学》2012 年第 2 期。

件作为大前提，再将案件事实与构成要件进行对应。[1]先将案件事实评价为"打偏"，再判断没有制造法所不容许的风险，正好将大前提与小前提颠倒了。

【落石案】 为了避免同伴的头部被落下的砖头砸到将其推到一边，使其肩部被砖头砸到。

【火场救人案】 由于没有其他救援办法而将小孩从火场高处抛下。

客观归责理论项下的风险降低学说一般认为，落石案可以排除构成要件；火场救人案该当构成要件，需要后续通过推定承诺正当化予以出罪。这样的标准是模糊不清的。如果维持落石案的判断，那么火场救人案也应当否定构成要件该当性。此外，如果把火场救人案修改为在火场发现仇人之子而将其从高处抛下意图杀之，风险降低学说就会左右为难：（1）若肯定成立故意杀人罪，那么就意味着客观的不法受到了主观要素的影响；（2）若否认成立故意杀人罪，就相当于承认了假定因果关系。如果认为创设了一个新的危险就不能否定构成要件该当性，那么落石案也需要通过违法阻却事由来出罪，这就导致风险降低学说基本上无用武之地。

由此可见，客观归责理论对风险的判断标准模糊不清，可能导致任意出入罪。这一问题与其缺乏实行行为定型性的指引不无关系。构成要件具有犯罪个别化的机能，[2]危险现实化说坚持实行行为（构成要件行为）的概念，有利于司法机关准确定罪。例如，面对高尔夫球案，一方面，危险现实化说不会抽象地判断挥杆击球的行为是"打偏"，而是会认为高尔夫球飞行速度较大，也有一定的重量，确实具有能够致人重伤的现实危险，只要击中了球童就不应否定因果关系。另一方面，正是因为对于球手来说打偏是很正常的事情，所以才应在打球时格外谨慎，不能将球打向有人的区域。如果球童正在球洞附近正常工作，在远处看到球童的球手仍挥杆击球致球童重伤，那么这就存在故意伤害的实行行为，完全可以认为球手成立故意伤害罪（间接故意）。

第二，客观归责理论对风险的判断未能将具体的结果观坚持到底，在一些场合易得出不合理的结论。

---

〔1〕 参见张明楷：《刑法分则的解释原理》，中国人民大学出版社2011年版，第219页。

〔2〕 参见张明楷：《刑法学》，法律出版社2016年版，第116页。

持客观归责论的学者大多也认同假定因果关系不影响因果关系的成立，[1]亦有学者认为客观归责理论能够更有力地回答这类问题。[2]但风险降低排除归责这一客观归责理论的子原则恰恰与具体的结果观不能并存。在前述落石案中，风险降低学说对风险的判断是抽象的。致人肩部受伤是类型性的法益侵害结果，只是通过法益衡量阻却不法；而头部被落石砸中而死根本不存在法益侵害。正如金德霍伊泽尔教授批评的那样，风险降低的情况考虑了假定因果关系。[3]这样，客观归责理论对于为什么假定的因果流程不在考虑范围之内这一问题的回答就缺乏说服力，并且容易得出不合理的结论。火车案即为典例。

【火车案】 I 调整了己所驾驶的火车的运行轨道，使火车从并行同向的右轨道转到发生山体塌方的左轨道，己在左轨道上撞崖而死。但右轨道也已发生山体塌方，己正常行驶同样也会撞崖而死。

有一种观点认为，行为人仅仅修正了一种自然因果性，而没有在整体上恶化被害人的状况时，就要排除归责。[4]按照这种观点，I 改变了己的死亡地点，但没有使己撞上岩石的机会增加，因此 I 的行为不具有客观上的可归责性。有 I 的行为，己会死；没有 I 的行为，己也会死——这实际上已经把假定因果关系与结果避免可能性两个问题混淆。己死于左轨道是一个法益侵害结果，而死于右轨道仅仅是一个抽象意义上会同样出现的结果。[5]所以，I 的行为与己的死亡之间应当具有因果关系。

第三，客观归责理论中的风险分配存在相当大的主观性，[6]有时得出的结论罪刑失衡，难以实现刑罚的预防目的。

---

〔1〕 参见周光权：《刑法总论》，中国人民大学出版社 2016 年版，第 122 页。

〔2〕 参见车浩：《阶层犯罪论的构造》，法律出版社 2017 年版，第 155 页。

〔3〕 ［德］乌尔斯·金德霍伊泽尔：《刑法总论教科书》，蔡桂生译，北京大学出版社 2015 年版，第 98 页以下。

〔4〕 陈兴良："从归因到归责：客观归责理论研究"，载《法学研究》2006 年第 2 期。

〔5〕 车浩："假定因果关系、结果避免可能性与客观归责"，载《法学研究》2009 年第 5 期。

〔6〕 参见劳东燕："风险分配与刑法归责：因果关系理论的反思"，载《政法论坛》2010 年第 6 期。

【消防员案】 J 在公共场所放火，火势很大。消防员庚为保护群众牺牲，（没有指挥及战术上的失误）没有群众在火灾中丧失。

危险现实化说毫无疑问会把消防员的死亡结果归属于 J，因为放火行为必然导致消防人员灭火，而消防人员的正常灭火行为仍然不能避免其死亡。[1] 然而，陈兴良教授却认为行为人不具有客观上的可归责性。[2] 这样的观点显然违背了一般人朴素的法感情。如果让消防员自我答责，其实已经暗含了对被害人的一个否定性评价，如"活该""自作自受"。消防员的确能够认识到自己的职业危险性较高，但他们冲入火场并不是不爱惜自己的生命，而是为了尽可能保护人民群众的生命财产。没有谁的生命是用来牺牲的，消防人员苦练指挥与战术动作就是为了减少自身伤亡。

另外，认为消防人员的死亡结果不能归属于 J 还不利于实现罪刑均衡。因为中国有大量的火灾只有消防人员牺牲，没有人民群众伤亡。从经验上讲，在不存在指挥失误的情况下，牺牲的消防人员越多，就意味着放火行为的危险性越大。如果不把结果归属于行为人，那么大量的案件在量刑上不会有太大的差别。此时客观归责理论就面临一个悖论："答责性"把预防引入犯罪论；要想实现预防目的，就要保证罪刑是适当的，如果没有烧死人的甲根据《中华人民共和国刑法》第 114 条应判处三年以上十年以下有期徒刑，而烧死三个消防员但没有烧死普通群众的乙也是同样处罚，只烧死三个普通群众的丙根据《中华人民共和国刑法》第 115 条才可能被判处十年以上有期徒刑、无期徒刑或者死刑，那么对乙的处罚明显畸轻，甲和丙会觉得罪刑失衡、处罚不公平，刑罚的预防目的就此落空。

第四，结果归属必须与法益衡量相区分，客观归责理论一味进行风险分配有可能破坏整个犯罪论体系的结构。

例如，行为人在高速公路上抢劫，被害人惊慌失措下车呼救被正常行驶的车撞死。被害人下车是行为人的实行行为诱发的，所以可以认为行为人成立抢劫致人死亡。而在正当防卫的案件中，防卫人的防卫行为同样是侵害人的侵害行为所诱发的，为什么不把结果归属于侵害人呢？

---

〔1〕 参见张明楷：《刑法学》，法律出版社 2016 年版，第 170 页。
〔2〕 参见陈兴良主编：《刑法总论精释》，人民法院出版社 2016 年版，第 208 页。

如果进行风险分配的话，就有可能援引被害人自我答责否认防卫人的可归责性："就侵害人一方而言，当他实施不法侵害时，就意味着他已经基于自我决定，违反了法秩序要求的'不得侵害他人'的义务，由此进入一个可识别和能预料的规范设定的遭遇防卫反击的风险之中。这一风险的现实化，应看作侵害人人格自由的展开，刑法不应当再对其进行保护，由此产生的后果，根据自我答责的原理由侵害人自己承担。"[1]这样客观归责理论就不是像其支持者所说的那样仅解决结果归属问题，而是至少覆盖了整个不法阶层。

危险现实化说与风险分配无关，法益衡量是违法阻却事由的原理。正当防卫案件中，被评价的实行行为是防卫行为而非诱发防卫行为的侵害行为，不能像上述思路那样把实行行为作为介入因素去判断，所以正当防卫案件中不会把结果归属于侵害人。这样，结果归属就不致模糊犯罪论体系。

综合以上四点，危险现实化说依托实行行为进行经验上的结果归属，能够克服客观归责理论的弊病，也不致产生犯罪论体系上的混乱。

四、余论：我国司法实践中的理论选择

我国司法实践中已经有不少案例自发地运用危险现实化说来认定因果关系。例如，甲夜间交通肇事逃逸，被害人因伤不能离开现场，被其他车辆碾压致死，因为第一次撞击十分严重且被害人不能离开现场是甲撞击导致的，所以把结果归属于第一次撞击的行为人甲。[2]又如，乙投毒诱发罕见病，医生未诊断出病因被害人最终死亡，由于该疾病本身就是投毒诱发的，且难以及时诊断出来，因此肯定了投毒行为与死亡结果之间有因果关系。[3]再如，丙连续捅刺被害人胸腹等处十余刀，医院存在不属于医疗事故的失误使得被害人最终死亡，因为失误对结果的贡献较小，仍应把死亡结果归属于丙的捅刺行为。[4]

---

〔1〕 车浩："昆山启示录：正当防卫不是拳击比赛而是抗击侵略"，载《刑事法判解》2019年第1期。

〔2〕 邵大平交通肇事案，《刑事审判参考》总第105集第1118号。

〔3〕 陈美娟投放危险物质案，《刑事审判参考》总第36集第276号。

〔4〕 张校抢劫案，《刑事审判参考》总第79集第685号。

其实，客观归责理论能够解决的问题，危险现实化说往往也可以解决。有学者曾尝试以金某亮抢劫案说明客观归责理论在处理疑难案件时的优越性。

【金某亮抢劫案】 金某亮抢劫既遂。警察上前抓捕，金某亮转身跑向马路对面。警察紧随其后，被过路车辆撞死。金某亮被以抢劫罪判处有期徒刑 8 年。[1]

诚然，金某亮案可以通过被害人自我答责认为不能把结果归属于行为人，但是，在危险现实化说看来，逃跑不是抢劫的实行行为，金某亮同样不可能成立抢劫致人死亡。

关于危险现实化说的普适性，有一处例外需要特别说明。最高人民法院 2000 年《关于审理交通肇事刑事案件具体应用法律若干问题的解释》（以下简称《交通肇事解释》）的确运用了客观归责的原理，近二十年的司法实践也证明这种原理能较为周延地解决大部分案件。不过，首先，我们不能忽视交通肇事案件的特殊性：案件数量比较多，且交通规则又是明确的，因此很容易提炼出来全部责任、主要责任、同等责任的模型。其次，《交通肇事解释》基本上不再考虑对结果的预见可能性，有明显的新过失论的倾向，这样的经验推广到故意犯中就不合适了。最后，按照违章数量分配风险在某些情况下也可能得出不合理的结论。例如如下案例。

【陈某安交通肇事案】 陈某安将悬挂假号牌的大货车靠边停车。酒后驾驶的张某海追尾碰撞陈某安的大货车，当场死亡。陈某安驾车逃逸。交警认定陈某安发生交通事故后逃逸，负主要责任；张某海酒后驾驶，负次要责任。[2]

本案如果完全根据《交通肇事解释》进行风险分配，陈某安负主要责任，构成交通肇事罪。但是陈某安驾车逃逸发生在交通事故发生之后，结果之后

---

〔1〕 参见陈兴良、张军、胡云腾主编：《人民法院刑事指导案例裁判要旨通纂》，北京大学出版社 2018 年版，第 930 页。

〔2〕 陈兴良、张军、胡云腾主编：《人民法院刑事指导案例裁判要旨通纂》，北京大学出版社 2018 年版，第 71 页。

的行为不能作为原因；假号牌只是妨碍行政管理秩序，并不具有致人死亡的危险性，所以不能认为陈某安构成交通肇事罪。这样看来，不能完全依赖《交通肇事解释》进行风险分配，个案当中还是需要具体考察实行行为是否具有法益侵害危险性。

卡梅框架下财产规则与责任规则的选择适用

——以环境污染侵权纠纷为例

张　瑜

摘　要： 近年来，因环境污染侵权纠纷不断出现，各类环境法律法规也相应出台，但在实践中，仍然存在环境损害救济途径混乱、环境污染程度与赔偿额度评估成本过高等情况。本文以环境污染侵权纠纷为切入点，基于卡梅框架对环境污染损害的法律救济途径展开分析，首先通过统一视角对规则适用框架进行分析，探究卡梅框架下责任规则和财产规则的权利分配格局；其次通过案例分析法探究一般模式下环境保护法律规则的实践效果和适用成本评估现行法律规范的合理性；最后借助法经济学与中西案例比较的研究方法，重新审视中国环境损害赔偿制度，认识和评判现有法律规范的立法意旨和改进之处，从区分环境损害救济相关法条的适用场合、降低环境损害的评估成本与难度这两个方向，为我国环境损害救济的立法完善提供理论依据与改进建议。

关键词： 卡梅框架　环境污染侵权　财产规则　责任规则

一、引言

（一）基于卡梅框架理论完善的文献综述

卡拉布雷西（Guido Calabrese）和梅拉米德（Douglas Melamed）从管理、交易和外部成本三方面讨论如何在几种规则之间进行选择及选择某种规则的依据的问题。之后法经济学在效率方面的讨论多从事后和事前效率两个角度入手，考虑交易和估价成本，等等。卡梅框架为当事双方及公权力介入的利益衡量提供分析框架，即只要一项利益成为"法律应当保护的利益"，国家则须为其提供相应的法律救济，若未经法益所有者授权便征用该项法益，则侵权行为人就会产生相应的法律责任。[1]

卡梅框架提出后，其理论不断发展。贝伯夏克（Lucian Rebecchi）在卡梅框架在事后角度的产权和责任规则的经济分析基础上，分析了权利分配如何影响事前投资和行动，通过确定备选规则的事前影响，提供一个从事前效率的角度确定最有效的权利分配的框架。[2]戴尔·南斯（Dale Nance）从引导规则和强制执行规则为卡梅框架提供了新的视角，他将传统观点与卡梅框架进行对比，区分分析法律制度的主体角度，认为一旦考虑到局内人的观点，财产、责任和不可让渡性的类别必须被理解为针对守法公民的指令类别，而不是现在传统观点所认为的救济或执行机制类别。进而讨论，对于实例化任何特定类别的任何特定规则，应该采用什么形式的实施。[3]"景观"规则还是"阴影"规则，[4]玛德琳·莫里斯（Madeline Morris）在卡梅框架和边沁与霍菲尔德提出的权利理论[5]基础之上探讨了权利的组成部分和形式，将货币补偿部分作为分配方式，细分冲突方有金钱补偿组成部分的权力形式，即实物持有人有权因转移实物享受而获得补偿——转移索赔规则、可扣除的转移索赔规则、无取舍权的转移索赔规则、可扣除的无取舍权的转移索赔规则

〔1〕 Guido Calabresi and Douglas Melamed, "Property Rules, Liability Rules, and Inalienability: One View of the Cathedral", *Harvard Law Review*, Vol. 85（1972）, No. 6.

〔2〕 Lucian Bebchuk, "Property Right sand Liability Rules: The Ex Ante View of the Cathedral", *Michigan Law Review*, Vol. 100（2001）, No. 3.

〔3〕 Dale Nance, "Guidance Rules and Enforcement Rules: A Better View of the Cathedral", *Virginia Law Review*, Vol. 83（1997）, No. 29.

〔4〕 Carol M. Rose, "The Shadow of The Cathedral", *Yale Law Journal*, Vol. 106（1997）. *See also*, Rachel D. Godsil, "Viewing the Cathedral from behind the Color Line: Property Rules, Liability Rules, and Environmental Racism", *Emory Law Journal*, Vol. 53（2004）.

〔5〕 H. L. A. Hart, *Essays on Bentham*, Oxford University Press, 1982, p. 162. *See also*, Singer J W, "The Legal Rights Debate in Analytical Jurisprudence from Bentham to Hohfeld", *Wis. L. Rev*, 975（1982）.

并论证了其效率和分配效果。[1]伊恩·埃尔（Ian Ayres）和巴克林（J. M. Balkin）从二次级责任规则的非合意优势、采用二阶规则相对效率成本、二阶规则下交易的相对效率可能性方面发展了二级规则理论。他们认为财产规则和赔偿责任规则只是保护应享权利的一种更普遍的规则的特例；结构最优的互惠期权可以优于传统的赔偿责任规则或财产规则，应将一阶责任规则作为一种更广泛的相互选择的子集进行分析。讨论二级规则，由此实现社会最优化。[2]伊恩和保罗将责任规则分为了四种基本的分配方式，以此有效地将权利分配给诉讼当事人。其中涉及"单一选择"规则（该规则仅将分配决定权授予一个诉讼当事人）及"双重选择"规则（允许任何一方否决权利的转让）。他们认为，在不同的责任规则之间进行选择时，分配问题之间应当分离来看，特定类别中的每一种规则在诉讼当事人之间分配的期望值是不同的，法院应在"买权""卖权""支付或被支付"和"支付或支付"规则中作出衡量。[3]自卡梅框架提出以来，其不断被完善和发展，在各个部门法领域都有了可适用的功能，满足了作者当年所期望的法律研究的"一个统一视角"。[4]

国内对于卡梅框架及其理论的学术研究，主要表现为结合具体案例的应用讨论。

（二）财产规则与责任规则的比较

1. 逻辑比较

卡梅框架依照法益的所有权归属、法益的转移及所涉法益的定价三项标准进行分类的规则。同时，三类规则的分类具有层次性，首先卡梅框架就所涉法益所有权做了明确的初始归属界定。其次就法益转移的准许情况分出禁

---

[1] Madeline Morris, "The Structure of Entitlement", *Cornell Law Review*, Vol. 78 (1993). *See also*, Ronen Avraham, "Modular Liability Rules", *International Review of Law and Economics*, Vol. 24.

[2] Ian Ayres and J Balkin, "Legal Entitlements as Auctions: Property Rules, Liability Rules and Beyond", *Yale Law Journal*, Vol. 106 (1996).

[3] Ian Ayres and Paul Goldbart, "Optimal Delegation and Decoupling in the Design of Liability Rules", *Michigan Law Review*, Vol. 106 (2001).

[4] Symposium, "Property Rules, Liability Rules, and Inalienability: A Twenty-Five Year Retrospective", *Yale Law Journal*, Vol. 106 (1997); *See also*, James Krier and Stewart Schwab, "The Cathedral at Twenty-Five: Citation and Impression", *Yale Law Journal*, Vol. 106 (1997).

易规则和可易规则，其中禁易规则项下禁止法益进行转移与流通，故就定价的标准不再进行项下分类。可易规则中因允许法益转移与流通，故就定价主体与方式进行了进一步的区分。因此，尽管卡梅框架没有明确表述，但实际卡梅框架的第一级划分，表现为"禁易规则"同"可易规则"。从语义上分析，"禁易规则"这项术语在原文中表述为"inalienable rule"，相应的就应有"alienable rule"即"可易规则"的表述。从逻辑上来看，财产规则和责任规则适用在可交易领域，故其逻辑前提也应为"可易"，如表1。

表1　卡梅框架规则分级分类

是否转移	定价自愿/强制	
法律规则	可易规则	财产规则
		责任规则
	禁易规则	

通过三类规则层次性的分析，我们可以归纳出三类规则分类的差异和共同点，如表2。

表2　卡梅框架三类规则异同列举

分类	相同点	法益归属分配明确	
	不同点	定价	自愿
			强制
		转移	禁止
			允许

2. 意识形态比较

学界通常采用规则所属部门及其调整对象来进行分类，如刑法、民法等。卡梅框架为我们提供了新的思路，但其背后的规则选择亦体现不同的意识形态和立场。立法者设立法律规则通常是为保护某类法益，而对于某种法益是否值得保护、保护程度多大抑或是多种法益哪种更值得优先保护，不同学者持有不同观点。规则的划分和规则的使用选择体现着观念差异、文化差异、不同国情与立法状况及现实中各项权力和各个主体之间的博弈。

以对环境污染损害为例，科斯将交易成本的高低作为第一考虑要素，在交易成本较低的情况下，"财产规则"更适合被法院所选择。而根据卡梅框架，在交易成本较高的情况下，应当适用"责任规则"。庇古则选择政府对污染主体和私人交易直接施加压力并进行直接干预。埃里克森则认为应当通过对成本的衡量，限定法律给予弱势一方救济的特定情形，并在成本高昂的时候不予救济。后面两种观点涉及卡梅框架的重构与扩充，在后文会进行阐述。

根据哲学上几种大类的意识形态，将各类规则与之对应，如表3。

表3　规则的意识形态分类

规则类型	国家干预程度	意识形态
禁易规则	禁止流通转移	家长主义
财产规则	允许自愿的流通转移	新保守主义
责任规则	允许强制的流通转移	自由主义

3. 制度比较

卡梅框架依据对国家权力介入程度进行区分，其性质决定在该框架下的分类必然与权力观念及类型相联系，进而与国家公权力介入法律救济的程度与深度相关联，进而与权力背后特定的意识形态相关联。究规则选择之原因，即是意识形态的区分和选择。禁易规则保护公众法益，权力归属于公众，私人不能对其进行处分，所涉公众法益兼有国家权力的干预和保护；财产规则下权利使用和处分归属于私人，不受国家公权力的干预，只在其保护范围之内。责任规则下，有时私人权力虽归属个人，但在特定情形下会被直接征用，需要公权力的干预与保护。总结其特点则可以发现，禁易规则和财产规则处于国家权力干预的两个极端，一类需要最大程度的国家干预，而另一类则代表了需要国家最大程度保护的最大程度的自由市场。规则对应权力博弈，权力博弈则对应权力机关，从这个意义上来说，责任规则主要是由司法机关（实践中多为法院）来强制实施或执行；财产规则的裁判和实施，需要在法院之外涉及多个司法、行政部门、监察机关，等等；由于禁易规则的禁止性和公权力强干预性，在实践中多表现为禁止性规范，公安机构常常在其中发挥重要作用。

二、责任规则和财产规则的比较适用

（一）卡梅框架下的可易规则结构

卡梅框架从法益保护的角度，以法律是否允许法益自由转移为标准，区分禁易规则与可易规则，再以法益定价及财产转移是否受到国家的强制干预为标准，在可易规则下区分财产规则与责任规则，为厘清侵权和财产之间的关系提供了综合的研究方法。财产规则及责任规则模型为科斯定理中负外部性的纠正提供了重要的延伸概念，从而影响了在财产转移和保护中法律规则的选择。在不同规则之下，法律在对权利及法益的保护方式方面存在分歧。

1. 财产规则

卡梅框架根据当事人是否自愿进行财产转移将可易规则进一步区分为财产规则和责任规则。在财产规则中，当事双方的财产转移建立在自愿协商的基础之上，并且法律承认此种法益的自愿交易。国家对所交易的法益不予公共意义上的定价，其价格主要取决于该项法益拥有者的意愿，一方取得该项法益须以法益拥有者的同意为前提条件。一方面，此时该项法益的交易处在私人交易领域，法益拥有者享有完整的定价权利。另一方面，法益拥有者是否放弃产权或是否进行财产转移取决于自身意愿。

2. 责任规则

责任规则是指法益拥有者的定价权利被剥夺，在某些法定情形下，法律否定该项法益的初始状态，即法益被强制定价并且法益拥有者有责任放弃该项法益并允许法益被他人征用。当事一方支付被强制规定的价格，便可以获得该项法益的征用权，但需要赔偿法益所有人的损失。在环境侵权案件中，责任规则多是与管制规则相结合，一方面强制对个人法益进行征用，另一方面通过行政法规加以限制。

（二）比较适用解决机制

1. 比较适用情形

卡梅框架表明，在这两类强制执行规则之间的政策选择取决于经合意达成协议的性质。虽然双方经合意达成的协议可以在一定程度上确保交易当中的相对均衡的互利，但有的时候，合意可能会因为交易成本过高而难以达成。裁判者在权衡两类规则的时候，会比较两种规则之下净收入（收益额−损害赔偿额）的多少，从而作出社会利益最大化的决策。

设想一起噪音污染案例：怀孕的甲的后院建有一家宠物馆，这家宠物馆专营宠物美容和寄养宠物，宠物馆内宠物吠叫不停，且其所收养的宠物时常会跑到甲的院子中，造成甲的院子中时常留有排泄物。甲在怀孕期间需要足够的睡眠和休息时间，但宠物馆中狗吠的噪音已经严重影响到了甲的生活。在不同主体下选择适用不同规则将有不同的结果分配，并列的框架分析突出了符合科斯定理的外部性的必然互惠性，如表4。

表4　噪音污染权利分配表

		权利分配	
		A	B
执行规则	财产规则	甲可以禁止宠物馆继续运营，强迫其把店址迁移或买下宠物馆	不受影响地继续营业
	责任规则	甲可根据需要采取补救措施，减轻外部性，以弥补噪音造成的损害和流浪狗带来的损害，如果补救性成本比自己的削减的损害要高，宠物馆将支付此部分费用	如果迫使宠物馆减少外部性的成本较低，甲得采取此措施，但甲必须支付如设置隔音墙、围栏、搬迁的费用

假定法院将权利分配给甲，选择适用财产规则。然后甲可以使宠物馆停止营业。如果宠物馆想继续营业，其必须从甲处购买继续经营权利，或者自费搬迁。相反，如果法院使用责任规则保护甲的权利，则甲只能选择继续忍受或者采取补救性措施，这些损害将包括甲为此花费的费用，包括围栏、隔音和那些无法完全消除的外部因素的剩余损害。如果法院对损害赔偿进行了正确的评估，宠物馆要么只需要支付损害赔偿金，要么由双方协商由宠物馆自行减少损害。在这两个例子中，损害的概念和因果关系的方向与庇古对外部性的理解（即宠物馆运营给甲所造成的损害）和损害的目的是一致的，设立损害赔偿金的目的是迫使宠物馆内化其成本。接下来的两种选择引入了一

种对外部性的更互惠的，或者说是科斯的理解。假设法院指定了宠物馆的权利，并以财产规则对其进行保护。在这种情况下，甲没有权利强迫宠物馆减少噪音或保证流浪狗不进入其院内，尽管这家人可以自费建造隔音墙和篱笆，如果费用较低的话，也可以付钱给宠物馆，让宠物馆采取相应措施。最后，假设法院用责任规则来保护宠物馆的权利，在这种情况下，我们仍然认为有必要减少干扰，这可以通过让宠物馆采取与建造隔音墙和更好的栅栏的方法，但成本则由甲承担。因为如果甲没有搬进来，宠物馆就不必采取这些补救措施。如果这些适度的措施证明不够，那么甲就可以迫使宠物馆搬走，但是甲必须把费用支付给创造了产权保护的外部性的一方。

这些不同选择之间的选择取决于双方交易成本。假设宠物馆和甲进行协商成本更低，则财产规则比赔偿责任规更可取，其有利于促进协商一致的解决，而不是要求司法评估的损害赔偿（如果甲享有权利倾斜保护的话，是狗吠和流浪狗对甲的损害；如果宠物馆享有权利倾斜的话，是补救措施或搬迁店址的费用）。

2. 在环境损害中的比较适用——以布默诉大西洋水泥公司为例

法官在居民诉大西洋水泥公司（Boomer v. Atlantic Cement Co.）一案中的裁判较好体现了在环境侵权损害案件中财产规则和责任规则的选择适用逻辑。1970 年，发生了作为区域经济发展核心的大西洋水泥公司附近新住居民诉大西洋水泥公司环境损害责任纠纷一案。大西洋水泥公司在生产活动中排放大量污垢、烟雾和噪音污染（水泥厂已采用最好的污染物处理技术），原告诉请关停被告人所开办的大西洋水泥公司以保障其居住环境。本案在两种规则适用下的判决如表 5。

表 5　不同规则下的判决（下文用 A、B、C、D 指代四种判决）

		新住民	大西洋水泥公司
法律规则	财产规则	A 迫使水泥公司关停	B 不受干扰地继续运营
	责任规则	C（如果成本更低）新住民适应并忍受水泥公司的污染，水泥公司可以根据损害程度进行环境污染损害赔偿	D（如果成本更低）新住民可以强制要求水泥公司采取减少外部性的措施，但费用由原住民承担

下面将案件中提供的各类成本进行比较，如表6。

表6　成本比较

判决	工厂收益（美元）	新住民损害（美元）	净收益（美元）排序
A	−4500万+其他损失	18.5万	4
B	营业额>4500万	18.5万/每阶段	1
C	营业额>4500万	18.5万/每阶段	1
D	营业额>4500万	18.5万−经改进减少额/每阶段+改进费用	3

根据表6，B、C两种判决净收益最高，其区别在于国家公权力是否干预，即新住民是否应得到赔偿。根据侵权法，新住民应得到赔偿，故该案应适用C判决，即允许水泥公司继续运营，但同时判决公司给予附近居民一定的赔偿。该案件中，司法者衡量双方利益并进行成本权衡，征用水泥公司附近居民享受干净生活环境的相关法益，并赋予其求偿权。法院选择赔偿责任规则（损害赔偿）而不是财产规则（强制令）似乎是出于提高社会福利——法院考虑到预期中对工厂的抵制会导致成本高昂的协商，情况与以上所述的多农户铁路铺设案例类似。适用责任规则消除了通过合意协议将资源转移到价值更高的用途的风险与成本障碍。在本案中还需注意的一点则是，依赖责任规则进行公权力干预时，法院必须评估受害者损害的相对总体损害。尽管考虑到相关的健康风险和财产价值的减少，这种情况下，由于环境损害结果的滞后性，所有的损害结果不能立即显现出来，故当下判决对于损害金额的认定出错的风险仍然很高。但是本案中的相关数据表明，到判决时止，该水泥工厂的价值仍然客观上高于新住民所受到的损害，这也再次证明，即使法院赔偿的受害者范围小于实际受害者或者赔偿金额与实际损害不符，结果也很可能是符合卡尔多—希克斯效率的，从而有利于扩大社会福利。

我们可以将分析扩展到相关的谈判挑战，影响更少（甚至一个）的土地所有者，创造一个简单的双边垄断。如果法院赋予相邻的土地所有者一项产权，使其因此有权关停该工厂，理论上，该工厂将被迫损失高达45万美元。即使工厂运营造成的环境污染损失估计仅为 18.5 万美元，但仍无法继续营业。[1] 较多的谈判主体和广泛的谈判范围实际上是预期高谈判成本的重要因素，因为每一方都想获得更多利益。在多边谈判的背景下，如果所有的土地所有者中只有少数同意用合理的解决方案解决问题，其他主体则仍会迫使这家工厂参与双边垄断交易。[2] 在多边环境下，由于每个所有人都有成为"最后"卖方即最终定价者的动机，高交易成本的风险问题将会更加严重。

三、中国环境污染侵权案件中规则的选择适用

（一）卡梅框架在环境损害中的实践应用

环境污染侵权纠纷，是指产业活动或其他人为原因，致生态自然环境的污染或破坏并因而对他人人身权、财产权、环境权益或者公共财产造成损害或者有造成损害之虞的事实而引起的纠纷。《中华人民共和国民法典》（以下简称《民法典》）第 1229 条规定："因污染环境、破坏生态造成他人损害的，侵权人应当承担侵权责任。"将卡梅框架应用到环境污染侵权纠纷案件中，污染者承担责任中的重要一环即污染行为与损害结果之间的因果关系，认定成立因果关系后，污染者应当承担责任。通常情况下，此类纠纷通过对前受损者进行损害的评估和合理补偿之后，按照相关标准将污染行为限于可控范围内即可得到较为妥善的解决。但在部分案件中，污染行为虽然在国家标准范围之内，仍对私人法益有所侵害，此时则进入规则选择可涉范围内。

1. 责任规则的适用

在卡梅框架中，选择适用责任规则的前置条件是法院已明确案件中的受损金额即损害赔偿方式有明确且完全的信息，即确定责任规则之下一方所付的损害赔偿水平的估价较低，以达到在上述表格中净收益最大时，不存在其他成本影响社会最优化即社会成本最小化的结果。但在司法实践之中，受害者通常面对强大的企业主体或政府主体，其个人能力有限，举证难度较大。其次，环境污染损害具有因素综合性和滞后性，即某种损害结果的表征可能

---

〔1〕 Richard A. Posner, *Economiic Analysis of Law*, Wolters Kluwer Law & Business, 2014, p. 82.

〔2〕 Victor Goldberg, "Relational Exchange, Contract Law, and the Boomer Problem", *J. Inst. & the Oretical Econ*, Vol. 141（1985）.

是由多种污染行为综合引发，或者当下的污染行为所造成的所有实质损害后果不能立即显现，需要一段时间的积累或在某个特定时点才能表现于外在，如先天性水俣病婴儿。[1]司法机关在确定某种特定污染行为与损害结果因果关系上难度较大，加之其合作或认可资质的评估企业数量有限，法院认定赔偿金额时成本较高。[2]在实践中，环境公益案件的审理面临过高的估价成本，[3]侵权案件则相对较低。

以泰州市环保联合会与泰兴锦汇化工有限公司环境污染侵权赔偿纠纷一案为例，[4]被告泰兴锦汇化工有限公司申请再审称，案件所涉河流中倾倒的副产酸，部分水域经过自净修复已经达到国家相关标准，以免除其修复和赔偿责任。原告泰州市环保联合会对河流受损的定价意愿及定价金额，不能当然成为审判的金额，对于损害结果的认定需要通过第三方权威机构及司法机关查明相关事项（如原告是否适格、损害事实是否属实，等等）。就争议焦点来说，法院需要考虑到自净功能之后环境损害是否仍存在、自净前的损害程度、修复与赔偿金额等。对其进行确定后按照赔偿应与损害金额相符的原则作出判决。可见，在统一的环境生态损害的赔偿标准不完备的情况下，选择适用责任规则时，环境司法救济的估价成本过高，赔偿金额难以确定从而不利于从根本上维护环境公共利益。

2. 财产规则的适用

财产规则下的选择适用，需要法律规范已经明确设定主体的权利及义务，被侵害主体享有定价权，可以就自身所受损害和责任主体进行协商确定补偿金额，如实践中的签订补偿协议，等等。此时就涉及受害者的定价问题，若受害者就被污染环境之处或者被征用的法益主观定价高于市场价值，谈判容易陷入僵局。在环境污染损害中，财产规则的适用目的不同于其他规则，财产规则下侵犯受害人环境法益者在进行赔偿以后，金额足以遏制该主体再次

---

〔1〕 在日本水俣病事件中，有部分女性因为没有食用过多含有汞的食物，汞在其体内的积累不致发病。但是在其生育后，水俣病的病症会在其所生婴儿的身上呈现，并且是终生不可治愈的。

〔2〕 魏建、宋微：“财产规则与责任规则的选择：产权保护理论的法经济学进展”，载《中国政法大学学报》2008 年第 5 期。

〔3〕 James Krier and Stewart Schwab, "Property Rules and Liability Rules: The Cathedralin Another Light", *New York University Law Review*, Vol. 70 (1995), No. 1.

〔4〕 (2015) 民申字第 1366 号。

实施污染行为，因此此处除受害者的补偿金额应稍高于所侵害法益的经济价值外，仍应受到国家公权力额外的罚款。然而环境损害具有不可逆性与持久性，即使侵害者支付了赔偿金额，被污染之处未必得以恢复原状。

同时，我们也应考虑到金钱方面的补偿对于部分规模较大、实力雄厚的主体来说，是否能在实质上取得遏制性的效果。如在国家海洋局诉康菲中国海洋油污污染一案中，双方就依据法律规范还是依据损害事实进行金额补偿存在争议，国家海洋局难以对康菲中国提出的损害事实影响范围小提出反证，康菲中国存在对未来在中国贸易的继续发展前景的顾虑，最后双方都有所妥协，改诉讼为调解。可见，在这种情况下，适用财产规则之下的赔偿金对实力雄厚的主体不具有实质震慑力且不能恢复被污染区域原有的生态环境，无论在救济补偿还是救济效果方面，都具有局限性。

3. 管制规则的适用

管制规则早已备受经济学家关注与讨论。亚当·斯密在《国富论》中诉病了商人通过学徒制度与本行业者共同操纵价格的现象并对相关法律规定作出分析。[1]法律要发挥其保障私人交易的自由性，同时从反面对交易行为进行规制，遏制破坏市场秩序的行为，即前者从正面适用财产规则，后者从反面适用管制规则。在环境资源法与环境保护法领域，管制规则的运用常见于政府对市场的行政规制。

（二）环境损害救济的规则选择与困境

卡梅框架经后期学者重构后分为五类：无为规则、禁易规则、财产规则、责任规则和管制规则。[2]上述每种规则都有其对应的法益，其也是实体法中既有规则的框架归属，即实体法当中的每一条法律规范，均系五类规则结合具体法益，指向特定的救济方式。其潜在中有其他四类规则项下对应的救济方式与途径。因此就某项法律规范，立法者可以不断审视其在当前社会发展阶段下，与其他四类潜在规则相比，该法条既有的救济方式是否最有利于社

---

〔1〕［英］亚当·斯密：《国民财富的性质和原因的研究》（上卷），郭大力、王亚南译，商务印书馆 1983 年版，第 1 卷第 10 章第 1 节。

〔2〕凌斌："法律救济的规则选择：财产规则、责任规则与卡梅框架的法律经济学重构"，载《中国法学》2012 年第 6 期。

会福利最大化。

1. 区分环境损害救济相关法条的适用场合

在进行区分之前，需要对环境生态损害的不同阶段进行区分，在一次环境生态损害当中，有事前防范、事中监管和事后补偿并惩罚的阶段。在事前防范和事中监管阶段中，由于普通私权利主体没有能力和专业性规制相关污染主体的行为，以行政机构为代表的公权力主体便发挥主导作用。例如，政府实行严格的市场准入制度，将处理污染物设备不完备或不达标的企业拒于市场之外，以此刺激企业完善排放污染性废物处理系统。在事中监管阶段，采取诸如罚款、责令停止生产、吊销许可证等方式，增加污染主体的违法成本，同时有助于提高减少环境污染损害的公益性和时效性。对企业进行行政处罚，所获收益可以流入政府环境保护部门，将其用于环境恢复与再生建设。在具体执行工作方面，由于行政机构常设环境保护性质的部门，其内部工作人员对环境污染损害案件接触较多且相关专业知识储备量大，在认定污染范围方面较非专业的司法机关人员更加娴熟。通过专业人员进行评估鉴定，发挥管制规则的强制性、先定性和时效性，有助于较快对所污染区域进行修复与再生，避免因诉讼时间过长导致救济延迟，扩大环境损害范围，造成更严重的损害结果。因此，"现今各国大多是透过行政法之环境管制与环境计划方式作为环境保护之主要手段"。[1]

在事后救济阶段，我国《民法典》第七编第七章规定了环境污染责任，其中"应当承担侵权责任""被侵权人可以向污染者请求赔偿"体现出侵权责任编多是选择适用责任规则与财产规则。此处财产规则不同于卡梅框架中最初的"授权"（entitlement）概念，因为我国宪法规定自然资源属国家所有，私人对其无所有权，就单纯环境污染来说，只能通过对补偿金额掌握定价权，在补偿协议中与污染行为人进行协商，甚至有时其因不适格，无法成为诉讼主体。因此对于私人来说，污染行为人侵害的法益不单纯是环境的破坏和污染，更多的是因为此种环境污染导致其从占有使用中的收益减少（如土地天然孳息）或对其身体健康的损害。在这种情况下，采用管制规则所获得的罚款所得无法用于私人损失的补偿；且由于管制规则的先定性，受损人也无法

---

〔1〕 陈慈阳：《环境法总论》，中国政法大学出版社 2003 年版，第 52 页。

就自身损害大小或变化决定补偿金额。因此，在事后救济中，责任规则和财产规则较管制规则更有利于保护私人利益，更有利于维护秩序安全。此外，司法权在事后救济阶段发挥主要作用，适用财产规则易使行政权与司法权交叉不清甚至出现行政权僭越司法权的状况发生。在《中华人民共和国环境保护法》法律责任一章中，对于国家自然资源的环境损害赔偿通常由对该区域具有管理权的部门请求赔偿。

通过行政制裁违法行为人，以预防和遏制其潜在污染行为，通过事后选择适用责任规则和财产规则，一方面能够有效规范行为人的行为，预防重大环境污染事故的发生，将罚款所得及时用于环境修复。另一方面能够赋予被损害人充分就自身情况进行定价的权利，对被损害人进行及时和较为全面的救济，保障司法权和行政权在各自领域合理发挥作用。

2. 降低环境损害的评估成本与难度

法院确定环境损害赔偿的估价成本过高、所耗时间长、信息掌握不完全、评估损害结果滞后。在环境污染损害案件中适用卡梅框架的最大价值，在于克服上述弊端，明确损害赔偿的具体范围，完善赔偿制度，改一次性赔偿为远期协议赔偿，达到对损害结果进行科学明确的程度评估和价格评估。在三种规则中，对受污染区域进行科学、权威的评估是进行行政处罚金额及方式确定、设置环境责任强制保险费、环境税费和损害赔偿金的重要参考和依据。在具有明确的赔偿标准方案和健全的评估机制的情况下，能够确认环境损害的程度、因果关系的确定并对环境损失与修复进行量化评价，从而使运用法律规则进行法律救济时估价成本得到有效缩减，能够更有效率地实现法律效果。在诉讼程序中，权威性的评估报告对于证明环境损害的证明力度大，对于评估机制的完善是使环境污染损害得到有效规制，受害人得到应有补偿的关键环节。

除对现实已出现的损害进行评估，还应考虑到潜在损害因素、未来损害因素及在环境恢复期间可能造成的损害，再确定损害赔偿额度。以温州市华宇电源制造有限公司与蒋品华环境污染侵权纠纷再审为例，（2010）浙温民终字第953号生效判决已经确认受污染土壤受到损害，随之而来的问题是当事人蒋品华依赖土地生产收益的影响程度。蒋品华即便在土壤恢复原状可行的前提下，在土壤恢复原状之前，亦可能存在相应财产损失，故在本次污染事故中，赔偿损失和土壤恢复原状请求蒋品华可以一并主张。

在评估机构资质的认定上，立法也应确定统一标准并明确类似合作单位，一方面明确相关机构的资质水平，便于其评估结果具有较强证明力；另一方面降低私人评估的成本。在倪旭龙与丹东海洋红风力发电有限责任公司噪声污染侵权纠纷一案中，诉讼双方针对渔业生态监测中心的鉴定资质发生争议，再审法院综合渔政渔港监督管理局和农业部渔业局资源环保处所作出答复的内容及《渔业污染事故调查鉴定资格证书》，对该机构的鉴定资质进行认定，认定渔业生态监测中心不具有涉及本案环境污染的鉴定资质。本案中，再审法院根据案件系风力发电厂噪声、光影及电磁致损的新类型污染的特点，综合相关部门就鉴定资质出具的证据，对于鉴定机构的鉴定资质进行了审查判断，未予采信鉴定意见，同时依据风力发电机组与养殖场的距离、风力发电厂生态建设相关规范文件，结合中华鳖的习性，认定了风力发电产生的噪声、光影及电磁与中华鳖的死亡具有一定的因果关系。虽然再审法院的认定体现了环境资源审判中对于专业性问题审查判断的特殊性，对于准确认定污染行为和损害的因果关系具有一定示范意义，但易出现标准不一的情况，从而造成司法混乱。统合市场上的各类鉴定机构情况，设定统一标准，一方面便于对诉讼中鉴定结果的证明力进行确定与规管，另一方面也减少了司法机关认定鉴定机构资质水平的成本，加快了司法办案效率。

四、结论

因环境公共利益的侵害后果严重且触及广泛法益，因此现行环境损害救济制度需要进一步完善。环境污染侵权纠纷具有侵权行为方式的间接性、侵权行为过程的缓慢性、潜伏性及损害后果的公害性特点，该类侵权纠纷与一般侵权纠纷的本质区别系环境污染损害具备间接性，即不是直接对人身或财产的损害，而是通过环境这一介质发生。因此，本文基于卡梅框架对环境污染损害的法律救济途径展开分析，重视社会福利最大化与法律规则选择的效果模式，通过分析卡梅框架下规则的分类与重构，充分认识到不同规则的特点及差异。通过举例分析，探究一般模式下环境保护法律规则的实践效果和适用成本评估现行法律规范的合理性。借助法经济学与中西案例比较的研究方法，重新审视中国环境损害赔偿制度，更为理性、高效且审慎地作出法律救济规则的选择，认识和评判现有法律规范的立法意旨和改进之处。任何规则的选择适用都需消耗社会成本，区分不同法律规则的适用场合，并在不同场合之下按照本文所述的应用框架进行权利分配，根据不同权利分配格局下的成本选择最终的裁判结果，同时辅以减少评估成本与难度，充分发挥卡梅框架在环境污染侵权纠纷中的作用，充分发挥不同救济方式的长处，进行优化统筹。

中国学前教育阶段幼儿受教育权之可诉性及其实现途径

——写在《学前教育法》正式出台之前

何天翔

摘　要：《中华人民共和国学前教育法》（以下简称《学前教育法》）即将出台，我国在幼儿受教育权领域的法律空白即将被填补。但这是否意味着幼儿受教育权需要靠《学前教育法》来确权？幼儿受教育权的性质是什么？如果没有这部法律，幼儿受教育权是否具有可诉性？若有，其可诉性又该如何实现？本文将从实证法体系、法理学支撑两个理论部分论证我国幼儿受教育权可诉性之成立，并在第三部分通过现实展开，具体分析幼儿受教育权可诉性所指向的不同主体对于其义务的履行，以期为我国幼儿受教育权的理论研究和司法实践提供借镜，也算作对《学前教育法》出台后的幼儿受教育权保护的展望与憧憬。

关键词：学前教育　幼儿受教育权　基本权利　可诉性

绪　论

2020年9月7日，教育部发布了《中华人民共和国学前教育法草案（征求意见稿）》，标志着我国学前教育领域的立法空白即将被填补，其中涉及诸多有关幼儿受教育权的落实手段，一些地方入园难、入园贵的问题或能得到缓解。未来幼儿家长能否以《学前教育法》为法律基础要求政府履行提供学前教育的义务暂且不论，该法的出台引申出几个问题：（1）这是否意味着幼儿受教育权需要靠《学前教育法》来确权？（2）《学前教育法》中的幼儿受教育权是一项基本权利还是一般权利？（3）如果没有《学前教育法》，幼儿受教育权是否就不具有可诉性，无法得到任何救济？

或许有人会怀疑这些问题的实际价值，毕竟《学前教育法》出台在即，语境自然要跟随时势而变。但窃以为，这背后恰恰反映着在立法缺漏的时候上位法的填补作用与宪法的适用问题，理论上说，能否根据《学前教育法》请求政府履行义务是个行政法问题，而在没有这部法律之前能否请求政府履行义务，可能是个宪法问题。实践中，法院对该类案件往往不予受理或驳回起诉，经整理，法院的论证理由大致如表1所示。

表1　法院驳回请求政府履行提供学前教育义务类案件的论证理由

序号	理由简述
1	《招生安排》是抽象行政行为，非具体行政行为，不在行政诉讼受案范围〔1〕
2	安排孩子在特定幼儿园就读不属于教育局的职权范围〔2〕
3	教育局仅管理本行政区域的学前教育工作，并无保障每一位适龄幼儿都能按照监护人意愿就读相应的教育机构的法定义务〔3〕
4	幼儿园招生按户籍地与居住地一致优先原则进行，依据可供学位多少，依次满足符合招生条件的适龄幼儿入园，名额已满便无法进行统筹〔4〕
5	上诉人未能提交证据证实其向上诉人提出过相应履职申请

从表1可知，《学前教育法》正式出台前幼儿受教育权似乎很难通过司法途径实现：法院既不愿提及幼儿受教育权的可诉性，也不愿承认政府的积极给付义务，甚至连其司法论证都非常简陋。在此基础上，探究幼儿受教育权的理论可诉性以及此种司法裁判路径的正确与否就具有一定的研究价值。通过寻找问题再比对《学前教育法》，亦能够更好地评价《学前教育法》的现实意义。

尽管我国在学前教育阶段取得了诸多成果，但不可否认，现实语境下学

---

〔1〕　（2014）穗中法行终字第 911 号。

〔2〕　（2014）穗中法行终字第 911 号。

〔3〕　（2019）苏 05 行终 579 号。

〔4〕　（2019）苏 05 行终 579 号。

前教育阶段的供需之间仍有较大矛盾。以北京市海淀区为例，在 2017 年至 2019 年三年内，当地户籍的儿童入园名额缺口达 2 万余个，彻夜排队、抽签摇号的现象仍是社会常态。当幼儿在学前教育阶段由于现实原因难以进入幼儿园接受学前教育时，除了消极等待政府的救济外，公民个人能否积极通过法律途径诉请公权力保障幼儿受教育权？换以法学语境，学前教育阶段的受教育权在没有《学前教育法》的背景下是否具有可诉性？抽象而言，这本质上是在实证法思维下以整个法律体系为背景探求请求权基础的过程。

纵观我国实证法体系，《中华人民共和国教育法》（以下简称《教育法》）将我国教育制度划分为学前教育、初等教育、中等教育、高等教育四个阶段，其中初等教育与中等教育阶段自有《中华人民共和国义务教育法》提供相应的请求权基础，高等教育阶段也有《中华人民共和国高等教育法》保驾护航，唯有在学前教育阶段，我国实证法之规制寥寥无几。就当下实况而言，《学前教育法》尚未出台，学前教育阶段可供参照的实证法条款大致有《中华人民共和国宪法》（以下简称《宪法》）第 19 条、第 46 条，《教育法》第 9 条、第 17 条、第 18 条以及一些涉及幼儿教育的行政法规，如 1989 年由国务院批准实行的《幼儿园管理条例》、2001 年由教育部颁布的《幼儿园教育指导纲要（试行）》、2003 年国务院办公厅转发的由教育部等部门制定的《关于幼儿教育改革与发展的指导意见》，[1]但此类行政法规大都只涉及幼儿园内部的制度管理、师资培养与课程安排等内容，且距离当今社会亦已 20 年，参考价值实为有限。因此，在《学前教育法》出台之前，幼儿受教育权的法律保障几近于无。这不禁让人好奇，在这部法律出台之前，幼儿受教育权难道没有任何积极的救济途径吗？《宪法》和《教育法》在多大程度上发挥了上位法的填补作用，能否成为合格的请求权基础？

欲知此种给付请求权的可诉性为何，至少需要两层梳理：其一为实证法层面的整体把握，在规范之中探寻该请求权的基础来自何处；其二为法理学层面的价值把握，这涉及"受教育权"本身的立法价值和本旨，以及国家、家庭、社会三者在受教育权领域所担权责的分配与划分。

---

〔1〕　杨莉君主编：《学前教育政策法规概论》，湖南师范大学出版社 2008 年版，第 11 页。

一、基于实证法的幼儿受教育权可诉性论证

《牛津法律大辞典》将可诉性定义为：可从法律上加以考虑、能运用法律原则和方法予以决定的特性。[1]该特性可视为一种法律上的资格，即得以诉请法院以法律维度加以审视。从权利层面分析，可诉性所要诉的，是当事人未得到实现的权利。然而权利非白纸的一面，权利之间尚有不同维度，受教育权中蕴藏的权利包含有不同维度的价值阶层；[2]国际人权公约中的人权属性、宪法中的基本权利属性、教育法中的受教育者权利属性各自在不同条文中有所规定，三者可诉性亦理应以不同的视角分别审视。因本文重点置于中国实证法框架内，且国际条约在我国境内的适用与否本身仍有值得商榷之处，故本节重点讨论后两个维度。

（一）基于宪法中基本权利的视角

欲基于宪法探求幼儿受教育权的请求权基础，则至少完成两环论证：第一，宪法中的受教育权是否具有基本权利的资格，质言之，学前教育阶段非属义务教育阶段，亦没有专门的法律规制，此特殊阶段的受教育权能否被认作基本权利的一部分？第二，若能将其认作基本权利，则进一步追问，该权利是否有单独的可诉性，还是只带有宣言性质的态度表现？

1. 学前教育阶段幼儿受教育权的性质探讨

我国《宪法》中有关学前教育的条文为第 19 条和第 46 条。第 19 条第 2 款规定："国家举办各种学校，普及初等义务教育，发展中等教育、职业教育和高等教育，并且发展学前教育。"第 46 条规定："中华人民共和国公民有受教育的权利和义务。国家培养青年、少年、儿童在品德、智力、体质等方面全面发展。"

根据文义解释，第 19 条在"初等义务教育"之前冠以"普及"一词，而在中等教育、职业教育、高等教育和学前教育之前使用"发展"一词，可推知国家对"初等义务教育"采用更有力和普遍的发展手段，而对其余阶段的

---

〔1〕 范履冰：《受教育权法律救济制度研究》，法律出版社 2008 年版，第 40 页。

〔2〕 龚向和："论受教育权的可诉性及其程度"，载《河北法学》2005 年第 10 期。

教育采同等对待，但至少可确认一点：各阶段皆为国家教育体制中重要的组成部分。

学界对于义务教育阶段与非义务教育阶段公民受教育权的性质颇有争议。部分观点认为，公民的基本权利中仅包括义务教育阶段的受教育权，不包括非义务教育阶段的受教育权。此观点直接来自宪法文本对不同阶段教育的用词表述，以及国家在不同阶段所负的不同责任。但本文对此并不认同，因为基本权利的论证除依据宪法文本中的用词表述外，更应结合基本权利本身的内涵，通过具体权利与其特点进行对照，得出外延之范围，此种方法亦符合逻辑学"内涵—外延"之推演模式。[1]

以下借用徐显明教授的"六性质"理论模型对该权利进行审视：[2]

（1）不可缺乏性分析：不可缺乏性指基本权利能区分人与动物的根本差别。根据康德的绝对主义理论，人所拥有的理性能力使得人能够克服天性中的欲望，这是人能享有基本权利，应被当作目的而非手段的理由。基本权利正是独立人格的法律化体现，表明"人不附属于他人而与他人具有同等人格与尊严的自立的权利"。回到本文语境下，学前教育阶段幼儿的受教育权正反映了人类在培养独立能力和理性能力中关键的一环，也唯有人类会在学前教育阶段以系统和理性的方式对幼儿进行教育和引导，帮助其克服心中自私、暴力的原初欲望，培育分享、关爱的人本精神。若没有学前教育阶段合适的教育和引导，将导致幼儿成长时期理性精神缺失，对世界的认识和理解产生偏差，故其具有不可缺乏性。

（2）不可取代性分析：不可取代性指不同的基本权利之间有属于其社会关系的独有价值，每一单项都不能被其他单项替代。回到本文语境，首先从受教育权外部分析，其本质目的在于延续人类的尊严和价值，实现人格的独立和自由，与其他权利有着截然不同的目的指向；其次从受教育权内部分析，每一阶段人的成长都有着不同的规律特点，故在不同教育阶段的受教育权具体而言功能与价值又各不相同，义务教育实属重要，但学前教育有着与义务教育阶段不同的培养目标和培养模式，两者各自的价值是独立且不可取代的。

（3）不可转让性分析：不可转让性指公民通过自律实现对基本权利的珍

---

〔1〕 王洪主编：《逻辑导论》，中国政法大学出版社 2016 年版，第 23-25 页。
〔2〕 参见徐显明："'基本权利'析"，载《中国法学》1991 年第 6 期。

惜，约束自己的任性。基本权利不似契约合意，无法通过合意移转或赠与。受教育权属公民个人独有，个人享有属于自己的受教育权当属其题中之义。受教育权是公民获得理性能力和自由意志的路径，无论是移转或是赠与都是对此种路径的背离，质言之，此等权利对每一公民来说都是至关重要且独一无二的，幼儿的受教育权与受教育权之间成立种属关系，因而符合其不可转让性。

（4）稳定性分析：稳定性指基本权利和人类的理性与尊严息息相关，具有可延续的稳定价值，故在宪法中不应随意增删，这也体现着法的安定性和宪法的刚性。新中国成立以来的历部宪法都确认了公民的受教育权：1954 年《宪法》第 94 条规定"中华人民共和国公民有受教育的权利"，1975 年《宪法》第 27 条规定"公民有劳动的权利，有受教育的权利"，1978 年《宪法》第 51 条规定"公民有受教育的权利。国家逐步增加各种类型的学校和其他文化教育设施，普及教育，以保证公民享受这种权利"，1982 年《宪法》第 46 条规定"中华人民共和国公民有受教育的权利和义务"。历部宪法当中，受教育权都成为其刚性的部分保留至今，其中亦未将公民受教育权拆分为受义务教育权与受非义务教育权，故作为受教育权的组成部分，幼儿受教育权应当被认为具有稳定性特征。

（5）母体性分析：母体性指通过基本权利能够推导出其他权利，"在权利系统中起到中轴作用"。根据徐显明教授的分类，基本权利可以分为宣言的权利与包含的权利，合理解释了受教育权与学前教育阶段幼儿受教育权的关系。受教育权作为宣言的权利，内部有幼儿受教育权、受义务教育权、受高等教育权、受职业教育权等包含的权利，而幼儿受教育权里又可推导出幼儿受教育平等权、幼儿受教育选择权等，其母体性可见一斑。

（6）共似性分析：共似性是指基本权利在当代文明国家当中有着相似的规定。纵览当今世界各国关于教育方面的立法，《波兰宪法》第 70 条，《德意志民主共和国宪法》第 35 条，1936 年《苏联宪法》第 121 条，1966 年联合国大会通过的《经济、社会和文化权利国际公约》等都规定了受教育权是公民的一项基本权利，尽管表述各有不同，但是其在各国立法中的共似性特征不难察觉。

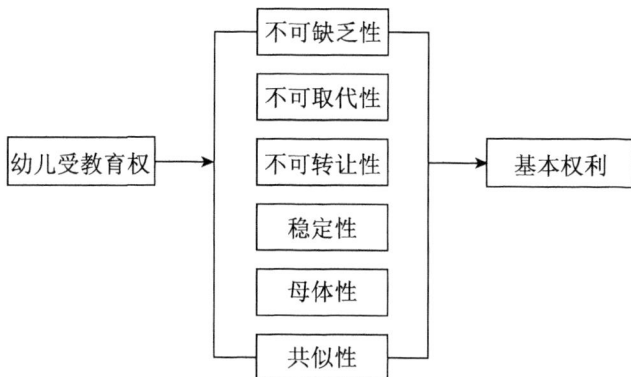

图1　幼儿受教育权"六性质"分析示意图

学理中除"六性质"进路之外，尚有其他论证途径，诸如以道德说教策略加社会学分析策略等，[1]方式并不唯一。唯因"六性质"进路在具体论证过程中逻辑清晰且方面备全，故选取"六性质"进路作为探明幼儿受教育权性质的工具。通过比较两者的内涵特征，本文认为幼儿受教育权符合基本权利的内涵，应被认为是基本权利的一部分，不应单从宪法文本的字面观之，使自身囿于教条主义的泥淖。

更何况，虽然在宪法文本中对学前教育使用"发展"字眼，但在《教育法》第18条中，对学前教育还使用了"加快普及"一词，若仅以用词作为区分，又该对此作何解释？反论之，倘若仅仅因为在学前教育阶段宪法文本使用的为"发展"一词，在义务教育阶段使用的是"普及"一词就如此轻易地区分基本权利与普通权利，那么恐怕这会与自1919年《魏玛宪法》以降受教育权入宪的本旨，即与维护人类之理性与尊严的宗旨相背离，此种解释只能成为公权力惰于维护除义务教育阶段之外公民受教育权的借口。

2.《宪法》中基本权利的可诉性论证

在幼儿受教育权是基本权利的前提下，进而需要思考，该基本权利是否具有可诉性？

---

〔1〕 孙光宁："基本权利的论证策略及其运用：以布朗案为例"，载《法学方法论论丛》2014年第0期。

我国《宪法》中关于幼儿受教育权的规定主要在第 19 条和第 46 条，以下分别探讨。

第 19 条位于《宪法》第一章，即总纲部分。欲知晓该条效力，必先探究总纲条文该作何理解、性质如何。学界对《宪法》总纲条款的性质看法不同，但通说认为，总纲最大的特点在于纲领性，[1]且主要规定了"国家未来要实现的目标"，这在德国法上被称为"国家目标规定"。国家目标规定弃"条件程式"而采"目标程式"，弃"涵摄适用"而将路径选择权交给解释者，故总纲部分无法进行"如果……那么……"结构的假言推理，亦因此避免了全有或全无的规则竞合。[2]

总纲部分的效力讨论大致有两种观点：第一种认为总纲全无效力或者仅有极为微弱的效力。[3]因总纲仅为政治宣言或目标预设，故所置要求仅需政府全力朝目标前进，至于以何种手段到达，最终是否到达则在所不问。按此种观点，在公权力执行国策或履行原则时，即便违反了国家目标规定，亦不构成违宪。第二种观点认为，总纲部分具有较强的法效力，[4]此种国家目标规定当成为国家上下共同努力的目标，在国家公权力行使时，必须严格按照此种原则进行，否则将构成违宪。

本文认为，第二种观点可予认同。第一，应当承认总纲部分有法效力而绝非没有效力。宪法作为国家根本大法，对经济、政治、社会领域有统领指导作用，总纲作为宪法的重要组成部分，必然对此三者产生效力，所生争议之处，无非是效力大小之别而非有无效力之别；第二，法学家们对法抱有的基本理念是"法应当得到适用"，这是法律拥有生命力的前提，若让难以适用的法尘封于纸上，所剩下的无非是"死法"之残骸。[5]倘若否决总纲部分的法效力，只会更加让"废纸之论"[6]甚嚣尘上，于法治发展实无益处；第

---

〔1〕 韩大元、林来梵、郑贤君：《宪法学专题研究》，中国人民大学出版社 2008 年版，第137 页。

〔2〕 参见王锴、刘犇昊："宪法总纲条款的性质与效力"，载《法学论坛》2018 年第 3 期。

〔3〕 谢瑞智：《宪法新论》，正中书局 2005 年版，第 822 页。

〔4〕 殷啸虎主编：《宪法学》，上海人民出版社 2003 年版，第 129 页。

〔5〕 舒国滢主编：《法理学导论》，北京大学出版社 2012 年版，第 36 页。

〔6〕 [德] 基尔希曼："作为科学的法学的无价值性"，赵阳译，载《比较法研究》2004 年第 1 期。

三，诚然德国关于国家目标规定的效力肯定是基于其较成熟的违宪审查制度，但这并非意味着我国的宪法总纲形同虚设。总纲部分中基本国策的安定性、明确条款对国家机关的直接效力、弃基本国策而导致违宪这三层效力足以体现我国宪法总纲的实际约束力。但于应然层面分析，若欲使我国总纲部分产生更为直接的拘束力，使《宪法》第 19 条直接成为幼儿受教育权的请求权基础，尚需完备成熟的违宪审查制度配合辅助，以防止出现"陈义过高"导致的搁置状态。

《宪法》第 46 条属于公民的基本权利条款，位于《宪法》的第二章"公民的基本权利和义务"部分。根据德国宪法学理论，基本权利具有"主观权利"和"客观法"的双重属性，[1]这一理论构成了基本权利理论体系中的重要组成部分，对宪法学研究有重要的参考意义，故对基本权利可诉性也基于这两个维度进行分析。

回到幼儿受教育权的视域，"主观权利"是指幼儿受教育权的"自由权"面向，即防止国家的不正当干涉和侵犯，在性质上体现为不作为请求权或者防御权，例如学习自由权、选择学校就学权、学术自由权等；"客观法"指的是幼儿受教育权的"社会权"面向，即以基本权利体系构成国家行为准则，从而对立法、行政、司法产生直接效力，在性质上体现为作为请求权，即请求国家积极给付以保障幼儿受教育权得到切实维护，其中包括提供平等的入学机会、受教育（条件、福利）要求权等。

正如西方法谚中所写，"有权利即有救济，权利无救济即非权利"，基本权利必将伴随相应救济是"权利"一词的题中之义，故本文认为，宪法中的基本权利理应得到救济，以下从受教育权的"自由权面向"与"社会权面向"分别论述。

在自由权面向中，公民理应从宪法的基本权利条款中获得相应请求权，唯在普通法律与宪法对某一基本权利皆有规定时，优先适用普通法律。但如前文所述，在《学前教育法》尚未出台的背景下，《宪法》中的幼儿受教育权尚未有专门法的规制。此时，应然层面上《宪法》中的基本权利条款应得到适用，使之具有被适用的生命力；实然层面，纵观世界各国在此情形下的

---

〔1〕 参见张翔："基本权利的双重性质"，载《法学研究》2005 年第 3 期。

选择，以德国和美国为典型。德国有独立的宪法法院可直接依宪法规范进行判决，而美国司法审查制度下则由普通法院依宪法规范进行审判。自 2008 年"齐玉苓案"司法解释被废止以来，我国学界关于"宪法司法化"的争议不断，但正如周伟教授所言，"我国宪法的基本权利应当而且必须具有直接的法律效力"，[1]这至少意味着两层含义：第一，在公民的基本权利受到侵犯时，国家机关应当给予救济，并对该案件进行审判或裁决；第二，国家应当以积极作为，为公民实现基本权利创造良好条件。[2]究其背后原因，是朴素的公正原则和法治观念。正如习近平总书记在十九大报告中所说："我们要加强宪法实施和监督，推进合宪性审查工作，维护宪法权威。"依法治国是党领导人民治理国家的基本方略，而依法治国的核心是依宪治国，唯有宪法真正发挥作为法本身的适用价值，才能让"依宪治国"避免成为空谈。

在社会权面向中，幼儿受教育权是否具有可诉性稍显复杂，原因有三：第一，社会权面向要求国家进行积极给付，而自由权面向更多要求不作为给付；第二，社会权面向受限于人口和经济等客观因素，实现的成本与代价较自由权面向更高；第三，部分社会权面向用词概括笼统，使具体落实有难度。但根据德国公法理论，社会基本权利分为可直接请求权与宪法委托，[3]受教育权属于前者，亦即公民有权请求国家为积极给付。且从世界各国立法趋势来看，社会权的救济保障必将成为"一股不可逆转的时代潮流"。[4]退一步讲，幼儿受教育权是否具有可诉性与可诉性是否具体落实并无冲突，其本身只代表一种请求的资格与可能，而非请求的成功与失败。即便受到客观因素的限制，最终造成社会权的给付不能，亦可以由实际履行转为损害赔偿，但这与其可诉性并不矛盾。

---

〔1〕 周伟：《宪法基本权利司法救济研究》，中国人民公安大学出版社 2003 年版，第 43 页。

〔2〕 范履冰：《受教育权法律救济制度研究》，法律出版社 2008 年版，第 59 页。

〔3〕 陈新民：《德国公法学基础理论》，山东人民出版社 2001 年版，第 696 页。

〔4〕 龚向和："社会权司法救济之宪政分析"，载《现代法学》2005 年第 5 期。

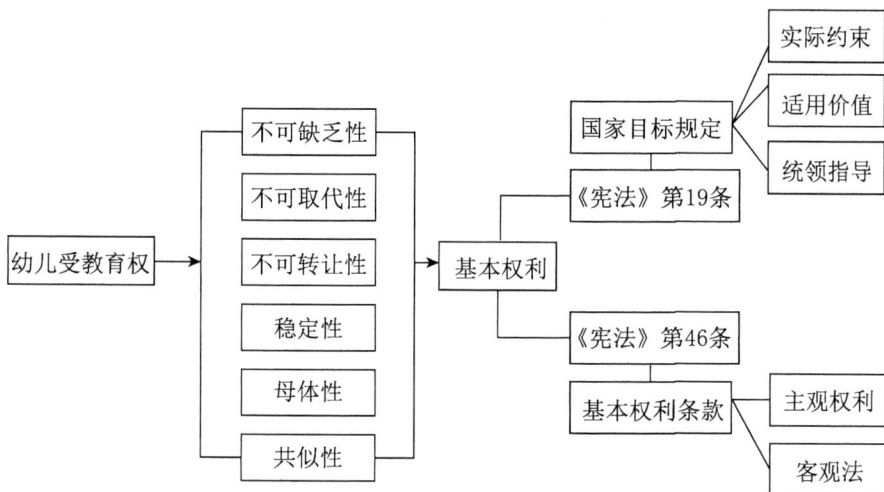

图 2 《宪法》中幼儿受教育权之可诉性

（二）基于《教育法》中受教育者权利的视角

续前文，《宪法》基本权利条款中包含了学前教育阶段幼儿的受教育权，而基本权利条款应当被认为能够成为请求权基础。但是对此看法仍有质疑之声，质疑者大都认为基本权利仅为政治宣言而无实际法律约束力。对此种观点，或许《教育法》能够予以回应。

1.《教育法》与《宪法》之关系

宪法作为国家的根本大法，毋庸置疑具有"母法"地位，居于整个法律体系的顶点位置，起着统领与总括的作用。《教育法》居于普通法地位，而其本身又是教育法体系内部的根本之法。[1]

我国《宪法》第 46 条规定，"中华人民共和国公民有受教育的权利和义务"。《教育法》第 9 条规定："中华人民共和国公民有受教育的权利和义务。公民不分民族、种族、性别、职业、财产状况、宗教信仰等，依法享有平等的受教育机会。"

根据体系解释，《教育法》第 9 条的规定应当理解为是《宪法》第 46 条规定的具体落实，质言之，我国公民的受教育权在普通法中得到了具体化，

---

〔1〕 杨莉君主编：《学前教育政策法规概论》，湖南师范大学出版社 2008 年版，第 11 页。

使得所谓的宪法中的抽象权利转化为了一项具体的实在权利。[1]在此种语境下，质疑宪法中受教育权不具有可诉性的声音被很好地予以了反驳，因为即便其否认宪法条款的适用性，亦难以否认在《教育法》中得到明确落实的公民受教育权。

2.《教育法》中公民受教育权的可诉性论证

在《教育法》中涉及学前教育阶段幼儿受教育权的主要为第17条和第18条。

第17条规定："国家实行学前教育、初等教育、中等教育、高等教育的学校教育制度。"这一条主要概括说明了国家的基本教育制度，将学校教育分成了四个阶段，其中学前教育阶段赫然在列。

第18条规定："国家制定学前教育标准，加快普及学前教育，构建覆盖城乡，特别是农村的学前教育公共服务体系。各级人民政府应当采取措施，为适龄儿童接受学前教育提供条件和支持。"这一条文中明确了国家在学前教育阶段所应承担的责任，在文义上大体是清晰的。但问题在于，倘若国家未达到本条文所规定的目标，即当地适龄儿童无法获得接受学前教育的条件和支持，公民可否依据该条要求国家机关为积极给付？

在本文的语境下，适龄儿童"入园难"问题所被侵害的受教育权具体而言是受教育（条件、福利）要求权以及受教育选择权（选择学校、教师、教学内容等），倘若连受教育要求权都未得到实现，又何来选择的权利？

在《教育法》第43条关于受教育者的权利条款中，规定了参加教育教学计划安排的各种活动，使用教育教学设施、设备、图书资料的权利，规定了对学校给予的处分不服向有关部门提出申诉，对学校、教师侵犯其人身权、财产权等合法权益，提出申诉或者依法提起诉讼的权利。但这些权利的前提是幼儿已经进入了该学校就读，成为学校的学生。对那些尚未进入学校且无法进入学校就读的幼儿来说，这些权利无疑是隔靴搔痒，无实际作用。

有价值的条款是《教育法》第54条至第56条和第71条。其中第54条至第56条规定了国家应对教育事业投入相当比例的财政资金，即国家给付义

---

[1] 解立君：《学校法律顾问》，开明出版社2003年版，第18页。

务。第 71 条规定了若未按规定和预算完成给付，有关机关所应承担的相应法律责任。按照此条，对公民在《教育法》中所规定的受教育权的可诉性应当给予肯定回答，但是到此问题的答案仍不明朗。

模糊的关键在于，条文只规定了国家机关对"财政性教育经费支出"所承担的国家给付责任，至于支出最后达到的效果是否能满足所有适龄儿童入学的需求则在所不问。质言之，只要国家机关按国家预算完成了对于当地教育事业的投入，便不必承担《教育法》第 71 条中所规定的责任，无论最后的结果是否能满足适龄儿童的入园需求。从现实情况看，目前学前教育阶段的国家给付并不能满足幼儿入园的需求，供小于求的状态仍在持续。因此追问便是，在国家机关按国家预算对学前教育投入了相应财政资金后，仍然无法入园就读的幼儿能否继续请求国家为积极给付？

该问题在实然与应然层面应区分对待：实然层面，此种偏向社会权性质的给付要求必然受国家财政收入、经济发展状况、人口数量等多重现实因素的限制，"欲为给付而难为给付"的状态或是社会权面向的幼儿受教育权难以实现的重要原因；但在应然层面，难为给付不等于不必为给付，事实层面的不能无法推导出逻辑层面的不必，而可诉性所关注的正是在应然层面的必或不必。

本文认为，在应然层面，公民有权要求国家继续为积极给付，除了在实证法层面的规范条文之外，还应考虑其背后的法理原因。一方面，《宪法》与《教育法》一同规定的公民受教育权理应得到保障和维护，而不应以"完成了相应给付义务"的理由搪塞敷衍，否则岂非一旦公民基本权利受到侵害，国家公权力都能以"心有余而力不足"的理由进行回应，如此公民的基本权利又该如何保证；另一方面，此问题涉及国家、社会、公民对于受教育权的责任分摊问题，即国家教育权、社会教育权与家庭教育权各自扮演的角色和地位之不同，此问题将在下节详细论述。

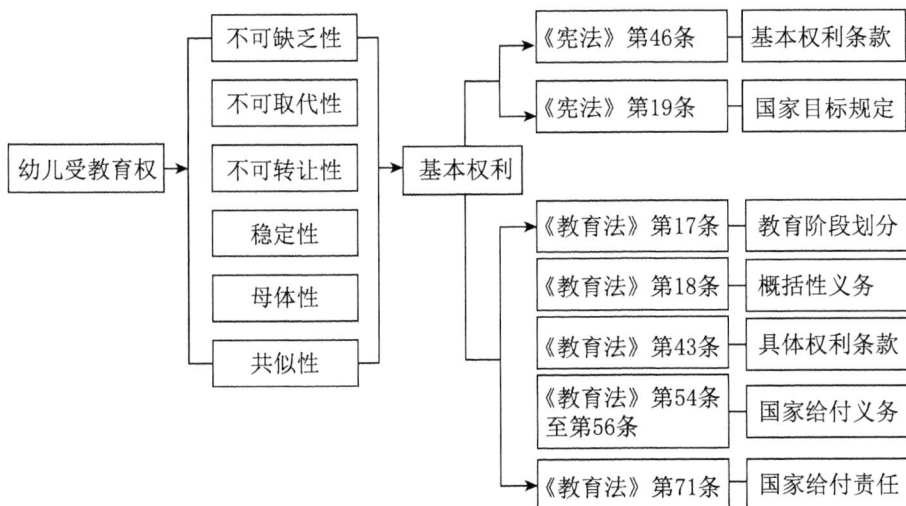

图3　《宪法》与《教育法》中幼儿受教育权之可诉性

二、幼儿受教育权之可诉性背后的法理学支撑

依本文观点，幼儿受教育权应具有可诉性，其请求权基础源于《教育法》与《宪法》中的有关条文。但仅从实证法角度考虑未免单薄，法条本身的实然层面仅能得出"能够"的结论，但还不能得出应然层面"应当"的结论，若要论成该可诉性不仅"能够"而且"应当"，则需要从法理学角度探求幼儿受教育权在立法之初的本旨。

（一）幼儿受教育权的法理审查

受教育权发轫于对人理性与自由的敬畏。自启蒙以降，"人生而平等"的思想成为对理性精神的肯定，由于每个人都拥有理性的能力，所以认为对于此种理性能力应持有同等的敬重。然而，事实上的敬重往往掺杂对财产、地位、年龄、身份等诸多因素的考虑，一个尚未完全开启灵智，生理与心理都不成熟的幼儿将在权利体系中处于不利位置——其自身无法实现维权，唯有监护人代为履行，却又要受到法律框架的诸多限制。因而，法律体系应对手无缚鸡之力的幼儿权利抱有极高的敬畏而以法律为其构建呵护的温床，这也正是"儿童最大利益原则"诞生的背景。

《儿童权利公约》于1989年11月在联合国大会上通过，其第3条中就明确规定了"儿童最大利益原则",并以三款内容具体落实了该原则的地位、缔约国的义务和相关机构的标准。根据文义解释,"儿童最大利益原则"是指在解决与儿童有关的问题时,将儿童的利益放在首位。然而因各国文化价值、社会环境、立法者专业水平等方面的差异,这一原则难以通过统一而明晰的标准对一项具体案件进行是或否的审查,这也是法律原则区别于法律规则的一大特点,其难以做到"全有或全无",而是在标尺的正方向或负方向上进行一定步幅的移动。

以"儿童最大利益原则"进行反向审查,虽不能量化评估,但仍有重要的价值判断意义。欲论证"幼儿受教育权"可诉性的正当性,则至少要保证其所处位置在"儿童最大利益原则"的正方向上。这一审查有两大含义:第一,倘若幼儿受教育权可诉性不符合"儿童最大利益原则",其正当性自然瓦解;第二,即使幼儿受教育权可诉性处于该原则的正方向,仍然不能得出其正当的结论,还需要经过其他工序的进一步检验。

若对"儿童最大利益原则"进行情势分类,大致有二:第一,在经济社会发展状态良好,工业化较成熟的社会环境中,儿童的个性发展在自由主义和民主主义思潮下已得到较为合理的发展,此时更符合儿童最大利益的做法是由国家对幼儿教育进行更多参与和支持,通过资金投入与课程安排实现培养"合格公民"的任务;第二,在不成熟社会语境下,家庭的利益掌握绝对话语权,自由主义发展尚未成熟,则此时幼儿教育的重心就更向家庭靠拢和倾斜。换言之,儿童最大利益所体现的,本质上是在当时社会环境中更被强调和需要的利益。

结合我国语境,要作出的判断是,幼儿受教育权可诉性的产生背景是否符合上述第一类情势,即幼儿受教育权是否处于"儿童最大利益原则"正方向。判断标准有二:第一,是否为当下时代所强调;第二,是否正被需要或极为紧缺,本文认为这两个问题的答案是肯定的。

第一,在我国当下背景中,幼儿的利益早已不是为家庭利益服务,个人也不再附属于以家庭为中心的局限单位。恰恰相反,当下现实语境期待儿童通过获得周全的保护与良好的教育成为一名优秀的公民,走出家庭,走向社会,并参与到社会建设中奉献光和热。在这样的时代背景下,幼儿获得受教育权这一利益是正被强调的。

第二，"儿童最大利益"体现的是当下儿童所真正缺乏的利益。而幼儿"入园难"问题正是当下正在发生并尚未解决的一大难题，这也正是为何这一问题需要被拿来讨论的原因。无论是天价的入园费用还是极其有限的入园名额，现实层面的迫切需求反向推动理论层面的深入追问，其迫切性和缺乏性从直观的数据对比中可见一斑。

结合当下实际背景，不难看出，幼儿受教育权符合被强调和紧缺两大特征。虽无法通过数值量化分析幼儿受教育权到底能实现多少的"儿童最大利益"，但不可否认，幼儿受教育权至少有助于"儿童最大利益"的实现，而这也说明了其至少在"儿童最大利益原则"的正方向上而不至于背道而驰。倘若以目的论视角审视"幼儿受教育权可诉性"这一命题，会发现其真正想要达到的目的无非是让幼儿能够进入幼儿园并获得接受学校教育的资格。一切法学分析的背后所隐藏的价值属性，在于对幼儿作为"人"与"公民"的权利敬畏，我们怀着同样的敬意对他们人性深处的理性与尊严加以保护和帮助，"用云朵推动云朵，用灵魂唤醒灵魂"，这或许是对"儿童最大利益"最好的诠释。

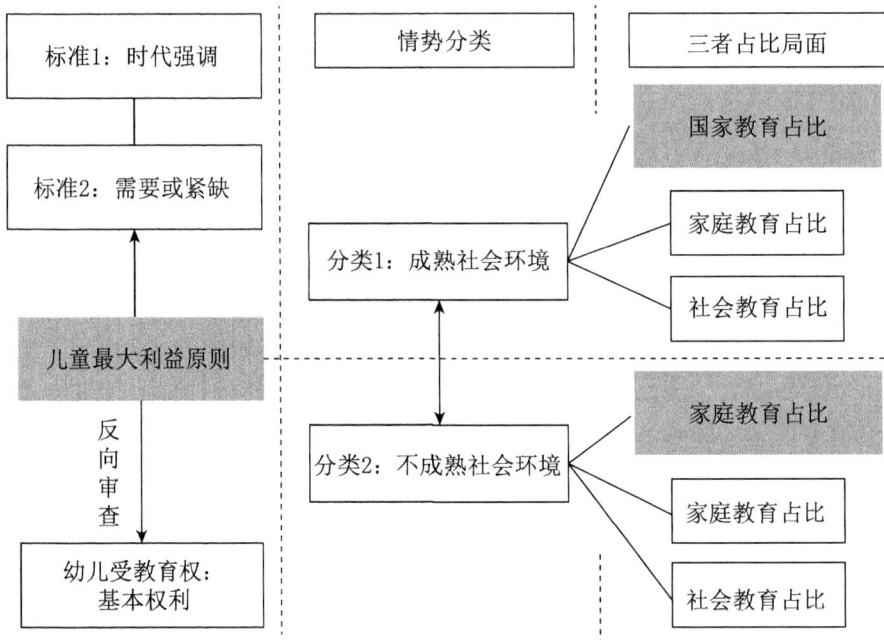

图4　"儿童最大利益原则"概念示意图

（二）幼儿受教育权的自由权面向与社会权面向

受教育权兼具自由权与社会权属性，这两个面向决定了政府在幼儿受教育权的实现领域需要承担多大的给付责任，故有必要进一步分析这两个性质以及其背后所蕴含的法理。

20 世纪 70 年代，瓦萨可将人权根据不同的历史阶段分为自由权、社会权和发展权。[1]而受教育权被认为是跨越了三代人权的典型代表，兼具自由权与社会权的特征。

自由权面向强调作为公民的基本权利，国家不应该进行过度的干涉与侵犯，公民为守护自己的权利而请求国家为消极给付；社会权面向强调国家除了应当不对公民个人的基本权利进行过度干涉与侵犯之外，还必须为公民实现其基本权利创造良好的条件。[2]因此，社会权对国家行为的要求较自由权更高，因为其要求的是积极给付，不但要划清界限，还要主动地履行相应的义务。

为厘清两者的关系，必须探明：两种属性在受教育权中何者是主要属性，何者为次要？回答这一问题的目的在于，若社会权属性占据主要地位，则显然国家应承担更多的积极给付义务；若自由权属性占据主要地位，则国家应更多地承担消极不侵犯义务即可。

学界对此存在不同的看法：杜文勇教授认为，两种属性的不同侧重应当结合具体的教育阶段讨论：在义务教育和免费教育阶段，社会权比重大于自由权比重；而在非义务教育阶段，则自由权比重大于社会权比重；胡锦光教授认为，自由权与社会权属性不应该割裂看待，两者实际上是互相包含、互相依存的，唯有在具体某种请求权的语境之下才能够判断究竟体现为何种属性。[3]

---

〔1〕 胡欣诣："三代人权观念：源流、争论与评价"，载《泰山学院学报》2011 年第 4 期。
〔2〕 潘荣伟："论公民社会权"，载《法学》2003 年第 4 期。
〔3〕 胡锦光、任端平："受教育权的宪法学思考"，载《中国教育法制评论》2002 年第 0 期。

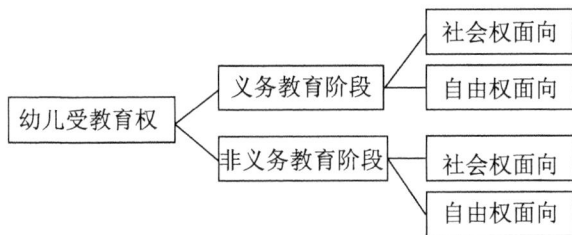

图5　杜文勇教授所持幼儿受教育权的不同面向观点

本文认为，胡锦光教授的观点大体可予认同。但除了在具体语境下根据请求权不同区分究竟何种属性占优之外，尚需要结合社会性质与时代背景，根据不同制度下国家所应扮演的角色对两种属性进行权衡。举例言之，19世纪末20世纪初的西方，资本主义社会自由主义浪潮对国家干预产生强烈的抵御性。德国哲学家魏特林曾主张"自愿的教育"，即听由每个人的欲望和能力来决定其自身发展，英国自由主义学派的代表人物密尔同样热情地歌颂个性，并称赞其为"美、活力与自由的代表"。而在20世纪中叶的苏联，《苏联宪法》则明确规定国家应保障公民的受教育权，并将受教育权与社会保障权列为社会主义国家人权理论中最重要的人权，甚至还包括了义务教育阶段之外的夜校与函授课程。[1]可见不同历史时期与不同社会形态对于自由权与社会权的权重影响巨大，唯有将具体请求权置于整个社会语境下才能够明确两者的权重究竟为何，从而推导出国家在其中所应承担的义务权重。

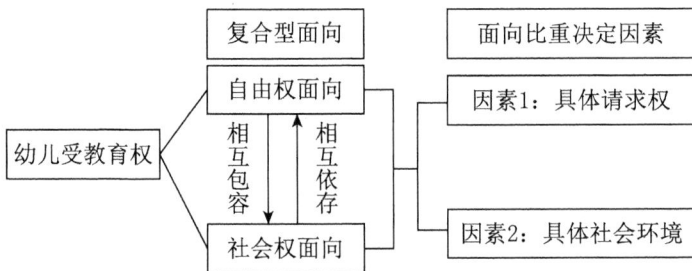

图6　本文所持幼儿受教育权的不同面向观点

---

〔1〕　杜文勇：《受教育权宪法规范论》，法律出版社2012年版，第33页。

（三）中国背景下幼儿受教育权的国家给付义务

讨论在中国社会中幼儿受教育权的国家给付义务，必须结合当代中国特色社会主义制度的大背景具体分析。长久以来，受教育权给付义务之讨论一直在国家与家庭之间兜兜转转，并逐渐形成"国家教育权"与"家庭教育权"两种基本范式。幼儿受教育权可诉性之争背后所隐藏的实质法理问题乃是人的国家属性与人的家庭属性之竞合。令问题稍显复杂的，是自 1978 年改革开放以来中国社会主义市场经济体制的发展，使得教育领域从国家与家庭的二元分域变为国家、社会和家庭的三足鼎立，原本国家与家庭二者间的给付义务分摊因为如今有第三者插足，而需另加讨论。

1. 家庭给付义务

家庭教育的历史源远流长，甚至在氏族文明阶段就已有了以家庭为基础的教育雏形。家庭教育作为社会教育的一个侧面，在孩童进入学校前扮演着极为重要的角色，并通过不同阶级的家庭教育起到稳定阶级的作用。产生家庭给付义务主导的原因大致有三：

第一，长久以来，家庭教育一直作为学校教育的补充，这是因为学校教育在封建社会中往往成为精英阶级的垄断资源，为统治者所掌握。而教育资源之不足，教育成本之高昂和受学校教育主体的狭隘也让家庭教育成为许多中下阶层的选择，故家庭成为承担子女教育责任的主体。

第二，与家庭教育息息相关的概念"家庭教育权"，即父母有权利基于自己的信念和价值判断决定将子女培养成什么样的人。[1]在以家庭为单位的社会结构和绝对的父母权威之下，此种思想最为盛行。例如在古罗马时期，查士丁尼《法学阶梯》中的"家长权"一章里就明确表述了此种"家庭教育权"："在我们合法婚姻关系中出生的子女，都处在我们的权力之下。"[2]这种绝对的权力支配自然包括对于子女的教育选择。无论是东方还是西方，父权主义下的家庭给付义务都占据了主要地位。

第三，在自由主义发展初期阶段，对自由与个性的追求使西方对国家干涉产生强烈的抗拒心理。自由主义要求国家尊重个人对自身的发展要求，基

---

〔1〕 叶强："论作为基本权利的家庭教育权"，载《财经法学》2018 年第 2 期。
〔2〕 秦惠民："国家教育权探析"，载《法学家》1997 年第 5 期。

于每个人对于自身能力、性格的理解为自己的成长负责，而不再劳烦国家设置最低标准和课程大纲来规划教育。此种情形之下，家庭教育亦占据社会主流。以文学为切入窗口，法国作家司汤达笔下的《红与黑》就生动描写了发生于此种社会背景下的家庭教育：主人公于连正是以家庭教师的身份进入了上层阶级的生活环境，故事中反映了当时显赫的大人物对寻求优秀家庭教师的迫切需要，可见家庭给付义务即受教育权的自由权面向在当时占较大比例。

但家庭教育并非一直占主要地位，随着资本主义发展到垄断阶段，教育的国家化以及义务教育的普及使此种家庭给付逐渐被国家给付削弱。值得指出的是，"削弱"并非"取代"。事实上，家庭教育给付的思想到今天也并未失传，体现在学校教育中老师动辄以"请家长"作为威胁的理由，家校联系成为当今教育发展的大趋势，历史的源头其实可以一直追溯到家庭教育诞生之初。此外，历史的发展轨迹从来不是一条直线，而是波浪式前进，因而家庭教育也曾出现过复兴的高潮，并非一直式微。唯从整体趋势上分析，今日的家庭教育占比已不及往昔父权社会或是 19 世纪自由主义高潮时期那般强势。

2. 国家给付义务

纵观历史全局，受教育权的国家化范式大致可以分为三种不同形态：封建制度状态、垄断资本主义状态和社会主义状态，[1] 以下分别论述。

第一，封建制度状态。在封建制度下，统治阶级牢牢掌握教育权，有权决定将受教育的机会授予何人，将教育资源分配给何人，这种特权化的形态在历史中存在了较长一段时间，但由于其少数化与精英化的特征，广大中下层阶级难以享受到国家教育的机会，以数量而论，家庭教育仍占主导，但若以质量和话语权论，国家的统治阶级皆以此种国家教育作为把握政治力量的门道，故其实际作用和影响效力又占有优势。但此种背景下的国家教育与今日之国家教育早已不可同日而语。

第二，垄断资本主义状态。如上节所述，在 16 世纪绝对国家出现之后，国家统制主义成为意识形态的主流，使国家教育权的出现成为可能。在中世纪结束后，西方迎来文艺复兴、宗教改革、启蒙运动三场思想解放运动，资

---

〔1〕 孙霄兵：《受教育权法理学：一种历史哲学的范式》，教育科学出版社 2003 年版，第262 页。

产阶级为保证这一阶段的成果得以延续，需要通过教育将人文主义的结晶注入公民的血液里。因而，以马丁·路德为代表的改革者们希望将教育权交由国家行使，以最大限度、最大效率和最大成功性的方式培养合格公民。随着资本主义发展到垄断阶段，为适应工业化发展要求，从国家本位出发，需要一批合格的公民来守护财富并不断创造财富，国家教育权在这一阶段得到扩张，并占据优势。

第三，社会主义状态。马克思曾在 1842 年谈到对于教育之目的的认识："教育使他们成为国家的成员，把个人的目的变成大家的目的，把粗野的本能变为道德的意向，把天然的独立性变成精神的自由：使个人和整体的生活打成一片，使整体在每个个人的意识中得到反映。"[1]这样的教育目标无法通过各自的家庭教育来完成，因为若想要将个人之思想汇入集体之思想，则必然需要有价值层面的共识引导，否则只能造就千奇百怪的"个人意识"而难有"共同的精神自由"。对于完成此种教育目标的路径选择，马克思的观点是："最先进的工人完全了解，他们阶级的未来，也是人类的未来，完全取决于正在成长的工人一带的教育……而在目前条件下，只有通过国家政权施行的普遍法律才能办到。"[2]可见马克思主义的教育理论对于国家积极给付义务有着极高的要求。在实证法层面，1918 年《苏联宪法》第 17 条明确规定"俄罗斯社会主义联邦苏维埃共和国的任务为给予工人和贫民各方面的完全的免费教育"，[3]1936 年，苏联明确将公民的受教育权写入宪法，为往后社会主义国家的宪法中关于的公民受教育权规定提供了借鉴。

3. 社会给付义务

受教育权的社会给付指除了国家与家庭之外的社会力量介入教育领域，提供资金支持举办教育机构。受教育权的社会给付主要是在市场经济的背景之下产生与兴起的，然而与国家教育不同的是，社会团体与受教育者之间所产生的权利义务关系以货币为媒介，[4]受教育者通过给付价金购买教育机构

---

〔1〕 转引自：《马克思恩格斯全集》（第 1 卷），人民出版社 1979 年版。

〔2〕 上海师范大学教育系：《马克思恩格斯论教育》，人民教育出版社 1979 年版，第 127 页。

〔3〕 转引自：［挪］艾德、亚历斯　罗萨斯主编：《经济、社会和文化权利教程》，中国人权研究会组织翻译，四川人民出版社 2004 年版，第 202 页。

〔4〕 转引自：［德］西美尔：《货币哲学》，陈戎女、耿开君、文聘元译，华夏出版社 2002 年版，第 15 页。

相应的教育服务，以达到共赢的预期效果，此种共赢局面具体可体现为以下三点。

首先，由于国家教育资源的有限，若公民个人难以通过国家教育实现入学，则社会教育可以提供补充渠道；其次，国家限于财政资金与人口增长的压力，难以负担巨额的教育投入，而社会教育的投入能一定程度上缓解国家教育的压力；最后，社会力量通过市场媒介以服务换取利润，从而实现自身经济利益的增长。因此原本紧张的"国家—家庭（个人）"教育关系因为社会力量的加入而趋于缓和，形成三角关系以达到利益优化。

教育社会化出现的本质原因来源于"国家—个人"的紧张关系。李强教授在《自由主义》一书中就曾说道："自由主义在本质上是一种国家学说，其核心是界定个人和国家的关系。自由主义的基本特征是对国家充满恐惧。"[1]因而自由主义者一方面担心国家对于个人自由的过度干涉，但另一方面又深知没有国家公权力的失序状态将带来怎样的恶果。故在平衡两种极端情况的过程中，自由主义建立以市场为导向的"新自由主义"，通过引入市场机制来缓和两者之间剑拔弩张的局势。

4. 我国语境下国家、家庭与社会的义务分配

自我国 1978 年改革开放以来实行社会主义市场经济体制，邓小平旗帜鲜明地提出"市场和计划都是手段"的著名论断，为我国此后数十年的发展奠定了基调。在社会主义市场经济体制的论断中，计划和市场是手段，发展社会主义是目标，我国社会主义的性质并不因此动摇，因而能够推导出我国教育的性质仍然是社会主义教育，其中实现社会主义阶段教育之目的的手段则可以多样化。

习近平总书记在 2018 年全国教育大会上指出："我国是中国共产党领导的社会主义国家，这就决定了我们的教育必须把培养社会主义建设者和接班人作为根本任务，培养一代又一代拥护中国共产党领导和我国社会主义制度、立志为中国特色社会主义奋斗的有用人才。"这一论断是对马克思主义教育理论结合当下中国实际背景的进一步发展。

依照具体请求权语境辅之以具体社会背景的方法，本文认为，当今中国

---

〔1〕 李强：《自由主义》，中国社会科学出版社 1998 年版，第 224 页。

社会主义市场经济体制下，国家仍然是幼儿受教育权的主要给付责任人，亦即在当今视域中，幼儿受教育权的社会权面向占据了主要地位，以下进行比较论证。

（1）国家给付与家庭给付的权重比较。

第一，从社会历史发展的趋势看，教育的普及与国家化成为大趋势。自垄断资本主义阶段到来以及社会主义在世界诞生起，国家承担的教育义务占据越来越大的份额，世界各国之间的竞争日趋激烈，因而对各国公民的素质要求也逐渐提升，唯有标准确定、资本可靠的国家教育能够承担起在此背景下培养合格公民的任务。尽管如今对于个性和自由的呼声从未间断，但是这些声音都不曾动摇"国家教育权"的强势地位，而是成为国家教育进程的一部分，在教育的过程中更加注重教育方法、因材施教、尊重学生个性，这些因素与国家教育的关系本质上并不冲突，亦难以改变大势所趋。

第二，从社会主义制度下教育的目的看，国家应承担主要给付。自社会主义诞生之初便强调公民的国家属性。马克思希望通过教育将个人的变为集体的，将粗鲁的变为道德的，将个体变为真正的国家成员。在这个前提下，国家自然应承担相应的给付义务来实现它所欲达到的目的，即通过国家教育下相应的课程安排、资源设置来培育公民相应的价值共识与道德品质。[1]既然目标为国家所设，路径自然只有国家明确该如何安排。否则若国家当起"甩手掌柜"，只负责设置教育的目标，而将路径的选择交由家庭教育自我摸索，岂非届时将出现"盲人过河"的局面？在当代中国，青年一代励志成为"为中国特色社会主义奋斗的有用人才"，亦体现了公民所扮演的社会角色与相应的国家属性，国家为了帮助公民获得为社会做贡献的能力，自然应从小为其提供相应的环境与设施来帮助其成长成才，此种积极给付应当是目标达成的题中之义。

第三，从教育的要求看，只有国家能够担负大任。当今世界对于人才的要求不断提高，过去简单的学前教育或许只是在家和孩子说故事、唱儿歌，但时至今日，学前教育已经成为教育学领域重要的专业构成，相应的硕士点、博士点亦随之设立。这反映出在学前教育阶段对幼儿教学科学性与有效性的

---

〔1〕 上海师范大学教育系：《马克思恩格斯论教育》，人民教育出版社 1979 年版，第 156 页。

高要求。在儿童心理成长与生理成长的初期阶段，唯有以科学的方法灌输和正确的价值引导在其心中树立良好的情感认识和价值认识，才能实现其在青年阶段宏大的人生理想。当中所涉教育学、心理学、人文科学与自然科学等多方面的熏陶与培养，非专业人士难以把握，依靠家庭教育来完成如此高度专业化的学前教育实属不易，家庭教育或许能够锦上添花，但不适合也没能力承担起主要的教育给付责任。

（2）国家给付与社会给付的权重比较。

《教育法》第 26 条规定："国家鼓励企业事业组织、社会团体、其他社会组织及公民个人依法举办学校及其他教育机构。"体现了幼儿受教育权中的社会给付。事实上，根据《全国教育事业发展统计公报》的调查，自 2012 年以来，民办幼儿园在园幼儿的数量就已经超过了公办幼儿园，到了 2017 年，已经有 56% 的幼儿在民办幼儿园就读。但这是否意味着社会给付义务要大于国家给付义务呢？本文认为回答是否定的，理由有三。

第一，实证法中并未规定社会力量的相应义务。《教育法》中所规定的条文仅仅只是国家鼓励式的方针陈述，而非为其设定义务，亦即国家仅通过该条表明自身欢迎的态度，对于社会力量是否投入学前教育，具体投入多大力量、多少资金并未规定，亦无法规定，因为这属于其自身的选择自由。

第二，社会给付与受教育者之间以货币为媒介，受市场机制调节。不同于国家给付对于培养合格公民所需承担的相应义务，社会力量与受教育者之间的契约关系更类似于劳务之债或行为之债，受教育者通过给付价金购买相应服务，社会力量则给付教育服务，至于教育的具体质量与成果则在所不问，这也是为何虐待儿童事件大都出现在民办幼儿园而少见于公办幼儿园的原因。同时，由于市场机制的介入，民办幼儿园高昂的价钱往往让许多不甚富足的家庭望而却步，一些普通家庭虽能勉强承担却亦为此负担了极高的生活成本，[1]这与教育的公益性和培养合格公民这一原初精神相背离。

第三，社会给付的培养路径难与国家教育目标完全吻合。国家若欲培养符合其预期的理想公民，则必须有一套合格的课程体系与教育大纲，通过规划与设计按部就班地从幼儿时期开始培养。而社会力量在实施教育给付时不

---

〔1〕 参见袁静："幼儿园收费管理存在的问题及对策分析"，载《经济研究导刊》2019 年第 9 期。

见得充分理解了国家的目的，亦不见得有能力可以将课程安排合理完全地贯彻落实，其往往通过所谓的自身调节将原本的课程体系打乱甚至删减。如此一来，教育的原本目的将难以达成。

因而在社会给付与国家给付的关系中，国家给付仍然占据主体地位，社会给付则起到补充和调节的作用，虽其作用不容小觑，但亦不应该喧宾夺主。若让其承担本不应当承担的重量，将导致教育体制的失衡，不仅教育的目的难以达成，其自身亦会被重量压垮。

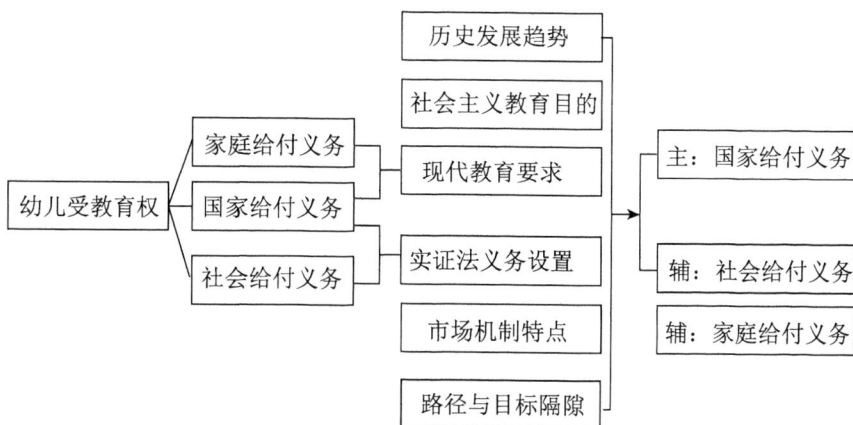

图 7 三种给付关系示意图

三、幼儿受教育权语境下国家与社会的相应义务

通过梳理家庭教育义务、社会教育义务和国家教育义务的历史演变，并具体分析在我国语境之下幼儿受教育权中自由权面向和社会权面向的比重，可知当下中国特色社会主义制度的大背景下，幼儿受教育权中社会权面向仍然占据主要地位，国家承担主要给付义务，并以社会给付和家庭给付作为补充手段。顺应这一逻辑继续推演，在具体场域中要回答的问题是，在家庭给付对幼儿教育心有余而力不足时，国家与社会对幼儿受教育权的实现应承担怎样的义务，且应以怎样的方式承担义务？

（一）幼儿受教育权中的国家义务

国家义务理论在法学历史演变过程中经历了诸多变迁，"国家义务—基本权利"这对关系在宪法学中一直受到广泛关注，然而只有当对于国家义务的系统构建清晰且明确时，才能够有效地对具体的基本权利进行合理的义务履行。梳理历史脉络，国家义务理论大致可分为三种：第一种为自由权与社会权之二分模式；第二种为主观权利、客观法的基本权利功能体系；第三种为三阶"义务层次理论"，[1]其实三者在历史发展过程中一脉相传，相互之间清晰可见彼此的印记。若以图示为例，则可将这一过程大致描述为图8的流变形态。

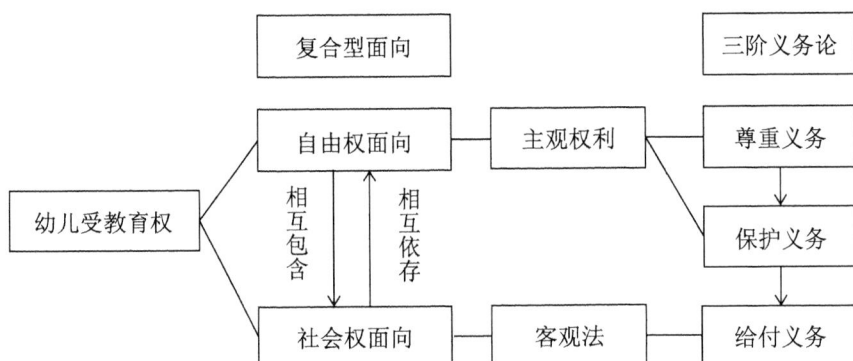

图8　国家义务理论的历史流变

自由权面向发展出主观权利理论，并随后分化出国家的尊重义务和保护义务；社会权面向发展为客观法理论，并进一步形成国家的给付义务。可见三种模式的逻辑其实并未断裂，而是承前启后的。最终形成的三阶层模式本质上是将原本零碎且平面式的国家义务进行阶梯式的要求递进，具体而言：第一层义务中的尊重义务要求国家尊重公民的基本权利，不加以非法干涉和侵害，即国家不能成为侵害公民基本权利的主体，此种消极给付义务来自受教育权的自由权面向；第二层的保护义务源自法学实践中"第三人侵害"的发生，即虽然国家履行了消极给付义务，但并不能保证第三人不会对公民的基本权利加以侵害，因而国家义务理论以保护义务要求国家防止公民的基本权利遭受来自第三人的非法侵害；第三层的给付义务来自要求更高的社会权面向，即国家以积极给付的方式促进权利主体实现其权利。

---

　〔1〕　叶强：《论国家对家庭教育的介入》，北京大学出版社2018年版，第102-103页。

当下中国语境中，社会权面向所分化出来的给付义务在幼儿受教育权视域下占据主导地位，并以尊重义务和保护义务作为辅助和前提要件。亟待解决的问题是：国家在幼儿难以入园接受学前教育时，究竟应承担何种积极给付义务？目前学界对基本权利领域的债之关系有了许多新的认识，如以民法教义学精密的逻辑体系与宪法中的客观价值体系联系契合，〔1〕这一观点或许能为剖析幼儿受教育权语境中国家的积极给付义务提供借镜。本文试用债之关系对此种对待给付义务进行分析，具体如下。

第一，在儿童因为种种原因难以进入幼儿园就读而造成受教育权难以落实时，国家的原给付义务是为幼儿创造积极环境和必要便利，帮助其顺利进入幼儿园就读，以直接的方式实现幼儿在学前教育阶段的受教育权。这一情形是国家对幼儿受教育请求权的直接回应，构建了"请求权—对待给付"的清晰关系，债务人与债权人之间的债之关系得以顺利确立。然而债之实现过程中不如意情形常占到八九，"愿为给付而难为给付"的客观原因导致原给付义务履行陷入障碍，所以有必要进一步考虑在给付障碍的情形之下该如何修正和弥补。

第二，若国家已顺利完成财政支出在幼儿教育领域的投入，幼儿仍不能进入幼儿园就读，此时原给付义务陷入给付不能，故应追问如何对待次给付义务。而如前文所述，幼儿教育领域的三足鼎立之势已然形成，国家给付占据主要，其余二足协同分摊压力。在国家给付难以实现时，则家庭给付与社会给付应当填补漏洞，各尽其力。而国家难以完成的原给付义务在此时转化为帮助家庭给付和社会给付实现幼儿受教育权的次给付义务。质言之，国家此时应积极帮助家庭与社会掌握实现幼儿受教育权的能力，以开展幼教指导、家庭培训、提供设施和课程资源等方式，尽可能帮助幼儿以其他方式实现学前教育阶段的受教育权。

第三，在诉诸多种方式之后，结果大致有三：第一，通过采取补救方式顺利实现幼儿受教育权，完满地以其他替代手段实现学前教育；第二，虽采取补救措施，但是效果不尽如人意，由于没有专业的知识和体系的课程，实际效果与真正的学前教育相距甚远，或是家庭因为采取补救措施而付出了巨

---

〔1〕 刘征峰：《论民法教义体系与家庭法的对立与融合：现代家庭法的谱系生成》，法律出版社 2018 年版，第 210 页。

大的代价；第三，囿于现实困境根本难以通过替代方式实现幼儿学前教育。除第一种情况能够填补原给付义务的瑕疵外，其余二者的给付或多或少仍有瑕疵。此时，由给付履行转为损害赔偿是可供考虑的选择。事实上，这一思路在德国的司法实践中业已得到证明：早在2015年，德国莱比锡的三名幼儿家长因无法找到幼儿园供孩子就读而将当地政府诉至法院，其认为政府未履行建设足够幼儿园以保障幼儿受教育权的义务，请求其赔偿损失。当地法院判决认为，当地政府在维护幼儿受教育权方面存在失职行为，并支持3名家长的诉状，判处当地政府向家长支付损失1.5万欧元。[1]

虽然在目前的中国语境下，民法教义学的逻辑体系尚未完全融贯于基本权利的实际司法操作中，但此种权利谱系的形成恰是为实现"儿童最大利益原则"而进行的价值演绎，以民法之精密结合他山之石，或许其能够为中国的司法实践提供一点灵感。

（二）幼儿受教育权中的社会义务

除国家给付外，社会给付在幼儿受教育权问题中的角色仍值得探讨。本文第二节曾提到，社会给付在学前教育阶段所承担的并非法定给付义务，而是国家通过政策支持，鼓励社会资本进入学前教育领域帮助填补国家给付不能所造成的漏洞。因而社会资本在此环节中的角色实为帮助者，其本身因在学前教育领域有利可图而投身其中，同时国家又希望通过这一途径为学前幼儿教育缓减压力，双方互相成全。

倘若借鉴义务三阶层体系，则社会给付所承担的义务集中在"尊重义务"，即"义务阶层"第一阶层。这一阶层中的尊重义务源于受教育权的自由权面向，这意味着社会资本需对待消极给付，在履行给付的过程中不得对幼儿的受教育权进行侵害，具体如下。

第一，在幼儿监护人与社会资本之间达成合意，由社会资本介入幼儿受教育权给付领域之中时，社会资本有必要确保自身所提供的相应的教育给付符合国家要求，配套设施、师资力量、课程安排、幼儿健康安全等多方面给付内容应符合相关标准，从而避免出现瑕疵给付。

---

〔1〕 柴野："德国'入托难'可起诉政府"，载《光明日报》2016年4月26日，第6版。

第二，接受来自国家与社会的监督与指导。当国家给付的原给付义务给付不能时，需通过履行次给付义务来弥补给付瑕疵，具体而言便是帮助家庭给付与社会给付掌握开展学前教育的能力。而民营幼儿园对于国家的指导帮助有必要进行学习和吸收，帮助其完成履行次给付义务，并提升自己的学前教育能力。

第三，在履行义务过程中发生给付不能、瑕疵给付甚至加害给付时，应当承担赔偿相应的损失等法律责任。这一领域的问题自有民法和刑法在各自领域相应规制，因而不在此赘述。

通过社会给付与国家给付各自承担的给付义务的具体细化，能够直观感受到三足鼎立之势下，国家给付所承担的巨大责任。比起社会给付单纯的尊重义务，国家给付需要满足三阶层的义务要求。

然而理论上合理的预期在现实中并不一定能够达到。社会给付出现的原初目的是使得第三者的加入，在国家与家庭之间起到缓和作用，通过"新机制"缓解"旧压力"，其依赖的是摒弃"官僚式问责"的繁杂程序和接纳自由市场的"竞争处方"后形成的新型模式。然而，由于绩效评估之难题、承包商建立之壁垒和深重的腐败之局面，[1]竞争的理想状态一直难以达到，优胜劣汰的机制在客观世界里时常失灵。这也导致了在社会给付语境下，即便此种位于第一阶层的尊重义务都常有被打破的局面。有学者主张以"多元协同合作供给"的方式推进其尊重义务的履行，亦值得参考。

四、结语

本文的观点是清晰的：第一，幼儿受教育权是公民受教育权的重要组成部分，是公民的基本权利，具有社会权和自由权的共同属性；第二，幼儿受教育权是极为特殊的受教育权，但无论是从实证法分析，还是法理学分析，幼儿受教育权都应当具有可诉性；第三，在无《学前教育法》的背景下，公民可以基于《宪法》与《教育法》中的条款请求国家为积极给付；第四，政府应积极按照原给付义务、次给付义务、损害赔偿的顺序履行自身义务。

《学前教育法》的出台令人欣喜，从草案的内容看，它不再只是《教育

---

〔1〕 李蕊："公共服务供给权责配置研究"，载《中国法学》2019 年第 4 期。

法》中笼统的规定，政府的义务被进一步细化，并将实际结果纳入承担责任的考虑中。尽管现实中尚未有依据该法请求政府履行义务的司法案例，但我仍满怀期待地盼望它早日发挥作用。

而在这革故鼎新之际，固守陈词或显迂腐，但本文最大的执念或许在于，仍然固执地想要争一争宪法适用与基本权利的尊严，因为如果连基本权利的保障都非要等到一部具体的部门法出台才能够落实，那么"基本"二字岂非惹人笑话，宪法的意义岂非形同虚设？本文始终觉得，《学前教育法》的出台固然是好事，它让幼儿受教育权得以细化且明确，但幼儿受教育权作为一项基本权利，绝不依靠《学前教育法》来确权，即便没有这部法律，法律也本不该让作为基本权利的幼儿受教育权浮空飘摇。或许此路任重道远，但"于浩歌狂热之际中寒，于天上看见深渊"，本就是作为法律人崇高的使命。

理论与实证角度下股权让与担保的效力分析

舒千芮

摘　要： 股权让与担保成文化在理论上仍然存在争议，但其作为一种有效的融资手段在商事实践中享有强大的生命力。法院已经逐渐通过意思自治、未违反物权法定原则、流质条款无效不影响股权让与担保整体效力以及股权让与担保的制度价值四个不同的层面对股权让与担保理论上的质疑进行了回应，进而对其合法性予以了确认。并将债权人与担保人之间界定为名义股东与实际股东的关系对其进行权利分配，以应对转让股权的法律外观和债权人暴利行为的易发性而给债务人及交易第三人带来的风险。通过对司法实践中主导性裁判逻辑的研究，为股权让与担保提供统一的解释规则，对于商事纠纷解决、规范成形与制度构建都大有裨益。

关键词： 股权让与担保　合法有效　权利分配

绪　论

"让与担保是指为担保债务的履行，债务人或第三人将担保物的所有权移转予担保权人，债务清偿后，担保物应返还予债务人或第三人；债务不获清偿时，担保权人得就该担保物优先受偿的一种担保形式。"[1]让与担保"是大陆法系国家沿袭罗马法上的信托行为理论并吸纳日耳曼法上的信托行为成分，

---

[1]　高圣平："民法典担保物权法编纂：问题与展望"，载《清华法学》2018年第2期。

经由判例、学说所形成的一种非典型担保制度"。[1]尽管让与担保成文化在理论上仍然存在争议，但让与担保却一直在实践中享有强大的生命力。随着经济的不断发展，因让与担保而产生的纠纷也成为法院无法回避的审判实务难题。而基于让与担保标的物的统计研究发现，司法实践中，股权是较房屋等不动产之外应用最为广泛的标的物。[2]因为股权让与担保中公司这一主体的出现以及股权本身的特性，股权让与担保中产生的问题与纠纷也更加复杂。在尚无可直接适用的法律规范的情况下，通过理论与实证角度进行分析，为股权让与担保的效力认定与权利分配提供统一的解释规则有其现实必要性与意义。

一、让与担保效力的理论争议

在理论上否定股权让与担保合法性的理由主要包括三个：系属虚假意思表示、违反物权法定原则以及违反禁止流质的强制性规定。

（一）系虚假意思表示而无效

就股权让与担保设立时进行的股权转让而言，担保人将股权转让给债权人仅仅是形式上的转让，双方实际上并没有转移股权所有权的意思，故股权让与担保属于双方当事人存在通谋的虚伪意思表示，不产生股权转让的实际效果，据此股权让与担保应属无效。

（二）违反物权法定原则而无效

"股权让与担保的法律结构为担保人将享有的股权转让给债权人，当债务人不履行债务或不完全履行债务时，债权人就已取得的股权保障债权获得清偿。"[3]而其中优先受偿权是股权让与担保的核心价值，要解释优先受偿权就必然对其物权效力作出判断。故而认定股权让与担保的合法性必然需要对物

---

[1] 高圣平、张尧："中国担保物权制度的发展与非典型担保的命运"，载《中国人民大学学报》2010 年第 5 期。

[2] 姚辉、李付雷："'理性他者'的依归——让与担保实践争议探源与启示"，载《中国人民大学学报》2018 年第 6 期。

[3] 蔡立东："股权让与担保纠纷裁判逻辑的实证研究"，载《中国法学》2018 年第 6 期。

权法定原则作出回应。

"自 19 世纪欧陆民法典编纂运动以来，处于各国物权法结构体系枢纽地位的原则就是物权法定主义。"[1]物权法定是指物权的种类和内容由法律统一规定，当事人不得依自己的意思自由创设。物权法定原则之下"所有不符合物权与债权严格界限划分的混合形式原则上都被谴责为'错误的'，所有理论上试图进行的某种意义的'相对物权'一开始就被认为是不恰当的"。[2]而在让与担保并非标准债权，即其构造之预期约束力并不限于让与担保合同双方的情况下，让与担保一方面"背离了我国法上所有权的基本观念"，[3]另一方面也不满足我国各项他物权的基本构造，不属于任何一种法定物权类型，违反了物权法定原则，则当然无效。

（三）违反禁止流质的强制性规定而无效

"让与担保是以转移所有权来担保债权的实现，与流质条款具有天然的亲和力。"[4]让与担保合同之中常常约定有在债务人不清偿债务时，债权人即当然确定地取得标的物所有权的条款，以此迂回之手段规避禁止流质之规定，达成法律所欲禁止的不占有质物和流质契约的实现。故此时让与担保因违反法律禁止流质的规定而无效。

二、股权让与担保的实证考察

（一）股权让与担保商事纠纷的产生

以"股权让与担保"为关键词在中国裁判文书网进行全文检索，截至 2019 年 11 月 9 日，共检索到民事案例 190 个。

---

〔1〕 王闯："关于让与担保的司法态度及实务问题之解决"，载《人民司法》2014 年第 16 期。

〔2〕 ［德］沃尔夫冈·维甘德："物权类型法定原则——关于一个重要民法原理的产生及其意义"，迟颖译，载张双根等主编：《中德私法研究》，北京大学出版社 2007 年版，第 87－106 页。

〔3〕 高圣平："民法典中担保物权的体系重构"，载《法学杂志》2015 年第 6 期。

〔4〕 姚辉、李付雷："'理性他者'的依归——让与担保实践争议探源与启示"，载《中国人民大学学报》2018 年第 6 期。

表 1　涉及股权让与担保商事纠纷的时间分布　（单位：件）

年份	2014 年	2015 年	2016 年	2017 年	2018 年	2019 年
案件数	1	9	18	20	85	71

据表 1 可看出，涉及股权让与担保纠纷的案例数量，自 2014 年起基本呈逐年增长趋势，尤其是在 2018 年，案例数量较前一年成倍数增长。以已公开的裁判文书为数据标准，大体可以反映实践中涉及股权让与担保纠纷的实际发生数量与发展趋势。涉及股权让与担保纠纷的增长趋势，一方面反映了股权让与担保制度在实践中的运用日益普遍；另一方面，在尚无可直接适用的法律规范的情况下，日益增多的裁判实例也为形成股权让与担保的规则指引提供了法院态度与实证数据。

表 2　涉及股权让与担保商事纠纷的地域分布　（单位：件）

地域及法院	江苏省	广东省	湖南省	北京市	最高人民法院	山东省	福建省
案件数	32	24	16	15	13	12	11

表 2 列出了涉及股权让与担保案件数量大于 10 件的省份，占总案件数的 64.7%，可以看出涉及股权让与担保的商事纠纷多发生在经济较为发达、活跃的地区，并作为中小企业的融资手段得到普遍应用。以纠纷高发地区，江苏省为例，"省经信委 15 日发布全省中小企业'年度数据'。截至去年年底，全省中小企业总数达 248.2 万家，同比增长 22.3%，其中，工业企业 55.3 万家，同比增长 6.6%。规模以上中小工业企业 46 367 家，位居全国第一"。[1] 江苏省中小企业发展迅速、经济活跃、多金融创新，故股权让与担保作为新型担保方式与中小企业获得融资的有效手段在实践中应用广泛。

（二）股权让与担保纠纷的主要内容

将以"股权让与担保"为关键词检索到的案例进行整理，筛选出以股权让与担保为核心纠纷的适格案件，可以发现股权让与担保纠纷主要发生在债权人

---

〔1〕　周建中、杭春燕："中小企业年度数据发布——我省去年平均每天新增私企超千家"，载《新华日报》2017 年 2 月 16 日，第 6 版。

和担保人之间。当事人的争议焦点主要集中在股权归属之上，包括股权转让合同效力争议下的股权最终归属，以及债权人和担保人关系争议之下的股权实际归属。

表 3　案件主要争议焦点

担保人主张	1. 返还让与股权	（1）直接要求返还
		（2）偿还债务后要求返还
		（3）借款合同尚未履行要求返还
	2. 债权人违约行使股东权利行为无效	
债权人主张	1. 偿还借款及利息	
	2. 就取得股权优先受偿	
	3. 确认股东资格	

三、股权让与担保纠纷的法院裁判逻辑分析

（一）股权让与担保的效力认定

通过对前述案例进行整理分析，法院认可股权让与担保合法性主要从意思自治、未违反物权法定、流质条款无效不影响整体效力以及实践效益四个方面进行回应。

1. 意思自治

在裁判中，法官通常会通过对当事人真实意思表示的解读来对股权转让合同的性质进行认定，并据股权让与担保乃当事人之间意思自治之产物，而非虚假意思表示，来认定股权让与担保的合法性。

首先，法院在认定涉案股权转让协议性质是股权让与担保、股权转让或是股权质押时，并非只看合同的形式或名称，而是要探究当事人的真实意思表示。观察其权利义务内容及实际履行情况，判断其是否符合让与担保的基本架构，是否是以股权转让的方式实现担保债权的目的，进而予以认定。在"修水县巨通投资控股有限公司诉福建省稀有稀土（集团）有限公司等合同纠纷案"[1]中，法院即通过对《股权转让协议》在转让目的、交易结构以及股

---

〔1〕　参见最高人民法院（2018）最高法民终 119 号民事判决书。

东权利等方面进行综合考量进而认定了其股权让与担保的性质。

在认定其股权让与担保性质的同时，可以发现"债务人为担保其债务将担保物的权利转移给债权人，使债权人在不超过担保目的的范围内取得担保物的权利，是出于真正的效果意思而作出的意思表示。尽管其中存在法律手段超越经济目的的问题，但与前述禁止性规定中以虚假的意思表示隐藏其他法律行为的做法明显不同，不应因此而无效"。[1]关于虚假意思表示在《中华人民共和国民法典》（以下简称《民法典》）第 146 条进行了规定："行为人与相对人以虚假的意思表示实施的民事法律行为无效。以虚假的意思表示隐藏的民事法律行为的效力，依照有关法律规定处理。"而判断是否属于"以虚假的意思表示实施的民事法律行为"应当结合当事人在主合同即借款合同和从合同即让与担保合同统筹作出判断。正如"黑龙江闽成投资集团有限公司、西林钢铁集团有限公司民间借贷纠纷案"[2]、"李云香与徐忠相、卢振东等股权转让纠纷案"[3]，"债权人、债务人的真实意思是以向债权人转让翠宏山公司股权的形式为债权实现提供担保，'显现的'是转让股权，'隐藏的'是为借款提供担保而非股权转让"，[4]可以将其理解为名为股权转让实为让与担保，股权让与担保是当事人双方意思自治下的产物，并无违反法律、行政法规的效力性强制性规定，故应当认定其合法有效。

2. 未违反物权法定原则

根据物权和债权区分原则，物权法定原则并不能否定上述合同的效力，即使股权让与担保不具有物权效力，股权让与担保合同也不必然无效。

而对于股权让与担保是否具有物权效力，让与担保物权人是否可因此取得就该股权价值优先受偿的权利而言，最高人民法院《关于进一步加强金融审判工作的若干意见》第 3 条规定："依法认定新类型担保的法律效力，拓宽中小微企业的融资担保方式。丰富和拓展中小微企业的融资担保方式，除符合合同法第五十二条规定的合同无效情形外，应当依法认定新类型担保合同有效；符合物权法有关担保物权的规定的，还应当依法认定其物权效力，以

---

〔1〕 参见最高人民法院（2018）最高法民终 119 号民事判决书。
〔2〕 参见最高人民法院（2019）最高法民终 133 号民事判决书。
〔3〕 参见江苏省南京市中级人民法院（2018）苏 01 民终 3411 号民事裁定书。
〔4〕 参见最高人民法院（2019）最高法民终 133 号民事判决书。

增强中小微企业融资能力，有效缓解中小微企业融资难、融资贵问题。"在黑龙江闽成投资集团有限公司、西林钢铁集团有限公司民间借贷纠纷案中，法院即认为"在已将作为担保财产的股权变更登记到担保权人名下的股权让与担保中，担保权人形式上已经是作为担保标的物的股份的持有者，其就作为担保的股权享有优先受偿的权利，更应受到保护，原则上具有对抗第三人的物权效力。这也正是股权让与担保的核心价值所在"。[1]

除此之外案例还显示出，在司法实践中也有法院通过《最高人民法院关于审理民间借贷案件适用法律若干问题的规定》第 23 条的规定对股权让与担保的合法性予以确认。在港丰集团有限公司诉深圳市国融投资控股有限公司等合同纠纷案中，法院便认为上述规定"确立了当事人之间以签订买卖合同作为民间借贷合同的担保方式下的裁判标准"，[2]对其优先受偿权予以了确认。

3. 流质条款无效不影响股权让与担保效力

尽管"主张让与担保违反法律禁止流质的规定而无效的见解，因巨大的制度惯性而长期占据优势地位"，[3]但实践中仅因股权让与担保存在流质条款而径行认定股权让与担保无效的实例却很少存在，而是仅认定流质条款无效。

《民法典》第 401 条"抵押权人在债务履行期限届满前，与抵押人约定债务人不履行到期债务时抵押财产归债权人所有的，只能依法就抵押财产优先受偿"及第 428 条"质权人在债务履行期限届满前，与出质人约定债务人不履行到期债务时质押财产归债权人所有的，只能依法就质押财产优先受偿"是关于禁止流押、禁止流质之规定，旨在避免债权人乘债务人之危而滥用其优势地位，压低担保物价值，谋取不当利益。在上诉人南京九通科技有限公司与被上诉人徐某相、李某香及原审第三人张某、杨某龙、卢某东、徐某卿与公司有关的纠纷案中，法院即认为"该种以让渡股权方式设定的担保虽系新型担保方式，但无论何种担保，本意均在于实现担保债权受偿的经济目的，并非为了帮助债权人因无法受偿而直接获得股权所有权，故股权让与担保的双方应经过股权回购或变价清算受偿的方式处置股权，禁止债权人即名义上

---

〔1〕 参见最高人民法院 (2019) 最高法民终 133 号民事判决书。

〔2〕 参见最高人民法院 (2016) 最高法民申 1689 号民事裁定书。

〔3〕 王闯:"关于让与担保的司法态度及实务问题之解决"，载《人民司法》2014 年第 16 期。

的股权受让人直接取得股权"。[1]

基于《民法典》第156条"民事法律行为部分无效，不影响其他部分效力的，其他部分仍然有效"的规定，股权让与担保中约定流质契约的仅此条款无效，并不影响让与担保本身的效力。在张某文与陈某生保证合同纠纷案中，即采纳了"流质抵押、流质质押条款违反担保法第四十条的规定只会导致该条款本身无效，并不影响案涉股权让与担保合同的效力"[2]的观点。除此之外，并非股权让与担保的构造中必然包括了流质的存在，流质契约条款可能发生的不当后果，可为让与担保实现时清算条款的约定或强制清算义务的设定所避免。

4. 实践效益

正如黑龙江闽成投资集团有限公司、西林钢铁集团有限公司民间借贷纠纷案中提到的"让与担保虽非物权法等法律规定的有名担保，但属在法理及司法实践中得到广泛确认的非典型担保"。[3]实务中，大部分法院都在一定程度上考虑了股权让与担保强大的实用价值进而对其合法性予以确认。

而股权让与担保在实践中的广泛运用以及如此裁判立场的产生，必然有其社会经济基础与制度优势。首先，在中小企业获得银行贷款难度高的背景下，"由于行政监管及司法政策长期禁止企业之间以及企业与私人之间进行借贷，企业之间以及企业与个人之间的融资不能公开进行，当然也就更不能以法律规定的典型担保方式进行担保，而让与担保可以买卖的方式对融资提供担保，无疑满足了融资需求"，[4]故"股权协议转让、股权回购等作为企业之间资本运作形式，已成为企业之间常见的融资方式"。[5]

其次，股权让与担保之所以能成为中小企业融资的重要手段，还源于其法律构造所带来的优势。受偿的优先顺位产生基于有后位人存在，股权让与担保下当事人办理转让登记后，让与人在名义上已不享有标的股权，让与人

---

〔1〕 参见江苏省南京市中级人民法院（2019）苏01民终1946号民事判决书。

〔2〕 参见江苏省高级人民法院（2016）苏民申1430号民事裁定书。

〔3〕 参见最高人民法院（2019）最高法民终133号民事判决书。

〔4〕 姚辉、李付雷："'理性他者'的依归——让与担保实践争议探源与启示"，载《中国人民大学学报》2018年第6期。

〔5〕 参见最高人民法院（2013）民二终字第33号民事判决书。

的后手交易债权人基于对工商登记的审查，则不可能对让与人该股权价值实现其债权有期待，也因为所有权转移使股权与让与人财产分离，削减了股权第三人取得而阻碍担保实现的可能性，进而最大程度地减少乃至消除债务不履行的法律风险，此种制度下的优先受偿权实质具有绝对优先性。而且相较于股权质押，股权让与担保的债权人成为公司股东，一方面不需要考虑公示问题，降低了社会成本；另一方面还能够一定程度上掌控担保人的偿债能力，降低因股权价值变动下债权不能完全实现的风险。

在西藏信托有限公司等与曹某、胡某奇股东资格确认纠纷案中，法院即认同"物权法没有规定让与担保制度，但由于其具有融资灵活、交易成本较低、第三人阻碍债权实现的可能性小等优势，让与担保一直在担保实践中屡见不鲜"〔1〕进而承认了股权让与担保的效力。

因此，根据上述法院在裁判中认可股权让与担保合法性的实证分析，法院在实践中会偏向于因为当事人的意思自治、该制度的实践效益以及习惯法层面认可股权让与担保的效力，并基于承认股权让与担保之法律构造作出裁判。故对于股权的最终归属而言，若债务人按约定清偿债务及利息，则债权人应当返还股权；若债务人未能清偿到期债权，债权人可通过清算条款的约定或强制清算义务的设定以取得股权或优先受偿。

（二）股权让与担保的权利分配

在股权让与担保的构造之下，股权以担保的目的转让给债权人，债权人通过变更工商登记至少在外观上取得了股权，且容易基于此外观进行权利滥用，给债务人和第三人带来风险。故界定股权让与担保之下债权人和担保人之间的关系，确定各自权利行使的边界，对于股权让与担保商事纠纷的解决具有重要意义。

在司法实践中，通常把债权人与担保人之间的关系界定为名义股东与实际股东之间的关系。首先可以确定的是股权让与担保后担保权人并非股权受让人，因为直接取得股权就陷入法律所禁止的流质情形。而债权人此时的权利界限可以基于两方面进行确定。

〔1〕 参见北京市第一中级人民法院（2019）京 01 民终 2736 号民事判决书和北京市第一中级人民法院（2019）京 01 民终 2782 号民事判决书。

一是"在让与担保中，双方当事人以移转所有权的方式做担保，担保是目的意思，移转所有权是法效意思。目的意思并不直接指向法效意思时，需要予以适当的矫正"，〔1〕故基于此"系双方为实现债权担保及特定商业目的自主安排"，〔2〕从担保债权实现的目的从债权人权利限制名义股东范围。

二是源于"股东取得股东资格和股东权利，必须符合实质要件和形式要件，实质要件是以出资或继受方式取得股东资格，形式要件是对股东出资的记载和证明"。〔3〕而担保人股权是基于让与担保取得，所取得的也仅是股权的财产权，形式上虽然办理了公司记载和登记证明，但其仅是名义股东而非实际股东，并不具有股东身份，不得对公司行使股东共益权。

故债权人与担保人应当被界定为名义股东与实际股东的关系，对于债权人而言股权的享有是源于当事人的合同安排，因权利享有的残缺影响其股权行使，股权行使一旦超出了合同约定的范围，则应认定该行为无效。

结　论

"担保物权作为'经济界自治的法律'，集中反映了生活优于法律的基本命题。"〔4〕而股权让与担保制度更是在商事实践中展示出其顽强的生命力。尽管让与担保成文化在理论上始终存在争议，但在商事实践中，法院已逐渐通过意思自治、未违反物权法定、流质条款无效不影响整体效力以及股权让与担保的制度价值四个不同的层面考量，进而对股权让与担保的合法性予以认可，并且通过将债权人与担保人界定为名义股东与实际股东的关系对其进行权利分配，以应对转让股权的法律外观和债权人暴利行为的易发性而给债务人及交易第三人带来的风险。可见股权让与担保在司法裁判中已渐趋形成主导性的裁判逻辑。

域外实践中，"作为私法领域中私生子的让与担保制度，在长期遭受白眼

〔1〕［德］迪特尔·梅迪库斯：《德国民法总论》，邵建东译，法律出版社2000年版，第446页、第567页。

〔2〕参见北京市第一中级人民法院（2019）京01民终2736号民事判决书。

〔3〕参见江苏省南京市中级人民法院（2019）苏01民终1946号民事判决书

〔4〕杨立新、李怡雯："让与担保的权利受让人对受让权利支配的限制"，载《中国应用法学》2018年第4期。

之后，终于获得判例法承认而被认领"。[1]而随着中国金融市场的不断发展，关于新型担保的实践争议将会不断出现。在法律空白尚存的情况下，通过理论与实证角度的分析，为其效力认定与权利分配提供统一的解释规则，有利于商事实践中纠纷的解决，也能为制度构建以及相关规范的形成提供有力支持。

---

[1] 费安玲主编：《比较担保法——以德国、法国、瑞士、意大利、英国和中国担保法为研究对象》，中国政法大学出版社 2004 年版，第 241 页。

论"见危不救"入法的基础

赵宇轩

摘 要：本文对"见危不救"是否应该入法进行了讨论，笔者认为"见危不救"入法是应当的。本文所论"见危不救"行为是一种所谓"利人利己"的"见危不救"行为，即在不损害自己任何实质利益的基础上，对处于危险中的他人拒绝提供"举手之劳"的行为。针对这种行为是否应该规制，笔者分别从法理学和实践性对其基础进行分析，重点结合了道德和法律的关系以及法律对道德强制的原理进行了阐释。最后得出采用适当的方式对"见危不救"行为进行法律强制规制会提高整个社会的稳定性和道德水平的结论。

关键词：法理学 见危不救 道德 法律家长主义

一、导言

2004 年 5 月 25 日，吉林省乾安县一名年仅 16 岁的少年陶某武在上访时意外跌倒昏迷，此后的半个多小时内，在场数十名同伴不断请求旁边的工作人员用手机拨打 120 救助，然而却没有一人肯伸出援手，最终陶某武经抢救无效死亡。[1]暂且不论提前半小时能为抢救增加多少的概率，单是工作人员的冷漠表现就让人不寒而栗。2011 年"小悦悦事件"中发生的道德冷漠让任何有良知的人都深觉恐怖，再一次刺痛中国人本就敏感的道德神经，舆论几乎一边倒地谴责路过而冷漠无视的 18 名路人，甚至提出应该对他们"判刑"。

---

〔1〕 "乾安县政府的干部为何如此冷漠"，载新浪新闻，http://news.sina.com.cn/o/2004-05-26/00392625572s.shtml，最后访问日期：2019 年 11 月 21 日。

一次又一次的道德冷漠事件让关于"见危不救"是否应该入法的讨论愈演愈烈，支持者认为法律可以规制社会的基本道德要求，如此道德滑坡已然具有相当的社会危害性，而反对者则指出基于法律的谦抑性，不应过于激进，否则可能会导致不好的结果。笔者就此在中国知网和中国法学网上搜集了一些文献资料。

在此问题上，主流观点持较为审慎的态度，认为不能大刀阔斧地将救人义务写入法律，特别是刑法。不宜把较高的道德要求纳入刑法并进行处罚，而应像《中华人民共和国民法典》（以下简称《民法典》）第 184 条所述"因自愿实施紧急救助行为造成受助人损害的，救助人不承担民事责任"的方式，从事后的角度进行保护，以达成鼓励见危救助的效果。如刘仁文教授在《对"见危不救"要否入罪的思考》一文中，对"见危不救"入罪持审慎态度，认为即便要通过法律来加固道德，也要惩治与激励双管齐下，注意发挥法律的激励作用。[1]而关于见危不救的行为的处罚可以放在治安管理条例而不是刑法中。

少部分学者倾向于用法律规制见危不救行为，认为甚至可以将见危不救行为认定为一种犯罪来处理，如北京大学王文华在《建议刑法增设"见危不救罪"》中从必要性和可行性都给出了说明，认为必须通过法律遏制这种不良势头。[2]中南财经政法大学董邦俊教授在《见危不救之犯罪化路径》中说明了见危不救行为具有严重危害和对社会公德的不良影响，已经达到了刑法的规制标准，因此写入刑法可以更好地规范和预防此类行为。[3]

在下文中，笔者将首先界定"见危不救"行为的定义，然后从法理学基础和实践基础这两个角度，对"见危不救"这种道德意义上的行为是否应该触碰法律，以及是否能更进一步地触碰刑法来进行讨论。

二、"见危不救"行为的界定

正本必先清源。既然要讨论"见危不救"行为是否应该入刑，我们就要

---

〔1〕 刘仁文："对'见危不救'要否入罪的思考"，载《法学杂志》2013 年第 4 期。
〔2〕 王文华："建议刑法增设'见危不救罪'"，载《法学天地》1997 年第 1 期。
〔3〕 董邦俊："见危不救之犯罪化路径"，载《法治论丛（上海政法学院学报）》2009 年第 3 期。

首先厘清此种行为的定义，且若想真正将其写入法律，更要对其界限进行严格限制，才不会造成混乱处罚的后果。

（一）从施救主体进行界定

从施救的主体来思考，主要可以分为两类。一类是具有特定身份的施救主体，另一类则是类似路人的无身份要素的施救人。

第一类可以是具有特定职能的身份，比如说消防员和警察，他们的职业身份要求他们在工作期间，面对危险都要勇敢迎击，所以如果一个消防员见死不救，那显然是可以直接适用有关职业规范和刑法中渎职罪进行处罚的。此外还有一种情况，是施救者对所在环境具有控制力时，也具有救助的法定义务。比如餐馆的老板对倒在自己餐馆的人显然要提供救助，否则便是有罪的。再如出租车司机运营时也要对自己的乘客出现的危险出手相救，在出租车司机李某凯案[1]中，李某凯对发生在后座的强奸视而不见，因害怕而不敢出面阻止，甚至屈从于罪犯绕路前进，就这样让强奸在自己的出租车中发生。此案法院直接以"强奸罪"对李某凯判刑两年。所以，一旦这第一类的人见危不救，"那么就构成了典型的不作为犯罪，这类见危不救理应而且也已经被规定为犯罪"。[2]同样具有法定义务的还发生在家庭关系之中，比如被告人宋某祥在与其妻吵架后，目睹其妻寻找工具准备自缢，仍然扬长而去，致使其妻自缢死亡。此案最后被法院认定为构成"（间接）故意杀人罪"（不作为），但以情节较轻为由判处有期徒刑 4 年。法院定罪的理由是：在家中只有夫妻二人这样的特定环境中，被告人应当预见到其妻自缢的后果仍放任这种后果的发生。[3]

另一类则如路过溺水者的路人、偶遇心脏病人突发疾病倒地的过客一样，他们没有特定的职业义务，即没有直接的救助要求，只是具有道德上的义务，关于此类行为人的见危不救方具有讨论的意义，所以本文所论都是关于此类

---

〔1〕 参见百度百科：https://baike.baidu.com/item/李文凯/8523？fr=aladdin，最后访问日期：2019 年 11 月 21 日。

〔2〕 汪力、邹兵："关于'见危不救罪'的法理学和刑法学思考"，载《西南师范大学学报（人文社会科学版）》2001 年第 6 期。

〔3〕 参见中国高级法官培训中心、中国人民大学法学院编：《中国审判案例要览 1996 年刑事审判卷》，中国人民大学出版社 1998 年版，第 34-37 页。

并没有直接职务要求的"见危不救"行为。

(二) 从实际发生情况进行界定

"见危不救"从实际发生情况来思考，大致有三种可能情况：其一，是损人利己的"见危不救"，如故意使人陷入危险而不救，或是带着主观伤害故意地放任危害的发生，此类行为严重危害社会公共安全，已然构成刑法上之故意伤害，故显然成罪，不是本文所谓具有争议的"见危不救"；其二，是损己利人的情形，如牺牲自己的生命去拯救溺水儿童等，此种行为自然值得称赞，但显然不可能用此种标准去规范社会中的所有人，因为这种道德高出了一般道德，或者称之为"见义勇为"，[1]它的对立面不是"见危不救"而是"见义不为"，但毕竟见义勇为的行为脱离了一般人的道德取向，只能进行道德鼓励，而不能进行法律强制，故不在本文所论之列；其三，是利人利己的情形，即帮助他人脱离危险并不会损害自身的利益，相反还会给自己带来精神上和物质上的获益，如有一溺水者呼救，路人迅速找人帮忙一起施救，此时的施救行为不需要路人付出什么代价（或是对自己物质、安全和精神损害微弱），相反他可能会获得精神上的满足感，甚至会收获被救者事后的感谢（可以是精神上的也可以是物质上的）、道义的褒奖等。此种小小的举手之劳就能救人于水火的施救行为并没有像"见义勇为"一样需要那么高尚的勇气，所以此种行为方具有讨论的意义，本文所展开的讨论也都是关于此类所谓举手之劳而未予以施救的"见危不救"行为。

此外，需要予以说明的是，刑法上讨论此种不作为责任，不仅要求行为人有积极的义务和作为能力，如上所述必须是不会对行为人造成损害的救助行为，还需要有作为的可能性，质言之，导致的损害和不作为之间必须有因果关系。由此，这种危险又可被分为自始客观不可能救助的危险与可能救助的危险，前者如一人被捅伤倒地无人救助后死亡，若是事后有证据证明，即使有人救助也无法避免死亡的后果，那么这种危险就是自始不可能救助的，也即不作为与结果之间并无因果关系，从而此种见危不救的行为不应当受到指责，因为即使救助也不会对结果有任何影响；而后者则是有可能救助的危

---

〔1〕 汪力、邹兵："关于'见危不救罪'的法理学和刑法学思考"，载《西南师范大学学报（人文社会科学版）》2001 年第 6 期。

险，行为人若不救助有可能导致严重结果的发生，此时可以说不救助与结果之间有因果关系，这种不救助行为符合可罚性的构成要件之一。

（三）从行为的评判标准进行界定

如前所述，区分开"见义不为"和"见危不救"是很重要的，而这两者之间的本质差别就在于是否需要施救人付出一定的代价，然而这种施救代价的判断又应是依何种标准进行判断呢？笔者认为为了使立法被更好地接受，此处应该放宽标准，尽可能地减少对当事人的苛求，需要采用当事人当时的主观预想作为判断标准（但不可超过社会常理的预期），即不能在司法裁判时采用事后的判断标准，来判断当时如果行为人施救有无危险。这种事后的判断标准往往会得到非常荒谬的结论，比如当事人是一名初学游泳的人，面对河水中的一位溺水孩童，并不敢贸然下水救人，及时呼救也没能挽救溺水者，但事后查明溺水处只有 2 米至 3 米深，专家证明即使是以当事人初学者的能力仍然不会有任何的危险，于是当事人属于举手之劳的见危不救行为，如此标准未免太失偏颇。更荒谬的再如一人身上被绑了"定时炸弹"，事后发现是假炸弹，难道能追究旁人的见危不救行为吗？所以文中所论的见危不救行为，皆是站在当事人当时主观的合理认识的角度下去判断，是否构成了所谓救人并不会对自身带来任何实质损害，但由于当事人自身的道德冷漠而拒绝进行施救的"见危不救"行为。

综上所述，本文所论应该入法的"见危不救"行为应是，不具备特定职务义务的一般人，在遇到他人陷入非自始客观不能救助的危险，且对这种危险的施救在当事人的角度来看并不会对自身造成实质损害时，由于道德冷漠而选择了漠视不救的行为。

三、"见危不救"入法的法理学基础

在"见危不救"进入法律之前，其存在形态属于另一种社会规范——道德准则，而法律与道德的复杂关系是一直困扰数代法学家的问题，而如今"见危不救"入法的问题也涉及道德和法律的关系。以内心强制为特点的道德规范，何以能转化为具有国家强制力的法律规范呢？

(一) 法律强制道德的法理根据：法律家长主义

法律家长主义（Paternalism），字面理解即为把法律规制人民的行为比作家长管制自己的孩子一般，即法律可以强制公民自由意志以外的行为。在开启讨论之前，还有必要说明一下法律家长主义的两种类型，即软（soft）家长主义和硬（hard）家长主义。传统的家长主义往往指的是硬家长主义，即国家像父亲一样，出于增加当事人利益或者阻止当事人的不利益的理由，不顾当事人主观意志考虑，限制当事人的行为和选择自由。从定义来看，家长主义好像过分"强势"，听起来使人们容易联想到封建家长专制，但二者其实完全不是同一个理念。现代法律禁止吸毒、赌博等行为，往往出于一种目的，即防止伤害他人，保护社会的整体利益，仔细想来其实这种观点才更为"强势"：公权力可以依靠此种借口，随意入侵任何私人行为。试想，政府既然可以出于保护家庭成员的利益禁止组织赌博，为什么不可以用相同的理由禁止人们离婚呢？[1]而硬家长主义给出了另一种进路，即虽然承认个人的自由，但存在一些限制，即不允许自己伤害自己（无论是精神上或是身体上的），不允许做一些道德上恶的事，即法律的指导原则不再是保护利益，而是引人向善、制止恶行，诸如前例中的赌博和吸毒，不需要借以政府的保护"借口"，实际上是因为法律要阻止人们自我伤害与自我堕落，让他们活得更好、更自由，也只有在此种基础上，才能保全人之为人的尊严，才有个人自由可言，所以从这种角度来看，硬家长主义表面上看压制了个人自由，实质上却更尊重个人自由。

基于家长主义的观点，当人们面对危险而不去施以援手，将会当然地损害其心中的良知，会心生自我谴责，不仅如此，还有可能面临社会舆论的严厉谴责，从根本上面临的是内心道德的滑坡，而这对人的自由和尊严来说，是最大的不利益，所以法律为了避免人心的良知泯灭、道德滑坡，可以用限制自由的方式对此种行为进行规制，这就跟法律为了保护驾驶员安全而强制驾驶员佩戴安全带一样自然。从另一方面而言，见危施救后带给当事人的利益是无可估量的，不容置疑的是人类会享受了帮助他人后的成就感，再加上

---

〔1〕 黄文艺："作为一种法律干预模式的家长主义"，载《法学研究》2010年第5期。

后续的社会评价奖励甚至是物质奖励，都将是由举手之劳而获得的利益，为了增加当事人的利益，法律像一个慈祥的父亲一样，希望每个人都能获得这项良心上的怀抱。

（二）一种更精致的理论：修正的法律家长主义

然而，上文所述的硬家长主义往往被自由主义者所诘难，他们认为这种刚性的家长主义无疑给了"道德民粹主义"作恶的空间，即法律强制的道德必然是大多数的道德，但这种大多数道德是对是错在所不论。从斯蒂芬对密尔的"伤害原则"所作的批评开始，再到德弗林与哈特的论战，家长主义者往往反对公德与私德的区分，认为二者并没有明确界限，人的一切行为都会或多或少地影响公共道德，因而国家有必要对道德进行法律强制，以维护社会道德生态的稳定。但这种观点无疑严重而彻底地剥夺了人的选择自由，即人们只有按照"父亲"的指令行事，即使结果是有价值的，行为却是完全无价值的，这严重违背了西方传统的自由理论，因而在后世的理论争论中，逐步产生了一种柔性的、审慎的家长主义，它给予人一定的选择自由，通过规定一个选择范围，而在保障选择自由的同时实现家长主义的保护目的。

罗伯特·乔治在其著作中提出了"至善主义理论"，他将道德规范定义为，引导实践慎思和在不同选项之间作出选择的二阶行动理由。[1]一阶理由又叫基本行动理由，它指的是那些不需要进一步的行动理由就可以被理解的基本人类善，它不需要思考，而是感知的经验性结论，如生命、宗教、知识等。所谓二阶理由，正是为了实现这些基本人类善的工具性的善，因为一阶理由的多样性，二阶理由往往可以存在不相容的手段与范围，所以没有一个社会或个人能够单独实现每一种善，人们面临取舍，或者说，立法者面临取舍，因此国家正确的做法是在基本人类善的范围内，规定可选择的工具性善的范围，建立一种可以保障和鼓励公民作出符合基本人类善要求的制度，进而实现人类善之大成就。

这种修正的法律家长主义显得更加精致和易于接受，即使按这种理论，我们仍可以借助富勒关于道德的划分，来论证它具有相当意义上的善之侵犯

---

[1] ［美］罗伯特·乔治：《使人成为有德之人——市民自由与公共道德》，孙海波、彭宁译，商务印书馆 2020 年版，第 6 页。

性并且会损害社会的道德生态，因而对"见危救助"义务的违法不应在法律允许的范围内。富勒将道德分为两种，一类是"义务的道德"，另一类是"愿望的道德"。"前者主要体现社会生存的最基本要求，是社会生活本身要求人们必须履行的义务；后者则是关于善行、美德以及使人类能力得到最充分实现的道德。"〔1〕义务的道德，如前所述，是建构社会的基本道德，是防止社会崩溃、维护人性的基本道德，而这类道德往往是具有"普适性的道德"。"见危不救"这一行为的社会危害性极大，一方面这种行为使得许多陷于危险中的受害者的人身财产利益遭受到原本可以避免的损失或不法侵害；另一方面这种行为使得人和人之间的信任程度大大降低，互相不信任又反过来加剧了这种道德冷漠的现象，对传统的社会伦理体系造成了显著冲击。如此巨大的社会危害性，已然不是所谓"高级的道德"，而应该归为每个人都必须遵守的基本道德，应该归为维护社会稳定的"义务的道德"。近年来，见危不救行为屡有发生，每次发生也必然引发舆论一片哗然，从舆论谴责的一边倒现象也能看出大家对这种行为是多么痛恨，因而这也一定是一个普适性的道德，而并不是像见义勇为那样的"高级的道德"。除去极大的社会危害性，这种行为显然也违背了人类的基本人性，不同于动物，人类之所以为人，是因为人类有思想，因为人类有丰富的情感，因为人类生活在高度秩序化的社会，虽然对于人性的认识从未有过定论，但我们至少能形成以下共识："第一，人既是个体的存在，又是社会的存在；第二，人作为社会中的人，对自己的同类有着本能的同情，正如达尔文所言：同情心毕竟是社会性本能的一个主要的组成部分，并且，说实在话它是它的基石。"〔2〕见危不救的行为践踏了人类的社会性和同情心，好似人和冷血动物并无两样，这与人性的普遍认识显著不符。

综上，此种行为不仅具有实在的社会危害性，而且还践踏了人性，显然应认定为对基本人类善的破坏，即使是在修正主义的背景下，国家仍可以进行干涉。

（三）法律可以强制道德，法律让人们更道德

见危不救既然可以入法，那随之而来的问题便是，道德入法究竟有何积

---

〔1〕 刘仁文："对'见危不救'要否入罪的思考"，载《法学杂志》2013年第4期。
〔2〕 李进平："见危不救犯罪化的法哲学阐释"，载《河北法学》2010年第3期。

极效果？因为赞成方的一大理由便是通过将其写入法律，能够正确地引导人们做此类"善"，进而提高社会道德水平，笔者认为这条理由是可以成立的。

显然，我们面对的第一个问题是，作为一项道德上的要求，是否可以写入法律。这个答案是显然的。可以说，正是为了维护这类共识道德，才产生了法律，而前述的法律家长主义则是为道德的更广泛介入提供了证成。

第二个问题便是需要解释写入法律的道德如何能够引导人们过上更良善的生活，或者说使人们成为有德之人。反对者往往认为法律只能强制规制具有危害性的行为，而对道德的强制限制只能停在表面，即让人们畏惧惩罚，故而不敢违反道德，但道德是一种反思性的善，即它基于人类的主观选择而产生，客观强制并不能强制主观理性和意志的道德选择。但首先从经验性的角度来说，"法律规律性地并且时常深刻地影响了广泛存在于社会的某些观念，这些观念涉及什么是道德上允许的、禁止的以及要求的。根据这些观念，人们形塑了自己的生活"。[1]即法律通过规制人的行为的方法来直接或间接地影响每个人的观念，正如生活在种族主义法治社会的人会当然地以为种族的优劣性是人类的某种根本道德原理，法律的引导性在现代社会具有极其重大的意义。

随之而来的第三个问题是，若是强加的道德违反了少数人的价值认知，那是否还会让他们变得更有德性呢？答案仍是肯定的，亚里士多德认为这些人靠激情生活，在存在两种手段（一是法律论证，即劝说；二是法律强制）时，选择法律强制的手段反而能更让人接受道德，"因为靠激情生活的人听不进也理解不了那些想要说服他改变的话"[2]只有通过法律首先抑制他的激情，让他学会此类冷静、理性的控制，才可达到道德上正直的要求。诚然，如果此类强制可能会压迫这些人，但亚里士多德认为"要求人们弃恶从善则并不会招人厌烦"，[3]罗伯特·乔治对此解读认为"当全社会通过强有力的法律普遍禁止一种不道德之举时人们便会更容易接受这种强制"。[4]

---

〔1〕［美］罗伯特·乔治：《使人成为有德之人——市民自由与公共道德》，孙海波、彭宁译，商务印书馆2020年版，导论第1页。

〔2〕［古希腊］亚里士多德：《尼各马可伦理学》第10卷，第9章，第1179b节。

〔3〕［古希腊］亚里士多德：《尼各马可伦理学》第10卷，第9章，第1180a节。

〔4〕［美］罗伯特·乔治：《使人成为有德之人——市民自由与公共道德》，孙海波、彭宁译，商务印书馆2020年版，第8页。

综上所述，法律对道德进行强制限制，是可以潜移默化、循序渐进地影响所有人的价值观念，拒绝人类的激情思考，用法律强制的方式，强制让人进行理性思考，进而更靠近道德的要求，真正成为一个有德之人。正如亚里士多德认为的那样，使人成为有德之人是 "城邦" 的中心目的。所以法律可以通过强制的方式来规制见危不救行为，以期提高社会的整体道德水平。

四、"见危不救" 入法的实践性基础

(一) 历史及经验性证明

中国历史上其实早有 "见危不救" 被法律规制的历史，《唐律疏议》是中国古代的立法技术的最高成就，其中卷28规定 "诸邻里被强盗及杀人，告而不救助者，杖一百；闻而不救助者，减一等。力势不能赴救者，速告随近官司，若不告者，亦以不救助论"。这条法令的意思是，邻居遭遇入户抢劫或是杀害时，邻里具有告官和救助的义务，如果不救助也不告官，就要受到 "减等" 的处罚。但中国古代也不仅仅是实行惩罚措施，相应的还有奖励和保护措施。[1] 清康熙二十九年 (1690年) 刑部规定："其犯罪拒捕拿获之人被伤者，另檄户之人照军伤，头等伤赏银五十两，二等伤四十两，三等伤三十两，四等伤二十两，五等伤十两。"[2] 可见中国古代的道德标准已然认为见危不救行为值得规范，要求人们不得过于冷漠，要一起致力于维护安定的社会环境和社会利益。

再把视角转向国外，已然有很多国家建立了此项制度，甚至纳入刑法为罪而进行处罚，例如《德国刑法》第323条规定的 "不进行救助罪" 中提到："意外事故、公共危险或困难发生时，根据行为人当时情况救助有可能，尤其对自己无重大危险且又不违背其他重要义务而不进行救助的，处1年以下自由刑或罚金刑。" 在设立见危不救犯罪的国家 (地区) 中，有些是经济发达国家，如前所述的法国、挪威、意大利等；但也有些是发展中国家，如菲律宾、喀麦隆、老挝等。可见，见危不救是一个世界范围内的普遍问题，而采用立

---

〔1〕 参见 〔日〕仁井田陞：《唐令拾遗·捕亡令第二十八》。
〔2〕 参见《大清律例通考》卷24。

法处理的国家并不在少数，也得到了很好地贯彻和执行。

(二) 中国社会关系多元化，道德规制无力，法律介入之必要性

回想 20 世纪新中国成立初期的中国，中国人民虽然日子过得很苦，但基本共享着同一个价值观，"勒紧裤腰带，解放全人类"常挂在嘴边，那时几乎人人都自愿奉献，也就不可能存在见危不救的情形。但如今社会情况完全不同，随着改革开放的进行，中国的社会经济建设飞速前进，城市化进程不断加快，由原来的"村落文化"中邻里相互熟识，到如今所谓"对门十年不相识"的城市生活，我们不得不承认，21 世纪以来，人们——特别是陌生人——之间的关系已越来越冷漠，每个人越来越关注个人生活，重视个人隐私，我们的社会已进入"陌生人"模式。此外，随着对外开放程度的加大，人们的价值观也越来越多元化，人们很难共同保持在同一个道德水平和同一个价值观念，此种情况下，若想依靠道德的要求试图让每个人都能自愿地见危施救已然不太容易。实践中被报道的见危不救行为也不在少数，比如"病人医院自缢 医生两次路过视而不见""婴儿被弃闹市路边 4 天无人管被活活冻死"等新闻。这种新闻令每个人触目惊心的同时，也会让每个人陷入思考——如果是我，我会救吗？这个问题仿佛更令人害怕，因为我相信在面对此类问题时，大部分人都会首先陷入犹豫。因为"不想引祸上身"是现代人的普遍思想，这种思想本身并没有可归责性，但却也说明了目前的道德水平对规制此类行为已然变得无力。

因为如前所论"见危不救"行为之严重性，所以在道德对此无力管控的情况下，法律介入的必要性就显而易见了。道德管控无力预示着道德滑坡，即如果不去进行制止的话，可能会造成一种恶性循环，道德冷漠现象一直不追究后果可能会向社会传达出一种不好的引导，会让这种道德要求更不受到重视，道德冷漠现象更加频繁，使道德管控力进一步下降。但如果写入法律，那么就能发挥法律的指引和教育作用，如此立法，可以让人们认识到此种道德是需要被强制做到的，首先强制规范人们不得为此种道德冷漠行为，再通过一次又一次司法实践，引导和教育人们见危施救，进而阻止道德滑坡。而且如前所述，即使是道德入法，也可以引导人们追求此种道德，毕竟引导人们弃恶从善并不会招人厌烦。

（三）实践可能性：采用渐进式立法，既要惩罚，更要保护

因为各国立法的主要形式往往是将"见危不救"成罪，进行刑罚处理，但如此立法在当今中国略有些激进，笔者也认同不应直接学习德国等国将"见危不救"直接入刑处理，相反，应该采用一种渐进式的立法方式，如刘仁文教授所说，"但我国在刑法结构上与西方国家存在一个重大差别，那就是在刑法之外还有治安管理处罚、劳动教养以及其他带有保安处分的措施，如收容教养、收容教育等"。[1] 所以我们可以先从此类治安管理处罚起步，对见危不救者科处罚金和拘禁，等推行一定时间并在民众中达成一定共识之后（如果还有必要的话）再尝试写入刑法，形成稳定的"见危不救罪"条款。

《德国刑法》对此罪的规定是处1年以下自由刑或罚金刑，这是一种较为轻的惩罚，这也启示着我们，此种罪行对合法秩序的破坏，毕竟没有那种故意侵犯他人重要权益的行为严重，所以处罚时宜采用轻刑，否则或将成为一种较不公平的刑罚，可能会引起广大民众的抱怨与担忧，实属不应该。且量刑时应充分评估当事人的可归责性，如第一部分所述中对见危不救行为的严格界定一般，量刑时要充分考察案发时当事人主观心理状态，以及危险的严重程度。救助的必要程度，等等，尽量做到不以过高的道德要求对行为人进行苛责，刑罚程度应和当事人的法律上的可谴责程度相适应才可服众。

正如我国《民法典》第184条"好人条款"规定的那样，"见危不救"条款的后面也应规定适当的保护条款，比如可以规定救助者因疏忽造成他人意外伤害的，可以免除其刑事责任等，"这样做的目的在于使人做好事时没有后顾之忧，不用担心因过失造成伤亡而遭到追究，从而鼓励旁观者对伤、病人士施以帮助"。[2] 在如今舆论导向都害怕"被讹"的情形下，适当的保护条款，可以积极地促进见危施救行为。适当的奖励和保护机制可以让人们更快地接受这项由道德义务转化为法律的义务。

五、结论

本文在限缩了"见危不救"之定义范围后，通过讨论"见危不救"入法

---

〔1〕 刘仁文："对'见危不救'要否入罪的思考"，载《法学杂志》2013年第4期。
〔2〕 刘仁文："对'见危不救'要否入罪的思考"，载《法学杂志》2013年第4期。

在法理学上的基础，可以认定此种道德意义上的行为已然属于建构社会的基本道德行为，属于"义务性道德"的一种，且"见危不救"已然符合"修正的法律家长主义"中对人类基本善的侵犯，因而可以被法律正当地限制。接着从实践性出发，见危不救入法已然有成功的范例，且中国社会的多元化要求在道德缺位的情况下，法律要及时补上空缺，所以此种行为之入法具有极其重要的必要性。最后本文给出了对入法方法的一些初步思考和结论，即"见危不救"确实应该入法，只是是否独立成罪还值得进一步思考和审慎的决断。可以先从基础行政管理的方法入手，写入治安管理条例，先对此种行为入法进行强制，再依后续实效做决定。一旦入法，最好是兼具奖惩措施，首先鼓励见危施救之行为，然后对"见危不救"的行为依据当事人的可谴责性进行合理处罚。"见危不救"不应再只是一个道德义务，它理应得到法律的强化，强制规范人们的行为，最终目的是改善整个社会的风气，让见危施救变成全社会的道德共识。

我国环境污染强制责任保险的制度困境与对策研究[1]

吴 琼

摘 要： 面对工业化带来的环境污染风险，责任保险制度逐渐成为环境污染管理的重要手段，能填补"政府福利"和"法律法规"的不足。我国立法针对环境污染责任保险的态度也从鼓励走向强制。法经济学视角下，这一转变具有经济合理性和法律正当性，既促进社会总福利的增加，也符合比例原则的需要。但环境污染强制责任保险自试点推行以来，却始终"叫好不叫座"。供需双冷的背后，存在着环境污染强制责任保险法律缺失、指引不足等规范困境。破解危机的核心是重构环境污染强制责任保险的相关法律规则。未来完善环境污染责任保险制度，应当采取"立法先行、行政主导、司法保障、主体参与"的路径。

关键词： 环境污染责任保险　正当性　制度构建

引 言

随着工业化、城市化的持续推进，环境污染的风险日渐增加。而环境污染事故隐蔽性强、危害性大、影响时间长等特征，使得企业难以承担如此之高的风险成本。因此，如何合理分散这一社会风险，成为各国进行环境风险

---

[1] 本文写作于 2019 年 9 月，为体现国家政策变化和最新立法成果，本文作者于 2020 年 11 月对文章进行部分修改，以使文章更符合现实情况。当然，文责自负。

管理时必须考虑的问题。一般而言，社会性风险治理的方式分为政府福利、法律法规和商业保险。[1]首先，政府福利在环境风险治理领域表现为：在环境污染事故发生后，由政府进行污染损害赔偿和生态修复。然而，此种模式虽然能够有效治理环境污染，分散风险，但存在着效率低下、资金不足等问题，同时也面临着合法性的追问。其次，法律法规手段表现为民法上的环境污染侵权，行政法上的行政许可、行政监督、行政处罚等和刑法上的污染环境罪等。该手段能够实现事前防范与事后补偿相结合，但无法解决环境污染风险成本高的难题。此时，基于市场机制运作的环境污染责任保险制度应运而生，能够有效地补充行政手段和法律手段的不足。

具体而言，环境污染责任保险是指从事环境高风险生产经营活动的企业事业单位或其他生产经营者因其污染环境导致损害应当承担的赔偿责任为标的的保险。[2]该制度起源于20世纪70年代前后的欧美地区，以环境污染损害赔偿为标的，能够有效分散企业的经营风险，同时实现环境风险治理功能，[3]详见图1。

详叙之，政府主管部门监管环境高风险企业，并获取相应数据，将其提供给保险公司；保险公司根据数据进行风险评估厘定保费、保险范围等；环境高风险企业购买保险，并接受保险公司的评估和监测；最后保险公司将环境高风险企业的风险治理情况等反馈政府。而在环境污染事故发生后，保险公司根据保险合同约定以及法律规定，对环境污染损害赔偿等进行理赔。由此可见，环境污染责任保险一方面能够在事前通过保费厘定等防范风险，实现"市场—企业—政府"三主体风险共治；而另一方面，事后保险公司快速的理赔能够最大程度弥补受害人损失，减轻政府负担，同时企业也可以尽快恢复生产经营，生态损害也能得到较为及时的修复。

---

〔1〕 参见李文玉、郭权、徐明："环境污染责任保险的美国经验及中国实践"，载《中国环境管理》2020年第2期。

〔2〕 《环境污染强制责任保险管理办法（征求意见稿）》第2条："本办法所称环境污染强制责任保险，是指以从事环境高风险生产经营活动的企业事业单位或其他生产经营者因其污染环境导致损害应当承担的赔偿责任为标的的强制性保险。"

〔3〕 参见别涛："国外环境污染责任保险"，载《求是》2008年第5期。

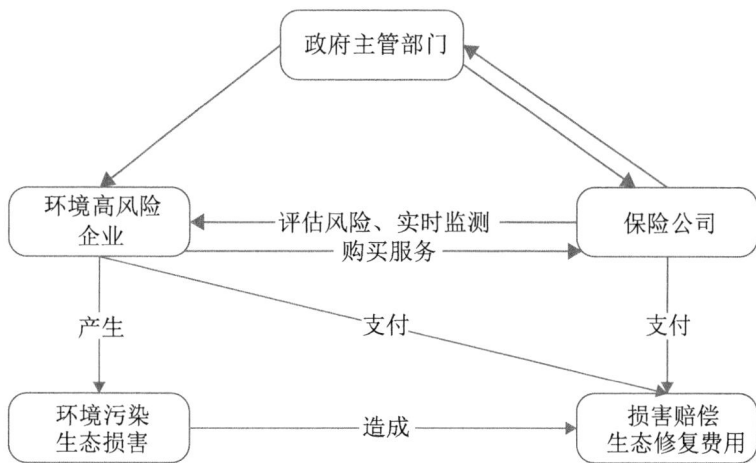

图1 环境污染责任保险运作机制

可以说，环境污染责任保险是环境侵权制度和责任社会化高度结合的产物。[1]伴随着"绿水青山就是金山银山"理念的深入人心，中央及地方政府亦也对环境污染责任保险进行了诸多有益探索，取得了一系列成果。但不可否认，我国环境污染责任保险立法仍处于起步阶段，各地试点时也出现了"叫好不叫座"的僵局。[2]环境污染责任保险究竟路在何方？《中共中央关于制定国民经济和社会发展第十四个五年规划和二〇三五年远景目标的建议》（以下简称《十四五规划纲要》）中明确指出要"强化绿色发展的法律和政策保障，发展绿色金融"。[3]而再次检讨环境污染责任保险制度，对于该目标的实现殊为必要。为此，本文首先梳理我国环境污染责任保险的制度演进，指出"从鼓励到强制"这一关键性转变；随后，以法经济学视角论证环境污染强制责任保险推广的正当性；接下来，本文将系统分析环境污染强制责任保险推广困境及其制度原因；最后提出"立法先行—行政主导—司法保障—

---

〔1〕 参见李华："我国环境污染责任保险发展的路径选择与制度构建"，载《南京社会科学》2010年第2期。

〔2〕 参见顾向一、陈诗一："环境污染责任保险制度演进及路径选择"，载《复旦学报（社会科学版）》2020年第3期。

〔3〕 "中共中央关于制定国民经济和社会发展第十四个五年规划和二〇三五年远景目标的建议"，载共产党员网，http://www.12371.cn/2020/11/03/ARTI1604398127413120.shtml，最后访问时间：2020年11月29日。

主体参与”的推广对策。

一、我国环境污染责任保险的发展

总体而言，我国环境污染责任保险的发展经历了“萌芽期”“试点期”和“制度构建期”，态度也从“鼓励”逐步走向“强制”（见图2）。

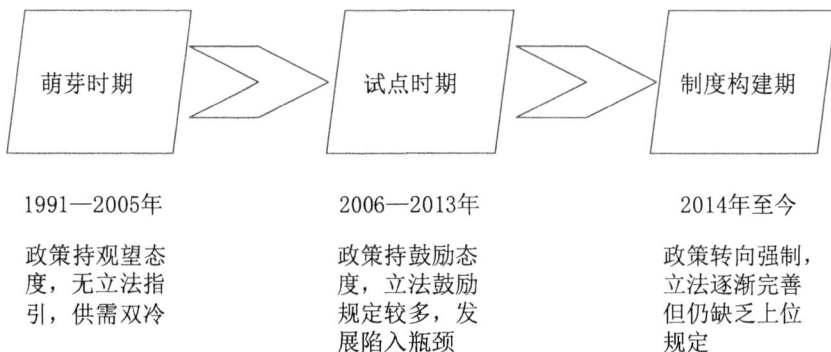

萌芽时期	试点时期	制度构建期
1991—2005年	2006—2013年	2014年至今
政策持观望态度，无立法指引，供需双冷	政策持鼓励态度，立法鼓励规定较多，发展陷入瓶颈	政策转向强制，立法逐渐完善但仍缺乏上位规定

图 2　我国环境污染责任保险制度的发展

（一）第一阶段：萌芽时期（1991—2005 年）

20 世纪 90 年代初，我国在东北重工业地区的城市，如沈阳、大连、长春等率先推出了环境污染责任保险，然而实施效果却不尽如人意。[1]有数据显示，在太平洋保险公司开展业务的四年以来，大连市仅有 14 家企业投保，沈阳市仅有 9 家，吉林市甚至无企业投保。[2]可以说，环境污染责任保险业务自 90 年代中期便陷入了停滞。究其原因，企业环境污染的风险成本较低，且无环境政策强制推动，其投保意愿并不强。而这直接导致环境污染责任保险不满足“大数原则”，使得保险费率高于市场期待，保险公司也无法继续运行该类险种。同时，政府在宣传环境污染责任保险的同时，并未出台相应的法律规范，导致推广缺乏规范支撑和细节指引。但这一阶段中，环境污染责任

---

〔1〕 参见陈立琴：“论环境污染责任保险制度”，载《浙江林学院学报》2003 年第 3 期。

〔2〕 参见刘耀棋：“我国开展污染责任保险的现状与展望”，载《中国环境管理》1996 年第 6 期。

保险引入我国，为下一步试点期打下基础。

（二）第二阶段：试点时期（2006—2013 年）

2006 年，面对日益严峻的环境问题，国务院发布《关于保险业改革发展的若干意见》指出要采取市场运作、政策引导、政府推动和立法强制等措施，开展环境污染责任保险业务。次年，环境保护部、保监会《关于环境污染责任保险工作的指导意见》规定在高污染行业和地区开展环境污染责任保险的试点工作。至此，沉寂近十年的环境污染责任保险制度迎来了转机。有数据显示，从 2007 年至 2013 年，全国共有 28 个省级单位开展环境污染责任保险试点，投保单位超 2.5 万个。仅就 2013 年而言，环境污染责任保险的保费规模已经达到 1.93 亿。[1]尽管这一阶段各地试点取得了显著的成绩，但此时的环境污染责任保险，无论是保费总规模，还是投保企业数量，都远逊于其他险种。[2]可以说，相关法律规范缺位、企业违法成本低、保险公司保费偏高且赔付率低等问题共同制约环境污染责任保险进一步发展。这一阶段，部分地方政府出台了具有鼓励性质的规范性文件（见附表）。而 2013 年《关于开展环境污染强制责任保险试点工作的指导意见》明确提出部分环境高风险企业应强制投保。此时，国家立法对于环境污染责任保险的态度开始转变。

（三）第三阶段：制度构建时期（2014 年至今）

尽管各界对《中华人民共和国环境保护法》（以下简称《环境保护法》）修改抱有期待，认为环境污染强制责任保险呼之欲出，但《环境保护法》仍只是在第 52 条规定鼓励企业投保环境污染责任保险。[3]然而，立法上明确鼓励的态度，确实为环境污染责任保险的推广奠定了坚实基础。以 2017 年为

---

〔1〕 参见王向楠："美国环境污染责任保险的特点及借鉴意义"，载《金融与经济》2015年第 9 期。

〔2〕 参见顾向一、陈诗一："环境污染责任保险制度演进及路径选择"，载《复旦学报（社会科学版）》2020 年第 3 期。

〔3〕 参见"全国人大常委会委员建议进一步完善环境经济政策 鼓励企业投保环境污染责任险"，载中国人大网，http://www.npc.gov.cn/zgrdw/huiyi/lfzt/hjbhfxzaca/2013-07/25/content_1801722.htm，最后访问时间：2019 年 10 月 12 日。

例，共有 1.6 万家（次）企业投保环责险，保费总额超 3.15 亿元，相比于 2013 年可谓取得了巨大的进步。经历萌芽阶段的沉寂和试点阶段的瓶颈，这一阶段下环境污染责任保险的推广逐渐政策化、强制化、制度化。例如 2016 年《中华人民共和国国民经济和社会发展第十三个五年规划纲要》中指出"严格环境损害赔偿，在高风险行业推行环境污染强制责任保险"。《关于构建绿色金融体系的指导意见》中亦明确提出要逐步构建环境污染强制责任保险制度。2018 年，生态环境部原则通过《环境污染强制责任保险管理办法（草案）》（以下简称《管理办法》），标志着我国环境污染强制责任保险的制度构建取得了重要进展。2020 年，《深圳建设中国特色社会主义先行示范区综合改革试点实施方案（2020—2025 年）》进一步提出"推动完善陆海统筹的海洋生态环境保护修复机制，实行环境污染强制责任保险制度"。可见，自 2014 年《环境保护法》修改后，我国开始逐步构建环境污染强制责任保险制度。但在这一阶段由于缺乏上位法的指引，同样存在部分问题，比如保险范围与实践需求脱节，各地试点企业名单制定随意，投保责任限额标准差异巨大，除外责任无统一标准等。[1]可以说，制度构建期还远未结束。

（四）小结

总之，我国对于环境污染责任保险的态度经历了从观望（萌芽期）到鼓励（试点期）再到强制（制度构建期）的转变。在这一转变的过程中，无论是中央政策文件还是地方立法，都在不断丰富和完善环境污染强制责任保险制度。但值得注意的是，《管理办法》自 2018 年通过后，至今未能正式施行。与此相反，中央政策文件却频频提到"推行环境污染强制责任保险"。政策与立法现状之间存在着"落差"，背后隐含着社会各方面对于环境污染强制责任保险正当性的追问。换言之，政府、环境高风险企业、保险公司以及公众都在考虑是否有必要让"强制保险的靴子"落地。因此，研究推广环境污染强制责任保险的对策，有必要对其正当性进行检讨。

---

〔1〕 "环境污染强制责任保险政策还有哪些不足待完善?"，载人民网，http://env. people. com. cn/n1/2019/0723/c1010-31250048. html，最后访问时间：2020 年 11 月 29 日。

二、我国环境污染强制责任保险的正当性检讨

现有对于环境污染强制责任保险正当性的研究，视角往往较为单一，无法全面地证成其在我国推广的正当性。为此，本文拟从经济学视角和法律视角出发，分别论述其能够促进社会进步和总福利的增加，且能通过比例原则的审查，以此更为充分地阐述环境污染强制责任保险的正当性依据。

（一）环境污染强制责任保险正当性的经济学分析

一个制度的构建，其目标在于促进社会进步和总福利的增加。换言之，我们需要探讨环境污染强制责任保险是否能够促进社会效益的提升。法经济学中的外部性理论为研究社会效益问题提供了有效的方法。因此，本文首先运用成本—收益分析法[1]探究环境污染强制保险制度的效益；其次，以"卡尔多—希克斯改进"[2]为目标，通过构建效用函数探究环境污染强制责任保险制度能否带来社会整体效用的提升。

1. 成本—收益分析视角

企业因污染事故而对第三方造成损害，却不为其损害行为承担成本，实质上产生了负外部性。如图 3 所示，MD 为企业每增加一单位生产带来的边际损害，且边际损害随着生产量的增加递增。社会的总成本 MSC 等于企业的私人成本 MPC 与对第三方造成的边际损害 MD 之和。环境高风险企业为了追求利益最大化，选择在边际成本与边际收益的交点处生产。企业的生产量 Q' 大于社会的效率生产量 Q^*。由于企业的私人边际成本并没有反映出社会成本，在社会整体上看企业的生产是无效率的。

实施环境污染强制责任保险制度之后，环境高风险企业必须为购买环境污染强制责任保险支付保费 b，生产的边际成本提高，直至私人边际成本曲线 MPC' 与边际收益曲线 MB 的交点到达社会的效率生产量 Q^*。社会整体效

---

〔1〕 成本—收益分析（Cost-Benefit Analysis）是法律经济分析的主要方式，一般是通过权衡收益和成本来评价公共项目的可取性所采取的一种系统经济分析方法。

〔2〕 "卡尔多—希克斯改进"（Kaldor-Hicks Efficiency）是指如果实行一项制度安排后，一部分人的效用水平得到提升，一部分人的效用水平受损，但受益者效用的提升在补偿受损者之后还有剩余，那么整体的效用就实现了改进。

用的提升量为三角形 abc 的面积，因此强制企业购买环境污染责任保险能够提升社会福利。

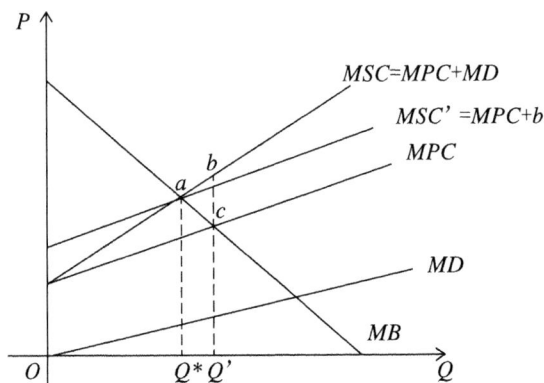

图3　环境污染强制责任保险成本—收益分析

2. "卡尔多—希克斯改进"视角

本部分基于"卡尔多—希克斯改进"视角分析强制企业购买环境污染责任保险能否带来社会效益的提升。作出以下假设：

强制企业购买环境污染责任保险后，保险公司的事后赔付使得污染损害拒赔事件减少，地方政府的声誉获得提升。此外，地方政府还对企业的保费进行补贴。

（1）环境高风险企业购买环境污染强制责任保险可以获得保费补贴 B，不购买环责险不能获得补贴。

（2）环境高风险企业支付保费 b 购买环境污染强制责任保险，使得污染事故拒赔事件减少，地方政府因声誉提升可获得收益 S。

（3）环境高风险企业发生污染事故对第三方造成的损失为 D，由于环境污染追责机制不完善，环境高风险企业会选择拒赔，将损失完全转嫁给第三方受污染者。购买环境污染强制责任保险后，因污染事故对第三方造成的损失全部由保险公司承担。保险公司根据大数定律，单次赔付责任的平均损失为 d。

基于上述参数及基本假设，环境污染强制责任保险制度实施后，地方政府的效用变化为 $\Delta\pi_1 = S - B$；保险公司会收入保费，并因赔付行为付出成本

d，效用变化为 $\Delta\pi_2 = b - d$。环境高风险企业获得政府补贴购买保险，将赔付责任转移，效用变化为 $\Delta\pi_3 = B - b$。而受到污染侵害的第三方因为得到保险公司的赔付，效用增加，故 $\Delta\pi_4 = D$。社会总体效用的变化为：

$$\Delta\pi = \Delta\pi_1 + \Delta\pi_2 + \Delta\pi_3 + \Delta\pi_4 = S + D - d$$

当保险公司的承保成本 d 与第三方受污染者的损失 D 满足 $d < S + D$ 时，社会总体效用的变化 $\Delta\pi$ 为正。这说明"大数法则"使得在损害赔偿方面，保险公司平均支付的成本低于受损第三方的直接损失以及由此带来的政府声誉增加之和。在这种情况下，实行环境污染强制责任保险制度，能够提升社会总体效用。虽然当补贴 B 小于保费 b 时，强制企业投保环境污染责任保险会使环境高风险企业的效用减少（$\Delta\pi_3 = B - b < 0$），但当这部分企业效用的减少量小于第三方受损企业效用的增加量时，社会整体的效用依然是增加的，也就实现了"卡尔多—希克斯改进"。因此，强制企业购买环境污染责任保险对社会福利的增加具有积极效用，从经济学视角出发，强制环境高风险企业投保的政策具有正当性。

（二）环境污染强制责任保险正当性的法学分析

仅从经济学的视角讨论某项制度的正当性，很有可能得出偏颇的结论。因为一项制度的实施，不仅要促进社会总福利的实现，更要满足法治的要求。因此，在讨论环境污染责任保险制度的构建时，必须审查环境污染强制责任保险是否具有目的正当性和实质正当性。[1]

1. 目的正当性审查

对于政府的公权力行为，既要进行手段分析，也要进行目的分析。[2]因此，我们需要结合法律与国家政策的价值观，审查环境污染强制责任保险的真实目的。

《中华人民共和国宪法》（以下简称《宪法》）第 26 条规定，"国家保护和改善生活环境和生态环境，防治污染和其他公害"。可以说，本条明确体现了国家保护环境的宪法价值观。这一价值观是中国社会的深刻共识，贯穿于国家政策和法律的制定中。如《十四五规划纲要》将"推动绿色发展，促进

---

〔1〕 参见王理万："商业性强制保险制度的合宪性分析"，载《法学家》2017 年第 2 期。

〔2〕 参见刘权："目的正当性与比例原则的重构"，载《中国法学》2014 年第 4 期。

人与自然和谐共生"作为远景目标之一。而《中华人民共和国民法典》（以下简称《民法典》）也确立了"绿色原则"，要求民事主体在进行民事活动时应保护环境。同时，《宪法》第 26 条规定国家负有采取必要措施保护环境、防治污染的义务。环境污染强制责任保险既能够在事前防范风险，又能在事后提供必要救济，完全符合《宪法》的要求，是国家履行保护环境义务的重要手段。因此，环境污染强制责任保险得以通过目的正当性审查。

2. 实质正当性审查

比例原则通常被认为是实质正当性审查的重要理论工具，其要求国家对基本权利的限制以及由此实现的目的之间的关系，必须合理且平衡。一般认为，比例原则包括适当性原则、必要性原则和狭义比例原则。

适当性原则要求审查该制度是否能够满足预防与分担环境污染风险的功能，以及是否能落实法律与国家政策中的价值。以深圳市为例，2018 年度，共有 766 家企业投保，保费 1945.09 万元，保额 11.48 亿元，理赔 1 家。同时在 2018 年，深圳市保险同业公会联合中国平安财产保险公司在宝安江边工业区举办环境污染强制责任保险试点风险防控服务应急演练，极大提升了企业的风险管理能力。[1]可见，环境污染强制责任保险能够预防与规避风险，有效地促进了企业的绿色发展。

必要性原则要求在同样能够实现目标的手段中，该手段损害最小。目前，除环境污染强制责任保险外，我国法律还规定了自愿性质的环境污染责任保险和公共赔偿基金等分散环境风险的方式。[2]对于前者，实践中"叫好不叫座"的僵局已经证明仅凭自愿是无法真正实现风险控制和管理功能的。而对于后者，当前我国仅有船舶油污损害赔偿基金，且效果没有得到充分的发挥。究其原因，公共赔偿基金具有高度的专业性，往往具有相同程度风险的企业才会以此形式"抱团取暖"。但环境污染风险具有典型的多因性，而且各个主体风险程度往往不一。如果设立涵盖领域广泛的公共赔偿基金，容易滋生

---

〔1〕 参见"766 家企业投保额 11.48 亿 深圳环境污染强制责任保险成绩单发布"，载深圳新闻网，http://www.sznews.com/news/content/2018-12/01/content_21249870.htm，最后访问时间：2019 年 10 月 18 日。

〔2〕 参见袁雪、葛丽娜："我国建立环境污染强制责任保险制度的可行性探析"，载《理论与现代化》2014 年第 5 期。

"搭便车"现象；而设立单一领域的基金，又无法实现管理和分散风险的目的。而环境污染强制责任保险在运作过程中，仅是强制投保人参保，但不对其选择进行干预。政府在其中也会扮演扶持者的角色，引导保险公司、保险经纪人、企业等形成稳定的市场。总之，环境污染强制责任保险不仅是上述两种手段的有效补充，更具有明显的优势，满足必要性审查的要求。

狭义比例原则要求审查公权力行为达成法定目的所增加的公益与其产生的损害应成比例。[1]实施环境污染强制责任保险制度，会给环境高风险企业增加经营成本，短期看不利于工业的快速发展。但环境污染强制责任保险本身具有风险管理和风险分担的双重功能，能够在事前防范风险，降低企业的环境管理成本；在事后及时填平企业造成的损失，避免企业陷入经营困境。从长远看，环境污染强制责任保险所带来的效益提升，远大于短期的损失。同时，强制投保并不代表"强迫交易"，也不代表对保险市场的过分限制，投保人和承保人仍需遵守保险市场的规则，如最大诚信原则、保险利益原则等。因此，环境污染强制责任保险满足狭义比例原则的要求。

三、环境污染强制责任保险推广困境的制度原因

尽管国家政策从鼓励向强制的转变具有经济合理性和法律正当性，但在试点阶段和制度构建阶段却依旧存在着"叫好不叫座"的推广困境。可以说，理论上正当性的证成并不意味着实践中的顺利运作。因此，为使国家政策真正落到实处，有必要梳理环境污染强制责任保险当前的推广困境，并对其成因进行阐述。

（一）环境污染强制责任保险的推广困境

虽然环境污染强制责任保险在我国推行具有正当性，但在试点时却遭遇了续保率低等问题。江西省环保厅政策法规处林文曾表示："试点到 2015 年 12 月结束，但目前为止没有一家企业续保。"[2]更有企业表示，投保环境污染

---

〔1〕　参见胡艳香："环境责任保险制度的正当性分析"，载《法学评论》2011 年第 5 期。
〔2〕　"环境责任保险遭遇推广难　试水八年依然不冷不热"，载生态环境部官网，http://zfs. mee. gov. cn/hjjj/hjjjzcywxz/201606/t20160622_355011. shtml，最后访问时间：2019 年 10 月 15 日。

强制责任保险只是"照顾政府的面子"，不得已而投保。[1]

与此同时，保险公司承保意愿也在试点过程中逐渐降低。盖因我国环境污染强制责任保险仍处于制度构建的初步阶段，保险公司需要自行摸索保费厘定、除外责任条款等，设计产品成本较高，市场风险较大。即使愿意承担高成本和高风险开设相关险种，也会因强制性的缺乏导致保险无法形成"大数原则"。[2]有保险公司表示："公司有很多期待，我们专门成立了项目组，可即使大家很努力，还是赶不上传统业务的增长。"[3]

环境污染强制责任保险"供需双冷"，至少有三点原因。第一，当下我国的环境侵权案件复杂、数量较少、审理时间较长。当事人往往需要经历漫长的诉讼程序才能获得损害赔偿。而且在《民法典》出台前，生态损害赔偿并不在侵权责任的范围内，致使企业造成的损失与实际付出的赔偿不相称，加剧了企业的侥幸心理。第二，在大型环境污染事件中，政府为稳定局面，通常会第一时间介入，为环境高风险企业提供"保护伞"，使得企业更加不愿投保。第三，制度设计存在明显的法律漏洞。前两个问题因《民法典》的出台，以及政府管理模式的转变得以初步解决，而当前环境污染强制责任保险面临的最大挑战即是制度问题。

（二）环境污染强制责任保险的制度问题

1. 合法性问题

环境污染强制责任保险缺乏上位法律规范的支撑，致使各地的规范性文件具有违法性风险。概而言之，《中华人民共和国保险法》规定，保险合同除法律和行政法规的规定外均为自愿订立。换言之，只有法律和行政法规才能设立强制保险。但是《环境保护法》第52条仅规定鼓励投保环境污染责任保

---

[1] 参见吕秀萍、刘金霞："经验、问题与完善：河北省环境污染责任保险研究"，载《社会科学论坛》2016年第11期。

[2] 大数原则是指风险单位数量愈多，实际损失的结果会愈接近从无限单位数量得出的预期损失可能的结果。而在环境污染强制责任保险中，若投保企业过少，保险公司为规避风险，可能会提高保费，将理赔标准限定更为严格，然而此行为将阻止企业续保或投保，由此形成了恶性循环。

[3] "2015年环境污染责任险投保企业同比减少"，载生态环境部官网，http://zfs.mee.gov.cn/hjjj/hjjjzcywxz/201602/t20160229_330973.shtml，最后访问时间：2019年10月15日。

险，没有创设强制保险。而《管理办法》的效力层级仅为部门规章，也无法创设强制保险，况且其至今仍未生效，仅是"原则通过"，更无法为各地设立环境污染强制责任保险的文件提供规范依据。因此，在所有高风险的领域创设环境污染强制责任保险可能面临着合法性的追问。例如，如果有部分企业提起行政诉讼，要求对地方政府的规范性文件进行附带审查，那么政府会有很大概率败诉。

那当前是否有法律或者行政法规规定了特定领域可以设立环境污染强制责任保险呢？检索相关立法可以发现，当前我国仅就固体废物污染、船舶运输污染、海洋油气勘探开发等个别领域规定了强制投保（见附表）。而这几个领域无法覆盖《管理办法》中的高风险企业名录，显然无法满足保护生态环境的需要。

有观点认为，"可以将强制保险权授予保险监管部门和地方政府或政府部门联合发布规章"。[1]这种观点虽有一定的实践合理性，但是建设法治国家、法治政府，要求任何制度都必须有宪法和法律的依据。强制保险是对民商法上"私法自治"的修正，涉及公民自由交易的权利。如果授予其他规范性文件以强制保险权限，极有可能不满足比例原则的审查，更是对宪法和法律权威的消解。

2. 实践性问题

即使不考虑各地政府规范性文件的合法性问题，单独考察其内容，亦会发现其中鼓励性条款、原则性条款居多，而具有操作性的指引条款较少（见附表）。而且各地的环境污染强制责任保险立法较为分散，尚未形成完整的体系。实践中，环境高风险企业多样，而各地又有自己的特殊情况。若仅依据《管理办法》的规定规制环境污染强制责任保险，很可能导致规范与实践的脱节，致使保险公司和高风险企业交易时无章可循，出现纠纷时无法可依。除此之外，与环境污染强制责任保险相关的一系列制度也没有得到充分的构建，例如环境公益诉讼、生态损害赔偿制度、环境损害司法鉴定制度等。

总之，当前环境污染强制责任保险面临的制度困境可以概括为"合法性问题"和"实践性问题"，其直接制约了环境污染强制责任保险的进一步发展，使推广该保险始终面临着合法性的诘问。而环境污染强制责任保险与我国的发展需求相契合，有其内在的正当性。因此，破解推广困境，核心在于

---

〔1〕 "中国保险业应加强监管和内控"，载中央财经大学新闻网，http://news.cufe.edu.cn/info/1004/11716.htm，最后访问时间：2019 年 10 月 15 日。

重构相关法律规则，充分发挥环境污染强制责任保险的制度优势。

四、环境污染强制责任保险的推广对策

（一）完善立法体系

解决环境污染强制责任保险的推广困境，必须坚持立法先行。考察西方主要国家，以德国、美国为代表的国家采取"强制推行"的立法模式；而英国、法国等国家采取"自愿投保"的立法模式。结合我国试点情况，以及中央政策要求，我国未来立法应当采取"强制为主，自愿补充"的立法模式。[1]

在此基础上，我国应采取《环境保护法》进行原则性规定，各单行法规定强制范围，行政法规规定实施细则的模式。首先，如果采取将环境污染强制责任保险规定于《环境保护法》的方式，则修法成本很高，而且会出现体例不协调的情况。其次，如果采取环境污染强制责任保险法的单行立法模式，确实既解决了合法性问题，也解决了实践性问题。但是该法的出台，必须经过严密而详细的论证。当前我国环境污染强制责任保险仍处于制度构建期，许多共识没有达成，不宜在此时进行单行立法。最后，通过单行立法规定适用强制责任保险的范围，符合"特别法优先于一般法"的规则。而且，2020年审议通过的《中华人民共和国固体废物污染环境防治法》（以下简称《固体废物污染环境防治法》），第99条规定："收集、贮存、运输、利用、处置危险废物的单位，应当按照国家有关规定，投保环境污染责任保险。"可以说，此种立法模式已经得到立法机关的认可。而该种立法技术也符合"强制为主，自愿补充"的要求，能够最大程度推动企业投保。考虑到环境污染强制责任保险的保险范围、保费厘定、除外责任等与其他商业保险不尽相同，未来国务院可出台相关行政法规，总结各地试点时期的经验，澄清相关规则的适用。待制度构建逐渐完备，可以考虑总结相关立法和实践经验，积极吸收德国等国家的"清单管理模式"，通过单行立法，明确环境污染强制责任保险的适用行业或领域。[2]

---

〔1〕 参见别涛："国外环境污染责任保险"，载《求是》2008年第5期。
〔2〕 参见孙增芹、张欣媛："美德印环境污染强制责任保险制度考察及对我国的启示"，载《生态经济》2018年第12期。

(二) 强化政府责任

"徒法不足以自行。"环境污染强制责任保险具有明显的公益性和政策导向性。事实证明,政府在环境污染强制责任保险的推广过程中应发挥主导作用。尤其在当下立法缺失的情况下,地方政府更应积极引导,承担相应的责任。

首先,地方政府应积极完善环境风险评估机制,建立信息共享机制。在环境污染强制责任保险的运作过程中,保费厘定是重要的环节。而政府的风险评级和监管信息是保险公司参考的重要依据。实践中,各地政府风险等级划分不一,为保险公司开展业务带来诸多困扰。未来政府应考虑建立统一的风险评级体系,并将监管信息与保险公司共享,更好地发挥环境污染强制责任保险的风险管控功能。其次,地方政府应积极推动环境污染强制责任保险市场化。事实上,环境污染强制责任保险仅是强制部分高风险企业投保,而不是限制其选择承保人。因此,政府要充分利用好市场机制,搭建双方沟通的平台,指导保险行业协会建立统一的投保和理赔程序、制定合同范本等。实践中,部分地方政府搭建了环境污染强制责任保险的专门平台,保险公司可以在平台上发布保险条款,企业也可以根据自身情况查询适合的险种,政府也会在平台上定期开展相关培训,这种做法值得借鉴与学习。[1]除此之外,推动环境污染强制责任保险的市场化,还可以积极引入环境保护组织与中介机构,实现多方共治的良好局面。最后,地方政府可结合地方自主权限设立相关奖惩措施。虽然立法对于环境污染强制责任保险付之阙如,但是地方政府可以通过各项激励措施引导企业投保环境污染强制责任保险。例如福建省提出"将排污企业投保情况同企业环境信用评价工作挂钩,纳入银行与环保共享信息查询平台"。[2]无锡市"创新建立基于环责险的现场评估报告与应急原备案的衔接机制",环境污染责任保险的评估报告可直接作为应急预案,

---

[1] 参见"吴盟盟:'环责险'平台致力提供一站式环境污染责任保险综合服务",载新华网,http://www.xinhuanet.com/energy/2019-06/12/c_1124614516.htm,最后访问时间:2019年10月15日。

[2] "《福建省人民政府关于推行环境污染责任保险制度的意见》解读",载福州市人民政府官网,http://www.fuzhou.gov.cn/zgfzzt/shbj/zz/hjzc/201711/t20171116_1838271.htm,最后访问时间:2019年10月15日。

为企业节省一定的费用。[1]总而言之，政府可以通过直接补贴、税收优惠等手段降低企业投保的成本；也可以通过表彰荣誉、新闻宣传等方式提升投保企业的社会声誉；还可以通过将拒不投保企业列入失信生产经营单位名单等方式，增加其成本。

（三）加强司法保障

司法程序的保障作用同样不能忽视。一方面，应逐步完善环境损害赔偿诉讼制度，发挥环境公益诉讼的作用。由于现实中环境污染案件较为复杂，且受害人较多，审理时间长，同时举证难度较大，因此个人很难提起诉讼。2015年最高人民法院公布《关于审理环境民事公益诉讼案件适用法律若干问题的解释》，该问题得到了改善，但仍存在着主体规制、诉讼范围、资金保障等多方面的问题。[2]因此当前我国应继续完善环境损害赔偿诉讼制度，推动环境侵权诉讼与环境公益诉讼的衔接。另一方面，环境污染强制责任保险相较于其他保险有一定的特殊性，在除外责任、通知义务等方面与一般商业保险有显著不同。对此，司法机关应加强相关研究，结合试点地区经验，逐步总结审理环境污染强制责任保险纠纷的审判经验，为环境污染强制责任保险推行提供坚实的司法保障。除此之外，司法机关应充分运用好《民法典》提供的制度工具，积极适用惩罚性赔偿条款、生态环境修复责任条款等，并完善与之配套的环境损害司法鉴定制度，增加高风险企业拒不投保的司法成本，以推动相关企业自觉投保。

（四）完善产品设计

若想让环境污染强制责任保险制度能够有效运行，保险公司需要完善产品设计，优化风险评估体系。具言之，在产品设计上，现有保险公司应在保险经纪公司与政府有关部门的协助下，逐步完善保险条款的内容，并制定统一的费率标准及理赔规程等。同时，各个保险公司在统一标准的前提下，也

---

〔1〕 参见吴锡佳："环责险'无锡模式'护航生态文明"，载《无锡日报》2017年4月10日，第A01版。

〔2〕 参见李华琪："环境公益诉讼：制度缺失与完善策略——基于环境人权保障视角"，载《湖南农业大学学报（社会科学版）》2018年第4期。

应该结合不同投保企业的状况灵活变通，满足企业的个性化需求，不断推出新的保险产品。除此之外，保险公司应结合风险评估及当前环境污染强制责任保险理赔的现状，逐步扩大保险责任范围，如附加精神损害赔偿责任保险条款、雇工人身伤亡责任保险条款等。在风险评估上，由于环境污染的低概率及高损害，极易产生道德风险。因此，保险公司应逐步建立健全风险评估体系，以严格的标准对企业进行风险评估。另外，保险公司应建立常态的走访与巡查制度，定期为高风险企业进行环境风险勘查。[1]此举一方面能够吸引企业投保，另一方面能够有效降低企业的道德风险，同时为风险评估标准建设提供良好的样本。

结　论

环境污染强制责任保险能够有效管控和分散环境污染风险，提高企业环境管理水平，减轻政府管理成本，保障受害人的经济利益，对环境与经济的发展都起到一定积极作用。我国自 2013 年开始进行环境污染责任保险的试点，态度从起初的观望走向鼓励，最终确定为强制。这一转变有经济合理性和法律正当性。一方面，环境污染强制责任保险能够有效提升社会总效益；另一方面，该保险具有目的正当性，并且能够满足比例原则的审查。但在试点过程中，环境污染强制责任保险的推广遭遇了重重阻力，甚至出现了"叫好不叫座"的僵局。剥离重重表象，根源在于该保险中强制性的"无法可依"和相关规范实践性的缺失。据此，本文提出"立法先行—政府主导—司法保障—主体参与"的对策。立法上，以《环境保护法》为原则，通过单行立法方式厘定强制范围，通过行政法规统一争议；行政上，地方政府应承担主导责任，积极推动环境污染强制责任保险市场化，根据自身权限积极制定实施细则和奖惩措施；司法上，进一步完善环境侵权诉讼和环境公益诉讼的衔接，总结环境污染强制责任保险裁判经验，用好《民法典》。除此之外，保险公司应完善产品设计，优化风险评估体系，从而使环境污染强制责任保险更为精细化和专业化。

---

〔1〕 参见吕秀萍、刘金霞："经验、问题与完善：河北省环境污染责任保险研究"，载《社会科学论坛》2016 年第 11 期。

附表　2008—2020 年我国环境污染责任保险立法概况[1]

规范性文件层级		领域	规范性文件名称及生效年份	条款	规定内容
中央立法	法律	综合立法	《环境保护法》（2015）	第 52 条	鼓励投保
			《海洋环境保护法》（2016）	第 66 条	原则要求强制投保
			《固体废物污染环境防治法》（2020）	第 99 条	部分领域强制投保
	行政法规	综合立法	《防治船舶污染海洋环境管理条例》（2018）	第 51 条、第 52 条	要求投保或提供财产担保
			《内河交通安全管理条例》（2019）	第 67 条	
			《危险化学品安全管理条例》（2013）	第 57 条、第 92 条	
			《太湖流域管理条例》（2011）	第 51 条	鼓励投保
		海洋油气矿产勘探开发污染防治	《防治海洋工程建设项目污染损害海洋环境管理条例》（2018）	第 26 条	要求投保
		海洋石油勘探开发污染防治	《海洋石油勘探开发环境保护管理条例》（1983）	第 9 条	要求投保或提供其他财物保证
	部门规章	专项规章	生态环境部、保监会《环境污染强制责任保险管理办法（草案）》（2018）	第 1—28 条	明确提出要求高风险企业强制
		船舶运输污染防治	交通运输部《防治船舶污染内河水域环境管理规定》（2015）	第 11 条	要求投保或提供其他财物担保
			交通运输部《船舶油污损害民事责任保险实施办法》（2013）	第 1—20 条	规定保险额度、证书、责任等

---

〔1〕　本文作者在北大法宝平台，以"环境污染强制责任保险""环境污染责任保险"为关键词，检索法律、行政法规、部门规章及地方性法规，检索时间为 2019 年 10 月 12 日，并于 2020 年 11 月 29 日进行补充检索。为表述方便，本表中涉及的我国法律，省去"中华人民共和国"字样。

规范性文件层级		领域	规范性文件名称 及生效年份	条款	规定内容
地方立法	地方性法规	内河船舶运输污染防治	《江苏省内河交通管理条例》（2017，已失效）	第 19 条	要求投保或提供担保
			《重庆市水上交通安全管理条例》（2011）	第 17 条	要求投保或提供担保
		大气污染防治	《安徽省大气污染防治条例》（2018）	第 29 条	鼓励投保
			《保定市大气污染防治条例》（2017）	第 21 条	鼓励投保
			《江西省大气污染防治条例》（2017）	第 11 条	鼓励投保
			《济宁市大气污染防治条例》（2017）	第 4 条	鼓励投保
			《宁波市大气污染防治条例》（2016）	第 8 条	鼓励投保
			《陕西省大气污染防治条例》（2019）	第 21 条	强制与鼓励结合
		固体废物污染防治	《四川省固体废物污染环境防治条例》（2018）	第 44 条	鼓励投保
			《江苏省固体废物污染环境防治条例》（2018）	第 39 条	鼓励投保
			《陕西省固体废物污染环境防治条例》（2019）	第 9 条	鼓励投保
			《河北省固体废物污染防治条例》（2015）	第 7 条	鼓励投保
			《沈阳市危险废物污染环境防治条例》（2009）	第 8 条	鼓励投保
		水污染防治	《四川省沱江流域水环境保护条例》（2019）	第 9 条	强制投保
			《重庆市水污染防治条例》（2020）	第 26 条	鼓励投保
			《乐东黎族自治县河湖（库）保护管理条例》（2020）	第 26 条	鼓励投保

续表

规范性文件层级	领域	规范性文件名称及生效年份	条款	规定内容
地方立法	地方性法规	水污染防治	《青海省湟水流域水污染防治条例》（2018）	第26条	未说明是否强制投保
			《揭阳市重点流域水环境保护条例》（2019）	第12条	重金属企业等强制投保，其他企业鼓励
			《江苏省通榆河水污染防治条例》（2018）	第27条	鼓励投保
			《眉山市集中式饮用水水源地保护条例》（2018）	第47条	鼓励投保
			《南京市水环境保护条例》（2018）	第44条	鼓励投保
			《广西壮族自治区饮用水水源保护条例》（2017）	第50条	鼓励投保
			《长沙市湘江流域水污染防治条例》（2017）	第18条	重金属企业强制投保，其他企业鼓励
			《长阳土家族自治县河流保护条例》（2019）	第34条	鼓励投保
			《巢湖流域水污染防治条例》（2020）	第52条	强制投保
			《湖南省湘江保护条例》（2013）	第44条	鼓励投保，重金属企业强制投保
			《浙江省饮用水水源保护条例》（2020）	第38条	鼓励投保
			《福建省流域水环境保护条例》（2012）	第43条	鼓励投保
			《重庆市长江三峡水库库区及流域水污染防治条例》（2011，已失效）	第23条	鼓励投保
			《辽宁省辽河流域水污染防治条例》（2016）	第7条	鼓励投保
			《浙江省曹娥江流域水环境保护条例》（2020）	第30条	鼓励投保

续表

规范性文件层级		领域	规范性文件名称及生效年份	条款	规定内容
地方立法	地方性法规	水污染防治	《上海市饮用水水源保护条例》（2018）	第22条	鼓励投保
		土壤污染防治	《湖北省土壤污染防治条例》（2019）	第19条	强制投保
			《湖南省实施〈中华人民共和国土壤污染防治法〉办法》（2020）	第14条	强制投保
		垃圾分类	《宁波市生活垃圾分类管理条例》（2019）	第32条	鼓励投保
			《西安市生活垃圾分类管理条例》（2021）	第44条	鼓励投保
		综合立法	《深圳经济特区绿色金融条例》（2021）	第22条、第23条	强制高风险企业投保
			《吉林省生态环境保护条例》（2021）	第55条	鼓励投保
			《云南省创建生态文明建设排头兵促进条例》（2020年）	第32条	鼓励投保
			《河北省生态环境保护条例》（2020）	第32条	鼓励投保
			《湖南省环境保护条例》（2020）	第27条	环境高风险企业强制投保
			《江西省生态文明建设促进条例》（2020）	第32条	鼓励投保
			《大连市环境保护条例》（2019）	第41条	鼓励高风险企业投保
			《天津市生态环境保护条例》（2019）	第62条	鼓励投保
			《上海市环境保护条例》（2019）	第45条	鼓励投保
			《贵州省生态文明建设促进条例》（2018）	第48条	建立制度，但未明确是否强制
			《海南省环境保护条例》（2018）	第59条	鼓励投保

续表

规范性文件层级		领域	规范性文件名称及生效年份	条款	规定内容
地方立法	地方性法规	综合立法	《四川省环境保护条例》（2018）	第71条	鼓励投保
			《荆门市生态环境保护条例》（2018）	第54条	建立制度，但未明确是否强制
			《新疆维吾尔自治区环境保护条例》（2018）	第55条	鼓励投保
			《杭州市生态文明建设促进条例》（2016）	第22条	建立制度，但未明确是否强制
			《广东省环境保护条例》（2019）	第61条	鼓励与强制并行
			《山西省减少污染物排放条例》（2018）	第18条	鼓励投保
			《江西省环境污染防治条例》（2008）	第4条	鼓励投保

论《联合国海洋法公约》的强制仲裁

周永琪

摘　要：在《联合国海洋法公约》（以下简称《公约》）中，附件七的强制仲裁是其规定的海洋争端解决机制中最为特殊的规定。对强制仲裁的概念与特点、对人与对事管辖权、程序、争端适用的限制性与任择性例外等方面进行研究。以《公约》规定的强制仲裁为研究对象，从历史发展与《公约》规定两方面对其进行研究。可以发现《公约》的强制仲裁与国际其他的强制仲裁都不一样，《公约》的强制仲裁具有更强的强制性，其适用程序与限制条件都是由其强制性发展而来。

关键词：强制仲裁　强制性　附件七

自第二次世界大战以来，随着各国科技实力的发展，各国可以越来越深入地探索海洋资源，但同时，在这过程中也产生了大量的海洋争端。于是，各国举办第三次联合国海洋法会议，并出台有着"海洋宪章"之称的《公约》，其第十五部分规定了完整的海洋争端解决机制。在该争端解决机制中，强制仲裁最为特殊，它不仅是争端解决的兜底条款，同时也是国际上唯一一种可以在不经过对方同意的前提下就可以将争端提交至仲裁的争端解决方法。

一、《公约》强制仲裁的概念与发展

（一）强制仲裁的概念

强制仲裁是近代在国际法中新发展的争端解决方法，有学者将强制仲裁分为两种类型：义务型强制仲裁与权利型强制仲裁。义务型强制仲裁是国家之间达成协议，约定将全部或特定争端提交仲裁解决，即自我将争端提交给仲裁设为义务；权利型强制仲裁为在特定情况下，争端一方可单方提起和推进仲裁程序。[1]若按此分类标准，则《公约》规定的强制仲裁为权利型强制仲裁的典型代表。强制仲裁被规定在《公约》第十五部分第二节，与国际海洋法法庭、国际法院、附件八特别仲裁共同构成《公约》规定的争端解决机制，但是仲裁除了可以由争端各国自由选择适用以外，还作为争端解决机制的兜底方法，在满足特定条件下，可以强迫争端各国适用。第一种类型的强制仲裁在国际各个争端解决制度中都有体现，如国际商事的强制仲裁就是东道国通过法律、协议或条约等，事先承诺在将来与外国投资者发生争端后，将争端提交国际仲裁庭解决，由此外国投资者便可以在争端发生后单方提起仲裁。此外还有很多国际上的争端解决制度都是义务型强制仲裁。而第二种强制仲裁却只体现在《公约》的强制仲裁里。

《公约》第 287 条第 3 款及第 5 款分别规定，"缔约国如为有效声明所未包括的争端的一方，应视为已接受附件七所规定的仲裁"，"如果争端各方未接受同一程序以解决这项争端，除各方另有协议外，争端仅可提交附件七所规定的仲裁"，这两款加上附件七的规定基本构成了《公约》对于强制仲裁的规定。从《公约》第 287 条第 3 款、第 5 款的规定，可知当争端各国进入《公约》规定的争端解决程序后，对于争端解决方法没有选择或选择不一时，任一争端国可以提出将争端交由附件七仲裁，若法院或法庭同意，则争端强制由附件七的仲裁解决。此外，附件七从仲裁庭的组成与争端方不应诉等方面的规定侧面体现了强制仲裁的强制性。因此，有学者提出强制仲裁是指在争端当事方事先接受仲裁的情况下，当事一方无需取得另一方新的同意即可自行将争端提交到有拘束力裁判的仲裁庭。[2]

（二）《公约》强制仲裁的历史发展

虽然强制仲裁如今为国际法中重要的解决争端措施之一，但其却是近代

---

〔1〕 R. P. Anand："Compulsory Jurisdiction of the International Court of Justice"，转引自刘衡："论强制仲裁在国际争端解决中的历史演进"，载《国际法研究》2019 年第 5 期。

〔2〕 余民才："中菲南海争端仲裁庭的法律问题"，载《国际安全研究》2013 年第 5 期。

才产生的。1794 年，英美两国签订了《美英友好、商务和航海总条约》（又称《杰伊条约》），并且据此设立三个混合委员会，使其专门解决英美两国以前所签订的条约中的争端，该委员会的设立为仲裁在国际上的发展打下了基础。在此之后，由于国际市场的繁荣使得国家之间交往愈加频繁，大量争端也随之产生，越来越多的国家选择与他国签订双边或多边的仲裁协议，约定当争端产生时，将该争端交由仲裁解决。该现象使得仲裁在国际争端解决方法中被运用得越加频繁，成为国际解决争端的一项通用方法之一。随着仲裁的国际地位上升，国家之间规定的零碎的仲裁程序便有了统一的必要。1899年，各国在海牙会议通过《和平解决国际争端公约》，首次在国际上明确了仲裁制度，此时本着和平解决争端原则与各国自由选择争端解决方式的理念，仲裁仍是由当事国自主选择适用的。

直到 1958 年，第一次联合国海洋法会议举行，强制争端解决机制第一次被规定在公约形式的文件里，《捕鱼及养护公海生物资源公约》第 9 条第 1 款规定，"国与国间发生……争端时，除各造同意以联合国宪章第 33 条所规定之其他和平方法求得解决外，经任何一造之请求，应提交五人特设委员会解决之"。会议同时通过了《关于强制解决争端的任择签字议定书》（以下简称《议定书》），《议定书》规定，"表示对于 1958 年 4 月 29 日所订任何海洋法公约中之任何条款因解释或适用上之争端而发生涉及各当事国之一切问题，除公约规定或经当事各方于相当期间内商定其他解决方法外，愿接受国际法院之强制管辖"，[1]虽然在"日内瓦海洋法四公约"中没有规定强制争端解决机制，但是可以看出各国已经有这种意识，而这两份文件都为强制仲裁被规定在《公约》中做了铺垫。在前两次联合国海洋法会议中并没有就争端解决机制作出讨论，直到第三次大会，在第一次会议中产生的三个委员会提出了《非正式单一协商案文》，该文件在第四次大会修改后最终形成了四部分，并且其第四部分提出了一项可由当事人自由选择的强制解决争端的制度。后

---

[1] Optional Protocol of Signature concerning the Compulsory Settlement of Disputes: "Expressing their wish to resort, in all matters concerning them in respect of any dispute arising out of the interpretation or application of any article of any Convention on the Law of the Sea of 29 April 1958, to the compulsory jurisdiction of the International Court of Justice, unless some other form of settlement is provided in the Convention or has been agreed upon by the parties within a reasonable period."

几次大会也涉及强制争端解决机制，但是没有重大突破。直到第九次大会，大会通过《海洋法公约草案》，建立了较为完整的强制争端解决机制。最后经过第十次大会的修改，1982 年各国签署公约，强制争端解决机制被正式规定在《公约》里。

强制争端解决机制的最终成型是各方利益妥协的结果，在公约制定过程中，各国基于自身的利益诉求，自动分为好几个派别，[1]发展中国家如中国、印度、罗马尼亚等认为历史上的强制仲裁是具有自愿选择性的，如《国际法院规约》第 36 条规定的强制仲裁是具有任意性的，便提出《公约》有关强制仲裁的规定也不能超出该范围；但美国、日本等发达国家认为若强制仲裁不被所有缔约国接受，便会损害《公约》解决机制的效率，所以所有有关的海洋法公约的解释和适用的争端都应适用强制程序加以解决，而不应有任何例外。[2]不同利益派别对强制仲裁有不同的看法，对于发展中国家而言，发展中国家基本都不愿意接受这种无法预知结果的强制管辖制度。[3]但是正如前文所说，强制仲裁发展是为了防止争端长久得不到解决或是防止政治方法拖延不决而损害海洋的有效利用以及部分海洋发达国家的利益需求，[4]所以在各方利益博弈之后，最终强制仲裁被保留在了《公约》第十五部分与附件七中，成为当今解决海洋争端的重要方式之一。

二、强制仲裁的适用条件

从《公约》第 279 条与第 280 条可看出，《公约》对待争端所秉持的理念为有效沟通、和平解决。和平方法始终为第一选择，通过和平手段无法解决的争端可以选择《公约》所提供的四种争端解决方法，而附件七所规定的仲裁通常因其具有强制性而被使用。强制仲裁是依据一方当事国的意愿而启动，

---

〔1〕 周子亚："论联合国第三次海洋法会议与《海洋法公约》"，载《吉林大学社会科学学报》1984 年 3 期。

〔2〕 吴慧："论《联合国海洋法公约》中强制解决争端程序的强制特性"，载《法商研究-中南政法学院学报（法学版）》1995 年第 1 期。

〔3〕 王吉文："海洋争端解决中的强制性仲裁制度——兼论中国在南海仲裁事件中的策略选择"，载《东南亚研究》2015 年第 4 期。

〔4〕 王吉文："海洋争端解决中的强制性仲裁制度——兼论中国在南海仲裁事件中的策略选择"，载《东南亚研究》2015 年第 4 期。

无需另一方当事国的同意的一种争端解决方法，这实际上是对国家主权的一种限制，因此附件七仲裁的适用需要被严格地限制，依据《公约》规定只有在当事国自行选择的争端解决方式无法解决争端时，双方当事国充分履行了交换意见的义务，并且强制仲裁没有被当事国之间的双边或多边协议所排除的情况下，强制仲裁才能得以适用。[1] 同时因为海洋方面的争端往往与一国的国家主权划分有关，因此强制仲裁的管辖范围也被严格限制。因此，下文将从管辖权与《公约》强制仲裁的程序两方面来讨论强制仲裁附件七的适用条件。

（一）对事管辖权

对于强制仲裁的管辖事项，《公约》并没有单独的规定，而是将强制仲裁与其他的争端解决方法一起规定，由此从《公约》第 288 条第 1 款、第 2 款入手："（1）第 287 条所指的法院或法庭，对于按照本部分向其提出的有关本公约的解释或适用的任何争端，应具有管辖权。（2）第 287 条所指的法院或法庭，对于按照与本公约的目的有关的国际协定向其提出的有关该协定的解释或适用的任何争端，也应具有管辖权。"可以看出，该条款并没有明确《公约》具体可以管辖的对象，只是模糊地规定了一个范围，这是第三次联合国海洋法会议为了达到各国统一而作出的妥协，但这同时也埋下了隐患，即面对争端时，各国有各国的解释。对此，现实中一般为法院或法庭作出一般性判断，认为自身具有管辖权，则可对该争端拥有管辖权。[2] 此外《公约》第十五部分第 297 条第 1 款（a）（b）（c）规定的三种争端也为附件七的管辖事项，但是第三节规定的限制性与任择性例外中所涉及的争端却不受附件七仲裁的管辖，除非争端各国自愿提交强制仲裁程序。同时在《公约》的序言中说到，"认识到有需要通过本公约，在妥为顾及所有国家主权的情形下，为海洋建立一种法律秩序……"，即附件七的争端范围是在尊重国家主权的基础上进行的，同时也暗示国家主权方面的争端是不可以被强制仲裁的对象。

---

[1] 马新民："菲律宾南海仲裁案裁决程序问题评析"，载《吉林大学社会科学学报》2017年第 2 期。

[2] 周江、吕明伟："论《联合国海洋法公约》中强制仲裁程序的启动条件"，载《中国海商法研究》2016 年第 4 期。

（二）对人管辖权

强制仲裁的对人管辖权也是与《公约》提供的其他争端解决方法规定在一起的，并且随着三次联合国海洋法会议的召开，强制争端解决方法的对人管辖范围也在不断地变化。在第一次联合国海洋法会议中，由于《议定书》的存在，所以可以被纳入强制争端解决机制的主体只限于签订了《议定书》的国家，但是在第三次联合国海洋法会议，有更多国家参加此次会议，且由于《公约》为协商一致通过的，使得条款不允许保留，所以《公约》所规定的争端解决机制对缔约国当然适用，导致《公约》的强制争端解决机制的对人管辖范围远大于"日内瓦海洋法四公约"。根据《公约》第1条与第305条可知缔约国包括国家、自制联系国、自治领土、国际组织，但是根据《公约》第291条第2款可知，"本部分规定的解决争端程序应仅依本公约具体规定对缔约国以外的实体开放"，从《公约》具体条款可知，大部分情况下，争端解决机制都只适用于缔约国，但是附件七第13条规定，"本附件应比照适用于涉及缔约国以外的实体的任何争端"，说明强制仲裁制度的管辖对象包括缔约国与非缔约国。

三、《公约》强制仲裁的程序

要进入《公约》强制仲裁程序一般要先使争端被纳入《公约》的强制争端解决机制，然后在满足特定条件的情况下，将争端纳入强制仲裁程序。所以本节内容将分为两部分阐述，首先是争端进入《公约》第十五部分第二节的强制争端解决机制，其次是争端进入强制仲裁程序。就第一部分而言，由于《联合国宪章》第2条第3款规定了和平解决国际争端的基本原则，规定争端各国之间产生争端时，应当自由选择并且通过和平手段来解决争端，但当争端各国之间不能协商解决时，可以参考《公约》提供的四种争端解决方法，争端各国可自由选择其中任意一种来解决争端。除此之外，若《公约》要将争端强制纳入自身规定的争端解决机制中，就必须保证争端各国已经用尽了和平方法，即争端各国用尽第十五部分第一节的方法。首先，根据《公约》第279条以及第280条可得知，当两国之间产生争端，首先应当自行选择和平方法解决，且双方当事国所选择的方法被《公约》所保护。其次，根据《公约》第282条可知争端解决程序没有被争端各国的一般性、区域性或双边协定或以其他方式协议排除，这一点是当事国自行选择和平手段解决这一观点的衍生，对于当事国之间约定排除或变相排除强制仲裁的适用，《公约》应秉持着尊重当事国意志的理念，而不得通过一方当事国的申请。最后，根据《公约》第283条可知争端各国应充分履行了交换意见的义务。其作用是督促当事国积极地解决争端。但是"充分"交换意见的标准确是模糊不清的，一般而言，"充分"的判断标准一般为陷入"僵局"或"用尽"，陷入"僵局"指的是当事国无法通过协商解决争端，"用尽"指协商之后，当事国却难以获得成果。[1]一般只要满足条件之一，便可以说已充分交换了意见。由此可知，只有在满足以下三个条件时《公约》才能主动纳入争端：首先当事国之间自行选择的争端解决方式无法解决争端，其次强制仲裁没有被当事国之间的双边协议或多边协议排除，最后当事国双方充分地履行了交换意见的义务。

就第二部分而言，即使争端已经被纳入《公约》的争端解决程序中，但是争端各国仍有可能不对这四种争端解决方法进行选择或是各国选择不一致或是当事国不积极配合解决争端，这时各国僵持，争端可能就得不到解决甚至是被激化，此时作为兜底条款的强制仲裁就发挥其作用。根据《公约》第287条第3款、第5款可知，当争端各国对《公约》所提供的解决方法选择不一或不加选择时，一方提起强制仲裁程序，一旦法院或法庭认为自己具有管辖权，另一方则被强制纳入附件七的仲裁程序，而不管其意愿如何，这是强制仲裁的强制性最为重要的体现，也是对各国选择权最大的限制。就如孟加拉与印度的孟加拉湾海洋划界争端案，孟加拉选择附件七的强制仲裁，即使印度没有作出选择，案件最终进入了强制仲裁程序。

在进入强制仲裁程序后，首先，要组建仲裁法庭。由附件七第3条可知，仲裁庭人数为5人，分别为起诉方指派一位仲裁员，被诉方在接到通知30天内指派一位仲裁员，并且双方共同在60天内指派另外三位仲裁员。即使被诉方消极对待诉讼，不指派人员，则除非争端各方协议将指派交由争端各方选定的某一人士或第三国作出，国际海洋法法庭庭长也会对人员作出必要的指

---

〔1〕 马得懿："《联合国海洋法公约》第283条交换意见义务：问题与检视"，载《政治与法律》2018年4期。

派；并且如果庭长不能依据本项办理，或为争端一方的国民，则由可以担任这项工作并且不是争端任何一方国民的国际海洋法法庭年资次深法官作指派。由此可知，就算被诉方不参与该程序，仲裁庭一样可以组建，这也是强制仲裁的强制性的一种体现。其次，附件七第 9 条第 2 款明确规定，"争端一方缺席或不对案件进行辩护，应不妨碍程序的进行"。由此可见，被诉方的缺席并不会影响仲裁的进行。如荷兰与俄罗斯的北极日出号案，荷兰开启强制仲裁程序后，俄罗斯发表声明称该争端不为《公约》所规定的强制仲裁的管辖范围，并没有参加诉讼，但是仲裁庭驳回了该项声明并作出了裁决。[1]该条款说明不管被诉方意愿如何，仲裁程序总是会继续下去，直接体现了强制仲裁的强制性。最后，附件七第 11 条规定，"除争端各方事前议定某种上诉程序外，裁决应有确定性，不得上诉，争端各方均应遵守裁决"，即仲裁庭的裁决具有终局性，虽然裁决的具体遵守还是要靠争端各国的自觉，但是这也在某种程度上体现了仲裁的强制性。

可见强制仲裁在一定程度上忽略了另一国家的意志，其强制性的实现是建立于当事国限制其自主性的基础之上，只有当国家对自主性自我限制后，将争端交给国际司法机构评判，强制仲裁才得以实现。那么对于如此严格的争端解决方法，缔约国是否可以保留附件七的仲裁程序呢？答案是不可以。基于国家作为争端主体的特殊性，各国可以自愿选择是否适用仲裁程序，并且各国可以选择保留仲裁条款，如在国际投资制度里，《纽约公约》第 5 条规定可知国际投资的仲裁程序的启动是国家双方共同合意的结果；再如《维也纳领事特权与豁免公约》《维也纳外交特权与豁免公约》《维也纳条约法公约》等条约都是允许国家对仲裁条款进行保留的。但是由于《公约》的制度是实行"一揽子协议"制度，为了不破坏《公约》"最广泛的接受与普遍参加"的目的，使得缔约国基本不能对条款保留。即对于强制仲裁而言，缔约国一旦加入《公约》，就代表接受了附件七的规定。[2]也就是说当缔约国发生争端之后，在满足特定条件的情况下，《公约》会自动将该争端纳入强制

---

〔1〕 王佳："论《联合国海洋法公约》争端解决机制中的'强制仲裁'"，载《国际关系研究》2016 年第 4 期。

〔2〕 吴慧："论《联合国海洋法公约》中强制解决争端程序的强制特性"，载《法商研究-中南政法学院学报（法学版）》1995 年第 1 期。

仲裁。

四、强制仲裁的限制与任择性例外

国际协议中，国家往往可以对协议中的条款进行保留，但是由于《公约》"一揽子协议"的设置，使得《公约》的条款只能因全体同意而通过，这也就基本排除了国家保留的权利，虽然《公约》第309条规定，"除非本公约其他条款明示许可，对本公约不得作出保留或例外"，说明《公约》并非全盘否定国家保留的权利，但是纵观《公约》全文，基本没有可以保留的事项，这就使得一些特殊争端与高度敏感性争端无法通过国家声明对该条款保留而排除适用于《公约》所规定的争端解决方法。为了解决该问题，《公约》在第十五部分第三节分别设置了限制与任择性例外，使得两种特殊争端可以直接不参与《公约》提供的争端解决机制，三种高度敏感性的争端可以在国家作出声明后不参与《公约》提供的争端解决机制。

（一）《公约》强制仲裁的限制

《公约》在第297条第2款、第3款分别规定两种争端可以排除使用《公约》第十五部分第二节的争端解决方式，即当争端发生的时候，一方当事国可以直接说明不将该争端提交强制仲裁程序。限制性规定包含两种争端：有关海洋科学研究与渔业问题有关的争端。根据第297条第2款（a）可知：第一，当沿海国按照《公约》第246条行使权利或斟酌决定权时产生争端，即争端是在进行专属经济区内和大陆架上的海洋科学研究中产生时；第二，当沿海国按照《公约》第253条决定命令暂停或停止一项研究计划，即海洋科学研究活动的暂停或停止，当事国没有义务将该争端提交至第十五部分第二节规定的争端解决方法，即使有一方请求，也只能将争端提交至强制调解程序下。该规定是发达国家与发展中国家相互妥协的结果。随着科学的发展，各个国家越来越意识到海洋资源的丰富性以及重要性，而在专属经济区与大陆架上的海洋资源尤为丰富，但是要很好地运用这些资源就需要国家先对海洋进行科学研究，但是海洋科学研究往往需要大量的人力物力支撑，这就将可以进行海洋科学研究的国家限制在有足够经济实力与技术实力的国家里，而大多数发展中国家没有实力进行研究，所以在面对海洋科学研究争端时，发达国家更希望自由地处理争端，而发展中国家恰恰相反。[1]《公约》为了平衡两者的诉求，将该争端列为限制条款，使得即使争端国想要请求提交至《公约》的争端解决程序，也只能提交至强制调解，而不是强制性更强的其他方式。

第二种争端为有关渔业问题的争端，一般的渔业争端是提交第二节规定的程序，但是《公约》第297条第3款规定，对有关其对专属经济区内生物资源的主权权利或此项权利的行使的争端，包括关于其对决定可捕量、捕捞能力、分配剩余量给其他国家、关于养护和管理这种资源的法律和规章中所制定的条款和条件的斟酌决定权的争端，提交到附件五第二节所规定的调解程序。与海洋科学研究相同，海洋生物资源是各个国家的关注重点，并且不同国家的海洋生物资源的捕捞能力不同，这就导致捕捞能力强的国家倾向于能更自由地处理渔业问题争端，而捕捞能力弱的国家态度相反，由此各方利益团体妥协的结果为争端国没有义务将争端提交至第二节的程序，但是在《公约》第297条第3款（b）规定的情况，争端一方请求，该争端应提交至强制调解程序。

（二）《公约》强制仲裁的任择性例外

早在第一次联合国海洋法会议，各个协议国通过了"日内瓦海洋法四公约"，其中就包含《议定书》，该《协议书》规定各国可以选择是否适用强制争端解决机制，为最终的《联合国海洋法公约》第298条做了铺垫。在1974年卡拉卡斯会议上，会议工作组提出了敏感争端列表，其中的方案B1、方案B2对海洋划界及历史性海湾的争端与军事争端作出了规定。后在1975年，日内瓦会议工作小组起草了《非正式文本草案》，其第17条第3款使得任择性例外规定基本成型，并在此基础上发展，最终形成了《公约》第298条的规定。

《公约》第298条分别对三种具有高度敏感性的争端作出了规定：海洋划界与涉及历史性海湾或所有权的争端、军事活动的争端、安全理事会执行《联合国宪章》所赋予的职务的争端，涉及这三种争端，缔约国可以声明第

---

〔1〕 周江、陈一萍："论《联合国海洋法公约》框架下专属经济区内和大陆架上海洋科学研究争端解决机制"，载《中国海商法研究》2018年第2期。

298 条所规定的争端可以排除适用于第十五部分第二节的争端解决方法，一旦作出声明，未经另一缔约国同意，不得将该争端提交至《公约》所规定争端解决机制。

首先，《公约》第 298 条第 1 款（a）规定"关于划定海洋边界的第十五、第七十四条、第八十三条在解释或适用上的争端，或涉及历史性海湾或所有权的争端"，当事国可自行谈判解决，但若谈判未果，经争端一国请求，应将争端提交附件五第二节所规定的调解，但是由于涉及同时审议与大陆或岛屿陆地领土的主权或其他权利有关的任何尚未解决的争端是完全不受强制程序管辖的，所以不应提交调解程序；若调解未果，则在争端各国同意的基础上，可将争端提交第二节所规定的程序之一；但若争端各国之间有双边或多边协议，则以双边或多边协议为准。海洋划界是《公约》最初要解决的核心问题之一，具有高度敏感性。因为"土地统治海洋"原则，使得海洋划界与国家主权密切相关，而这种相关性使得该争端不适用于强制争端解决机制；此外海洋划界问题是"以当事国家的协议为主并考虑特殊相关情况的原则下，同时考虑了'平等原则''中间线原则'及'历史性因素'等多种方法"得以解决的，《公约》在面对海洋划界与历史性权利问题时，主要延续了之前问题的解决思路，即争端国自己协议解决，会更有利于争端的解决。"涉及同时审议与大陆或岛屿陆地领土的主权或其他权利有关的任何尚未解决的争端"又被称为"混合争端"，混合争端是否能受仲裁庭的管辖在学理上一直备受争论，即使现实中有两例典型涉及混合争端的案件：圭亚那诉苏里南案与查戈斯群岛海洋保护区案，但是仲裁庭在处理案件时都采取的是回避具体讨论领土争端是否在管辖范围的方法。[1]领土与国家主权息息相关，一般产生领土争端时，各国应以和平自由选择解决方法优先，再辅之以其他没有强制性的手段。因此，《公约》直接排除混合争端适用强制调解的可能性。

其次，《公约》第 298 条第 1 款（b）规定军事活动争端是"包括从事非商业服务的政府船只和飞机的军事活动的争端，以及根据《公约》第 297 条第 2 款和第 3 款不属法院或法庭管辖的关于行使主权权利或管辖权的法律执行活动的争端"。军事活动争端可以通过声明排除适用强制争端解决程序，这

---

〔1〕 宋可："《联合国海洋法公约》附件七的仲裁庭对涉及领土主权争端的'混合争议'管辖权问题研究——法律分析及对中菲南海仲裁案的影响"，载《中国海商法研究》2016 年第 2 期。

是因为军事活动本身具有高度自治敏感性，[1]使得该类争端通过争端各国采用自愿的方法解决会更加有效。而条款中的执法活动被列为任择性例外是基于军事活动被列为任择性例外而产生的，本质也是各国利益的衡量结果。1973年，各国在讨论国家主权豁免的范围时，美国提议将特定类型的船舶或飞机纳入国家豁免的范围，若提议成功，则当军事活动发生在专属经济区时，军事活动可以免于争端强制程序，但沿海国的执法活动却未必能幸免，[2]所以最终《公约》第298条第1款（b）规定的执法活动争端与军事活动争端被共同规定为任择性例外。

最后，《公约》第298条第1款（c）规定"联合国安全理事会执行《联合国宪章》所赋予的职务的争端"可以通过声明不适用强制终端解决程序，除非"安全理事会决定将该事项从其议程删除或要求争端各方用本公约规定的方法解决该争端"。该规定是为了避免《公约》的强制争端解决机制与安理会依据《联合国宪章》行使职责之间发生冲突，[3]即争端在安理会的议程之中时，《公约》给争端国机会选择放弃提交强制程序。

五、结论

《公约》附件七所规定的强制仲裁是典型的权利型强制仲裁，其最重要的特点就是在争端通过适用《公约》第十五部分第一节的方法仍不能解决时，争端被强制纳入《公约》第十五部分第二节规定的争端解决机制，此时，若争端各国选择不一或不做选择时，任一争端国可以将争端提交至附件七仲裁，若法院或法庭认为自身具有管辖权，则争端被强制纳入强制仲裁程序。强制仲裁提起的单方性是强制仲裁的强制性最为重要的体现，此外，其强制性还体现在以下几个方面：仲裁庭即使是在争端一方不积极参与的情况下也可以顺利组成；即使争端一方缺席，仲裁程序也可以继续进行；仲裁庭的裁决具

---

〔1〕 古俊峰："中国根据《联合国海洋法公约》第298条发表排除性声明的法律效果分析"，载《中国海洋法评论》2007年第2期。

〔2〕 刘丹："论《联合国海洋法公约》第298条'任择性例外'——兼评南海仲裁案中的管辖权问题"，载《国际法研究》2016年第6期。

〔3〕 潘俊武："剖析1982年《联合国海洋法公约》中的强制争端解决机制"，载《法律科学（西北政法大学学报）》2014年第4期。

有拘束力。正是因为这种强制性，各国基于自己的利益，在制定争端解决条款时慎之又慎，从第一次海洋法会议的《议定书》到《公约》，对争端解决机制与强制仲裁进行了多次讨论，最终形成了《公约》第十五部分的内容，《公约》的争端解决机制在海洋争端方面发挥重大作用。同时，因为强制仲裁的强制性，导致虽然强制仲裁是兜底的仲裁条款，其管辖权却不及《公约》及《公约》的解释或适用的任何争端，部分特殊的或是敏感的争端被规定在《公约》第十五部分第三节，使得这些争端不可被强制纳入强制仲裁程序，如部分海洋科学研究争端与部分渔业问题争端被列为限制，自动排除强制仲裁程序，而海洋划界与涉及历史性海湾或所有权的争端、军事活动争端、安理会执行《联合国宪章》所赋予的职务的争端这三种争端因其高度的敏感性而被列为任择性例外，缔约国声明排除适用强制仲裁则这些争端不能自动被纳入强制仲裁程序。以上，便是有关《公约》强制仲裁的规定。

关于我国居住权案件的司法实践研究

——以 72 个案例为样本

熊境坤

摘　要：居住权是大陆法系传统的物权形态，《中华人民共和国物权法》却并没有将其作为一项物权固定下来。但同时在我国司法审判实践中，民众较为频繁地以确认居住权为请求或以居住权为由要求损害赔偿提起诉讼，法官在没有明确的法律适用的情况下，很多时候是通过对法律条文的解释给予居住权以救济，各地法院在审理居住权案件中有了一定的经验积累。2018 年《中华人民共和国民法典（草案）》（以下简称《民法典草案》）物权编中出现了居住权的相关内容，本文以 2013—2019 年的 72 个案例为样本进行类型化研究，旨在发现并总结实践中的争议与可能产生的错误，并尝试结合《民法典草案》中的居住权相关条文给出建议。

关键词：居住权　案例分析　裁判逻辑　民法典

一、研究目的[1]

按照学界的观点，居住权，简而言之就是非所有人居住他人房屋的权利。[2]王利明老师认为，所谓居住权，是指以居住为目的，对他人的住房及其附属设施所享有的占有、使用的权利。[3]

---

〔1〕　本文形式参考吴寒：《破产撤销权的司法实践研究——以 85 个案例为样本》。

〔2〕　周枏：《罗马法原论》（上册），商务印书馆 1994 年版，第 376 页。

〔3〕　王利明："论民法典物权编中居住权的若干问题"，载《学术月刊》2019 年第 7 期。

《中华人民共和国物权法》虽然没有规定居住权，但是居住权的概念在我国司法实践中却很常见，如2001年最高人民法院《关于适用〈中华人民共和国婚姻法〉若干问题的解释（一）》第27条第3款中就出现了"居住权"这个词，"离婚时，一方以个人财产中的住房对生活困难者进行帮助的形式，可以是房屋的居住权或者房屋的所有权"。[1] 不过关于居住权究竟为何，我国在立法层面并没有给出清晰的界定，甚至可以说是没有涉及。在这样的背景下，面对现实生活中涌现出的居住权相关案件，司法审判及司法解释都试图明确居住权的适用范围及法律效力，学者也在探讨厘清居住权中的权利义务关系，但是由于上位法的缺失，居住权的法律定位变得难以明确，进而在司法审判实践中出现了裁判标准不一、与学理研究相冲突的问题。

2019年4月26日发布的《民法典物权编（草案）》（二审稿）第十四章（第159条至第162条）增加了居住权的规定，其中内容分别包含了居住权的设立、登记、转让和消灭。因此，本文旨在通过对样本案例的类型化分析，并结合二审稿中的居住权相关内容，研究案件争议和审判意见，以期对我国未来居住权制度的建构提出合理化建议。

二、研究方法

（一）案例数量与来源

笔者以"居住权"为关键词在openlaw案例检索平台、北大法宝、中国裁判文书网上进行检索，检索截止时间为2019年9月28日，由于本文讨论的是我国居住权案件的司法实践，近年的案例相较而言更具有参考价值且不至于过度分散，因此将检索的起始时间设置在2013年，本文案例分布于2013—2019年。

考虑到直接以"居住权"为关键词进行检索之后的案件结果数量多达3万个，笔者通过系统抽样的方法从检索结果中抽取了90个案例。为了研究的针对性，笔者在这90个案例中删去了涉及法院管辖的争议，以及当事人一方为法人和主要涉及程序问题的案件以及直接撤诉的案件，并且将相同案件的

---

[1] 实践中有一部分居住权案件，法院都是依据司法解释中的该条文作出判决的。

一审和二审判决视为一个案例，最终样本数为 72 个。

（二）分析方法

本文主要采用类型分析法，根据引起案件纠纷的不同事由将样本案例分为以下六项：（1）离婚之后对婚前房屋主张居住权；（2）再婚夫妇一方死亡，房产登记在子女[1]名下；（3）基于共同居住人身份主张居住权；（4）依据双方协议主张居住权；（5）保留居住权的所有权交易；（6）其他。

三、案例分布

（一）案件纠纷事由的比例统计

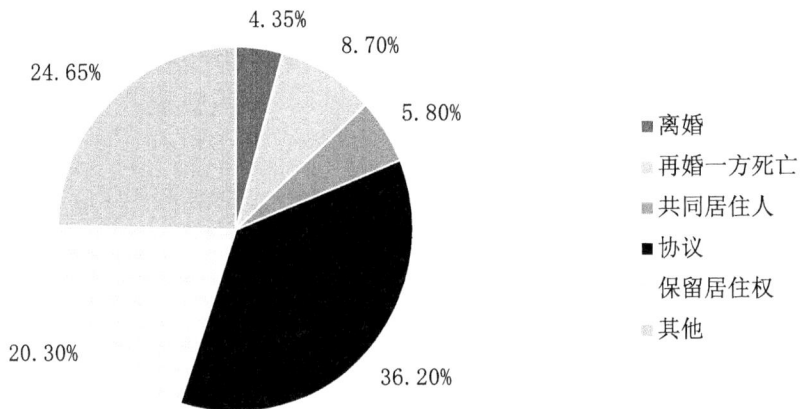

图 1 居住权案件纠纷事由比例图

如图 1 所示，在所有引起居住权纠纷的事由中，比例最高的为依据双方之间的协议主张居住权，占比为 36.20%，其次是保留居住权的所有权交易引发的纠纷，占比为 20.3%，相对而言，纯粹因离婚之后对婚前房屋主张居住权、再婚夫妇一方死亡向作为房屋所有权人的子女主张居住权、基于共同居住人身份主张居住权的案件占比较小。

---

〔1〕 此处的子女并非亲生子女，主张居住权的一方与子女是继母（父）女（子）关系。

（二）判决结果的数量统计

如图 2 所示，在六项引起居住权纠纷的事由中，"基于共同居住人身份主张居住权"的判决结果皆为支持居住权的请求，几乎没有争议；但在"依据双方协议主张居住权""保留居住权的所有权交易"方面，居住权的请求均有近一半没有获得支持，相对而言争议较大；至于与婚姻关系相关的两个方面："离婚之后对婚前房屋主张居住权""再婚夫妇一方死亡，房产登记在子女名下"，法院的判决结果则是倾向于驳回居住权请求。

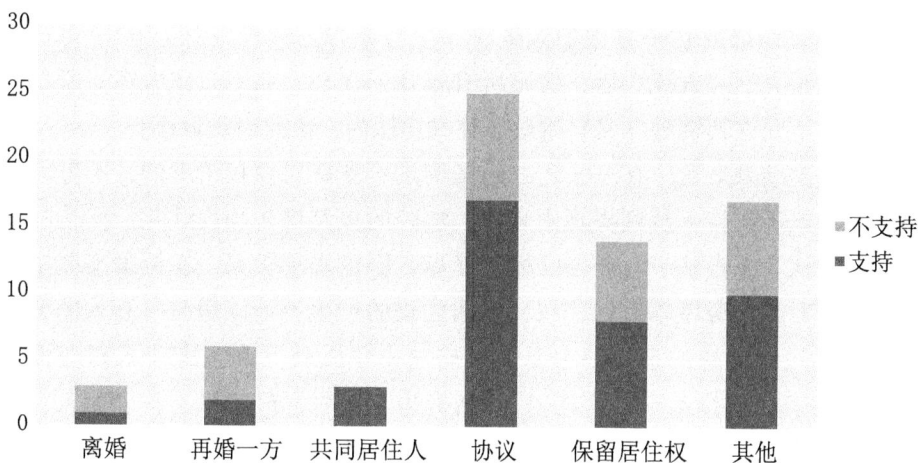

图 2　判决结果数量统计图

四、各事由之下的居住权纠纷案例

（一）离婚之后对婚前房屋主张居住权

离婚之后对婚前房屋主张居住权的案例相对较少，因为夫妻之间离婚一般都会签订离婚协议，离婚协议已经把财产分割等问题约定明确了，一般而言不会产生居住权纠纷。此类案例案情均比较简单，基本上都是没有相关协议约定房屋的居住问题而产生纠纷，[1]法院在审理此类案件时几乎都是参照最高人民法院《关于适用〈中华人民共和国婚姻法〉若干问题的解释（一）》第27条第3款"离婚时，一方以个人财产中的住房对生活困难者进行帮助的形式，可以是房屋的居住权或者房屋的所有权"。是否支持居住权，主要是考虑原告是否属于上述解释中的"生活困难者"，总体而言，此种情况在司法实践中争议不大。

（二）再婚夫妇一方死亡，房产登记在子女名下

这类案件的一般构造为，原告是再婚夫妇的一方，另一方已经死亡，被告为再婚夫妇已死亡一方中的亲生子女，与原告为继母（父）子（女）关系，在再婚夫妇一方死亡后，房屋所有权登记在子女名下，作为房屋所有权人的子女不允许其继母（父）继续居住在房屋内，由此引发诉讼。

从判决结果来看，有三分之二的案例是不支持居住权请求的，不过无论判决支持或不支持，从判决理由来看，法院的裁判都较为模式化。支持的理由主要是认为原告基于与被告已故父（母）亲的夫妻关系，在诉争房屋中共同居住，对诉争房屋享有居住权，此居住权的产生，不以房屋所有人的变更而消灭；[2]不支持的理由则主要是依据《中华人民共和国老年人权益保障法》中关于"赡养人"的规定[3]判断被告与原告之间不具有抚养关系，故被告不是赡养人，不对原告负有赡养义务，不需要为其提供房屋居住。如在郑某某与邓某某、段某某婚姻家庭纠纷一案[4]中，法院判决认为，原告与段某基（原告的再婚丈夫，被告的亲生父亲，诉讼时已死亡）结婚时，二被告均已成年，原告与二被告之间并未形成抚养关系，原告亦有成年的亲生儿子，故二被告不属于对原告具有赡养义务的人，原告不享有因赡养义务要求二被

---

〔1〕 赵某与陆某煊离婚后居住权纠纷二审民事判决书，（2015）穗中法民一终字第2069号。

〔2〕 林某兰与王某娟用益物权确认纠纷一案民事判决书，（2013）东民初字第09280号。

〔3〕 综合《中华人民共和国老年人权益保障法》第14条第2款"赡养人是指老年人的子女以及其他依法负有赡养义务的人"，以及第16条第1款"赡养人应当妥善安排老年人的住房，不得强迫老年人居住或者迁居条件低劣的房屋"可知，具有赡养义务的人应妥善安排老年人的住房。

〔4〕 原告郑某某与被告邓某某、段某某婚姻家庭纠纷一案一审民事判决书，（2016）川0107民初2793号。

告安排其住房及保障其居住的权利。

不过，值得注意的一个问题是，支持居住权请求的案例中法院只是依据原告与被告亲生父母的夫妻关系自然得出原告享有居住权，裁判文书中对此并没有进行更为详细有力的论述，相比否定居住权的案例中的裁判理由显得稍有单薄，或许这也是司法实践偏向于不支持居住权的因素之一。

（三）基于共同居住人身份主张居住权

在搜集的 72 个案例中有 3 个案例属于此类情形，且法院都支持了居住权诉求。不过很巧的是，这三个案例都发生在上海市，且诉争房屋均为公有居住房屋（以下简称公房），这与上海市的公房政策有很大的关系，在此有必要对公房的历史沿革做一个简要介绍。在商品房的概念出现以前，住宅均由国家以及企业、事业单位投资兴建，房屋产权均归国家或集体所有。机关和企事业单位根据工作人员、员工的职级、工作年限和贡献大小分别给予相应的房屋承租权即使用权，作为员工的一种福利，即早年的福利分房。员工以承租人的名义获得此类房屋的使用权。1994 年公房出售政策出台后，一部分公有住房经过出售程序转为"售后公房"，另一部分公有住房则因各种原因保持原承租状态，上海市目前仍存在大量此类房屋。此类案例中的诉争房屋即属后者，关于此类案件的判决，法院均依据《上海市房屋租赁条例》和《上海市房地资源局关于贯彻实施〈上海市房屋租赁条例〉的意见（二）》中相关规定[1]判断原告是否属于"共同居住人"，从而决定是否支持原告的居住权请求。

笔者认为，不考虑其他情形，在我国法律并未确立居住权制度的情况下，一定程度上，上海市的上述两份文件相当于规定了公房居住权的取得方式，并在司法实践中被法院参考适用，但是此类案例也表明了一个问题，就是公房的居住人是承租人及承租人的家庭成员而不是所有人，这与学界理解的居住权是在他人房屋上设置的观点存在出入。

---

[1] 公房中的"共同居住人"是指，公房的承租人死亡或者变更租赁关系时，在以承租房屋处实际居住生活一年以上（特殊情况除外）而且本市无其他住房或者虽有其他住房但居住困难的人。

（四）依据双方协议主张居住权

依据协议主张居住权类案件相对较多，笔者把夫妻双方离婚协议中规定居住问题的案件也划分至此类案件下，而离婚协议相关案件又占此类案件较大比例，这也从一个侧面说明实践中非夫妻关系的双方直接约定居住权的案件相对而言比较少。

依据协议主张居住权的相关案例中，有三分之二左右的案例法院是判决支持居住权的。从裁判逻辑来看，法院的出发点几乎都是从合同效力和合同内容两方面进行考量。在合同效力方面，法院依据《中华人民共和国合同法》（以下简称《合同法》）相关规定进行判断，在确认合同有效后，再综合原被告的举证质证确认合同具体内容，最后对原告诉求作出裁决。如，在江某某与邹某某合同纠纷一案[1]中，原告江某某与被告邹某某是母子关系，双方签订《房子的永久居住权合同》，约定原告对涉案房屋有永久居住权，现原告起诉被告要求继续履行《房子的永久居住权合同》。惠州市惠阳区人民法院首先对上述合同的效力进行了判定，认为原被告是母子关系，双方约定原告有永久居住权，合同没有违反法律法规强制性规定，属于有效合同，被告主张永久居住权不是物权法规定的权利不影响合同的法律效力，其抗辩理由没有法律依据。其后综合举证质证和法庭辩论，没有证据证明双方签订合同处于非自愿或存在被迫情形，合同内容系双方真实意思表示，故判决支持原告诉讼请求。

不过，在直接适用《合同法》进行判断时，有一类现象值得注意：几乎没有法院依据"物权法定"原则直接得出协议约定的居住权无效的结论，对于被告主张居住权并非物权法规定的权利的抗辩，法院或是直接否定，或是将合同中约定的居住权解释为其他权利。如孙某涛、韩某琴物权确认纠纷一案，[2]法院认为孙某涛向韩某琴出具承诺书同意韩某琴居住诉争房屋直至去世，这是对争议房屋占用、使用、收益、处分等权利的一种处分措施，协议内容合法有效；再如石某圣与齐河县祝阿镇小八里村民委员会合同纠纷一案，[3]

---

〔1〕 江某某与邹某某合同纠纷一审民事判决书，（2017）粤 1303 民初 2305 号。

〔2〕 孙某涛、韩某琴物权确认纠纷二审民事判决书，（2019）黑 01 民终 4260 号。

〔3〕 石某圣与齐河县祝阿镇小八里村民委员会合同纠纷二审民事判决书，（2016）鲁 14 民终 1308 号。

法院认为"我国现行法律并未就居住权作出明确规定，即居住权在现阶段并非法定有名物权，但居住权作为一项权利可以依附于其他权利产生，如房屋所有权、租赁权"。在现行法没有规定居住权的情况下，法院通过这样的解释方法避免陷入居住权与"物权法定"原则的争论。

（五）保留居住权的所有权交易

此类案例的一般情形为，原告将房屋所有权转让（有偿或无偿）给被告（被告一），但是同时与被告约定要求保证原告对争议房屋的居住权，后被告将房屋再次转让或准备转让给他人（被告二），原告的居住权此时无法得到保证，引起纠纷。虽然此类案例也基本上都属于在合同中约定居住权的情形，但是之所以将其从上述第四类情形"依据双方协议主张居住权"中独立出来，是因为第四类案例只涉及合同对签订合同双方的约束，而"保留居住权的所有权交易"则有第三人参与，并涉及居住权与所有权的对抗问题。

此类案件的审理结果不一，裁判逻辑也不尽相同，笔者试图从中总结出一些具有参考意义的共同点。从具体案情和裁判结果的关系上来看，一般情况下，在起诉时房屋过户登记尚未完成时，也就是被告正准备将房屋转让给他人之时（此时一般是两被告之间已经签订房屋买卖合同），法院大多数时候是判决支持居住权的，此时几乎都是基于合同约束力的考虑；在起诉时房屋过户登记已经完成的，多数案例裁判结果为不支持居住权，法院或是直接援引善意取得的规定，或是认为被告二已经通过交易行为取得了房屋所有权，即对房屋享有占有、使用、收益、处分的权利，关于居住权的内部约定不能对抗经过对外公示取得的所有权，在这种情形下虽然不支持居住权，但是如果此时原告提出了损害赔偿的请求，法院基本支持这一诉请。

不过这两种情况之下都存在着例外，在房屋所有权尚未转移的情况下，有法院直接依据居住权的设定违法物权法定原则而驳回了原告诉讼请求；[1]在房屋所有权已经转移的情况下，有法院认为，原告在房屋的所有权上设定了居住权，符合法律规定，被告虽通过买卖形式取得了涉案房屋的所有权，但并不能据此消灭原告的居住权，[2]但是法院没有在判决书中进行更详细的

---

〔1〕 周某友与周某从用益物权确认纠纷一审民事判决书，（2014）昌民初字第02504号。
〔2〕 刘某华、辛某虎排除妨害纠纷二审民事判决书，（2017）鲁06民终3079号。

解释。

可以很清楚地看到，此类情形下的案例在司法实践之中并没有像前面的案例一样形成较为模式化的裁判逻辑，正是如此，此类案件在实践之中产生的争议也最为明显，意见分歧较大。

（六）其他

除上述五种情形之外，相关居住权案件还有一些零零散散的纠纷事由，如基于共有关系主张的居住权，基于原判决主张自己的居住权，以一定价格购买居住权，等等，不过这些案例一方面在现实生活中占比较小，另一方面权利义务关系也往往比较明确，其中的判决理由几乎被其他情形所涵盖，所以在此就不作具体的划分。

五、问题与分析

笔者通过对裁判文书的分类整理，发现实践中对于我国立法尚未明确的居住权相关案件存在裁判结果对立、裁判标准不统一的问题，在我国《民法典草案》将居住权的内容加入物权编的背景下，以下笔者将试着结合相关条文，对这些问题展开分析。

（一）居住权的设立方式

《民法典物权编（草案）》（二审稿）第 159 条之一款规定，"设立居住权，当事人应当采用书面形式订立居住权合同"，此外，第 162 条又规定了通过遗嘱设立居住权的，参照使用该章规定。综合上述条文，居住权主要限于根据约定或遗嘱方可发生或成立，那么二审稿对居住权设立的方式规定是否过于狭窄？从本文讨论的第一种情形"离婚之后对婚前房屋主张居住权"来看，主要是根据最高人民法院《关于适用〈中华人民共和国婚姻法〉若干问题的解释（一）》第 27 条第 3 款的规定来判断是否支持居住权请求。此时原被告之间并不存在居住权合同或遗嘱，那么这种情形应该如何理解？也就是说，二审稿规定居住权设立的方式主要有两种：一是合同，二是遗嘱；但是这里需要讨论的是：法律可否直接在特定的当事人之间设定居住权？

这涉及家庭法和物权法的重合问题，作为物权之一的居住权和家庭法存在着非常紧密的联系，居住权作为一种人役权，就是为特定个人而设立的，其设立虽然并不以特定家庭成员为前提，但是"特定个人"在实践中则很多时候都表现为特定的家庭成员，一般不可能存在脱离家庭生活的居住行为。[1]所以居住权案件很多时候既涉及家庭法又涉及物权法，那么是否应该在物权法中加入家庭法的内容，我觉得是有必要的，居住权制度的目的之一就是解决特定家庭成员之间的居住困难问题，基于家庭成员之间的赡养、抚养关系，基于夫妻离婚一方无房可住的事实而产生的居住权利，应当在物权编中得到确认，这既能解决目前民法与家庭法中关于居住权问题的冲突，实现协调一致，更好地解决居住权纠纷，也能使我国居住权制度的设置更加完善全面，形成以物权法为中心的居住权体系。因此除了二审稿中规定的居住权通过约定或遗嘱（意定居住权）设立之外，还应该增加法定居住权的内容，应吸纳家庭法中的居住权利并在居住权的设立方式中加以明定。

（二）居住权设立的主体问题

从《民法典物权编（草案）》（二审稿）第 159 条至第 162 条的文字表述来看，二审稿把设立居住权合同双方主体都严格限定为自然人，其中一个体现即为规定了居住权合同应当包括的条款之一为"当事人的姓名和住所"。对于居住权人应该设定在自然人的范围之内这一点是没有疑义的，因为最终居住行为是落在自然人的范畴；但是对于为他人设立居住权的一方，特别是在我国多层次的住房保障体系之下，严格将其限定在自然人的范畴是否合理，这一点需要探讨。

基于我国现实国情的考虑，笔者认为为他人设立居住权的一方可以是法人或者组织，而不必囿于自然人范畴，在此主要讨论两种情况。第一种情形是我国的住房保障体系，在房价长期高居不下的背景之下，低收入群体由于自身经济条件的限制没有能力购买商品房而只能依靠政府保障解决住房问题，居住权制度应该承担完善住房保障体系的功能，对于国家投资兴建的房屋可以由国家享有所有权，并在房屋上为低收入家庭设置居住权，居住权的期限可以设置为长期或者进行约定，居住权人可以包括全体家庭成员，这种保障

---

〔1〕 薛军："地役权与居住权问题　评《物权法》草案第十四、十五章"，载《中外法学》2006 年第 1 期。

方法会明显优于我国目前的经济适用房和廉租房，[1]同时又鉴于居住权作为物权的稳定性，这种方法能够增强居住者的获得感。第二种情形是"以房养老"现象，这一现象在欧洲已有实践，我国近年来也有出现类似案例，老年人在出售房屋所有权时为自己保留居住权，除了由此获得一笔养老金之外，还可以在原来的房屋中继续居住直至死亡，而买受人可以通过相对低廉的价格获得所有权，在居住权人死亡后获得完整的所有权，这样既能提高房屋利用效率也能保障老年人的养老，而此种情形中的买受人经常会以公司或者特定机构的形式出现，并不仅仅是自然人，在我国老龄化形势日益严峻、养老问题日渐突出之际，在物权编中居住权主体不变，将设立居住权的主体扩大至法人或其他组织，有其深刻的现实意义。

（三）居住权的登记

《民法典物权编（草案）》（二审稿）第 159 条之二规定了居住权登记制度："设立居住权的，应当向登记机构申请居住权登记。居住权自登记时设立。"登记是居住权作为一项用益物权对外公示的重要制度，一经登记，居住权即设立并发生对抗第三人的效力，居住权的登记制度能够解决目前居住权纠纷的较大一部分案件，在本文中则主要是第五种情形"保留居住权的所有权交易"，法院不得再适用善意取得的相关规定而驳回原告诉求。

不过在这个问题上也有不少反对设置居住权的声音，有人认为租赁权中"买卖不破租赁"也具有对抗效力，居住权完全可以被租赁权所代替。笔者并不赞同这种观点，毕竟租赁权仅为相对权，其具有对抗效力也仅仅是存在于"买卖不破租赁"这一种情形之下，在此情形之外承租人并不能向第三人主张租赁权；而居住权是绝对权，一经登记即具有对世性，能够最大程度上保护居住权人的居住利益，显然法律对居住权的保护力度更大。[2]

但是有一个值得注意的问题，物权编草案中对居住权设立采取的是登记生效主义，居住权自登记时设立，而不是登记对抗主义。采用登记生效主义，是否更有利于居住权的保护，是否会加大实践中居住权设立的难度和成本这

---

〔1〕 王利明："论民法典物权编中居住权的若干问题"，载《学术月刊》2019 年第 7 期。
〔2〕 鲁晓明："'居住权'之定位与规则设计"，载《中国法学》2019 年第 3 期。

一系列问题，可能需要更深入的调研和分析，鉴于本文讨论范围，在此就不作妄断。

（四）居住权设立是否应限定为无偿

《民法典物权编（草案）》（二审稿）第 160 条规定"居住权无偿设立，不得转让，继承"，这一规定明显受到人役权特点的影响。居住权属于人役权，人役权为具有特定情感关系的人设立，所具有的是恩赐和慈善的价值，因而通常以无偿为特征。[1]同时又因为这种权利是为特定个人设立的，所以不得转让也不得继承。

由于居住权的功能在于保障特定人的居住，所以笔者对禁止居住权转让或继承的规定不持异议，但是认为将居住权的设立限定为无偿方式这一规定却有待商榷。就我国目前而言，居住权在实践中的功能和内容都已经发生了不同程度的扩张，居住权的设置往往不局限于传统理论所支持的主体——家庭成员之间。如前所述，无论是我国的住房保障体系，还是"以房养老"的交易模式，都超越了特定的家庭成员的范围，而这些现象在某种程度上均是我国未来要面对的普遍的问题，在我国建立居住权制度本能够为这些问题提供良好的解决方案，但是如果将居住权的设立限制为无偿，这些问题都不具有适用居住权的空间，这样必将导致居住权的功能单一，立法意义并不显著。所以应当将居住权无偿设立的规则删除，或者以无偿设立为原则，但是允许双方特别约定有偿设立居住权。

六、结论

综上所述，从调查的 72 个样本的统计分析来看，司法实践中产生的居住权纠纷案件可以大致分为五类情形，在现行法没有规定居住权的情况下，我国人民法院对于居住权相关案件的审判争议较大，裁判结果不一，但是相同裁判结果下的裁判逻辑呈现出较为统一的模式，法官抑或是通过多元的解释方法将居住权转化为法律规定的其他权利适用法律进行判断，或是直接支持或否认居住权。实践之中越来越多的居住权案例涌现，司法实践与学理研究

---

〔1〕 温世扬、廖焕国："人役权制度与中国物权法"，载《时代法学》2004 年第 5 期。

的冲突在这类案例中表现得较为明显，这也要求我国立法尽快弥补这一空缺，使居住权人的利益得到有效保障。

《民法典物权编（草案）》（二审稿）第159条至第162条围绕居住权规定了设立、登记、转让、继承及消灭等内容，不过笔者结合居住权案例的5种情形对居住权规定的相关内容提出了一定建议。首先，居住权的设立不应该只限定为合同或遗嘱，在意定居住权之外应该规定法定居住权，将家庭法关于居住权利的内容吸纳至物权编，形成完整的居住权体系。其次，为他人设立居住权的主体不应该只限于自然人，在我国住房保障体系等实际情况下，应当允许法人或其他组织为特定人设立居住权；最后，居住权的设立不应该严格限制为无偿方式，将其设置为无偿会导致居住权制度功能单一，在我国的适用面将会过于狭窄。

从我国《民法典草案》来看，其中关于居住权的规定受到了传统人役权理论的过度限制，但是我国住房制度改革、发展住房保障体系、老龄化问题等实际情况都需要居住权制度为其提供合理的解决方案，因此我国居住权制度的建立应该突破传统人役权的界限，应以居住权的"用益性"而非"人役性"为着眼点，建立能真正服务于我国国情的居住权制度，保障人民的居住权利。

《魏玛宪法》立法规范的限定授权结构浅析

——以民事立法为例

赵昶龙

摘　要：《德意志国宪法》（以下称《魏玛宪法》）的实证主义特点与精致的制宪技术很好地体现在了关于立法授权的条文当中。通过限定地授予联邦（主要是行使立法权的联邦议会）有名部门法的立法权，《魏玛宪法》实现了立法权相对精确的投放以及通过宪法规范建立部门法体系的结果，体现了其希望限制立法滥权，促进民主主义目标的愿望。本文以"民法指名"为例，旨在通过分析《魏玛宪法》独特的立法规范的限定授权结构，发掘其性质和优缺点，以期对于其制度设计引起反思与警醒。

关键词：部门法　立法授权结构　民事立法　魏玛宪法

引　言

颁行于 1919 年 8 月 11 日的 1919 年《魏玛宪法》作为德国乃至世界宪政史上十分重要的一部宪法，从创立之初便备受各国法学界的关注。一直以来，人们对其受到实证主义法学思想极大影响的制宪技术的态度呈现出鲜明的对立。特别是在"二战"结束后，对于《魏玛宪法》正当性漏洞的回顾一度达到高潮。可以说，历史上很少有一部宪法文件能够如此强烈地引起人们的批判与反思。考察我国相关学界，对于《魏玛宪法》文本的研究似乎为文尚少，且大多集中于对其设计之初浓厚的民主主义框架设计最终崩解的原因的分析。然而，作为一部集中代表了实证主义思想的珍贵文献，《魏玛宪法》的背后也许还存在着其他被其正当性漏洞所掩盖的独特特点。

一、问题的提出

分权制衡与权利保障可谓法治国理念的核心要素。正如孟德斯鸠在描绘英国宪法的图景时所言："每个国家都有三种公共权力，即立法权，对外执行权和内政执行权。依据第一种权力，君主或当权者颁布临时或永久的新法律，修正废止旧法律……"[1]德国"法治国"理念源远流长，对其有关权力配置，特别是有关立法权的行使形态的问题的考察应当不致引起对德国宪政传统话题讨论的一种偏离。实际上，《魏玛宪法》从第7条有关联邦立法权的文本出发，创造了一种十分有特点的授权立法形态，在世界宪政史上也极为罕见，摘录有关条文如下：

"第7条 联邦对于下列各项，有立法权：一、民法。二、刑法。三、诉讼法及刑罚执行，及官署间之互助法。四、护照制度及外事警察。五、救贫制度及游民之救护。六、出版、结社、集会制度。七、人口政策，孕妇、婴儿、幼童及青年之保护。八、公众卫生制度，兽医制度及对于植物之病害及摧残之保护。九、劳工法，工人及佣工之保险与职业介绍。十、全国职业代表机关之设立。十一、军职人员及其家属之保护。十二、公用征收法。十三、天然宝藏，经济企业之社会化，及公共经济货物之生产、供给、分配、定价，与其按照集体主义之组织。十四、商业，度量衡制度，发行纸币，及银行与交易所制度。十五、饮食品，享乐品及日用必需品之交易。十六、营业法及矿业法。十七、保险制度。十八、航海法，大海及沿海之渔业法。十九、铁路，内河航业，陆上水上空中自动机交，及关于国防道路之建筑。二十、戏院及电影制度。"[2]

第7条通过列举部门法名称的方式共列举了二十种联邦立法之项目，并经由第68条[3]将立法之权限授予了联邦国会。到此，可以发现《魏玛宪法》在将立法权授予联邦的问题上采取了一种十分独特的限定做法，即其采用了

---

〔1〕 ［法］孟德斯鸠：《论法的精神》（上册），孔雁深译，商务印书馆1961年版，第156页。

〔2〕 文中所引《魏玛宪法》中译文本，均来自君劢译："德国宪法全文"，载《解放与改造》1920年第8期。

〔3〕 "法律案由联邦政府或联邦国会提出之。联邦法律，由联邦国会议决之。"

指名的部门法授权形式（这一授权形式将在下文中详述）。

《魏玛宪法》本身是继受他国经验与继承本国传统双重影响下的产物。考察《魏玛宪法》所继受国（如美国、法国、瑞士……）之宪制以及德国自身的立宪传统，都少见此种指名的部门法授权形式，至多不过是一些单行法的指名描述（如瑞士）或行文时的偶然提及，却罕有此种将有名部门法的立法权直接授予立法主体的宪法立法例。

何以《魏玛宪法》文本要采取如此一种指名的限定授权表述？其目的又是什么？分而述之，笔者认为这一独特的立法方式至少在以下四个维度给了我们思考的空间。

（1）指名的部门法立法授权在某种程度上是一种对于立法权边界限定的手段。这种限定是固定还是收缩，又于何种程度比较恰当？

（2）《魏玛宪法》的指名，以其第一项"民法"为例，看似具有明确性，实则非常模糊，在脱离学说理论的情况下，何为《魏玛宪法》语境下的"民法"？如何处理宪法定义以及宪法解释的滥用，进而作出正确的立法解读？

（3）《魏玛宪法》的指名部门法授权模式直接导致了一定时间内（至少到下一次宪法修改前）法律体系结构难以发生很大的改变，这种模式在面对可能出现的社会变迁时会产生怎样的反应呢？

（4）《魏玛宪法》采取此种强限定的立法授权模式，为何最终却因为宪法中的非常规定被纳粹主义分子夺取了国家机器的控制权？讨论《魏玛宪法》立法授权模式背后的缺陷对于德国"法治国"理想实现方式的反思也许会有所裨益。

二、《魏玛宪法》中的限定立法授权结构

（一）本文语境下的"立法授权"——从制度到主体

本文所说的"立法授权"包含制宪机关对立法机关的委任立法。首先，此种"立法授权"是立法规范创制链条理论的延伸之意。借用凯尔森的话："法律规范并非同位规范之体系，而系不同位阶法律规范之等级秩序。一规范之创制及其效力，皆可回溯至另一规范；而后者之创制，复由其他规范

所规制；正是此链条体现了秩序之统一。"〔1〕宪法作为一般法律之上位法，规定了一般法律的创制主体与程序（此亦宪法根本功能之一），而其具体的执行，则由该主体通过规范程序进行。因此，从某种程度上说，下位法规范的创制，正是由被宪法授予创制下位法权限的主体所进行的规范创制行为。

其次，宪法的制定主体与立法的主体通常并不同一。作为一种规避立法机关攫取制宪权的手段，宪法规范的创制一般由专门委员会、专门会议或者其他制宪主体为之，而法律规范的创制则是由宪法规定的立法机关为之。制宪主体的存在时间通常很短，但依然不妨碍其通过宪法授予常规立法机关立法权。综上，采此种广义的"立法授权"概念，不仅囊括了具有相同本质的不同立法层级，也厘定了宪法文本与立法机关之间的关系。一如我国台湾地区王云五教授所认为："授权立法是制宪机关对立法机关的委任立法和立法机关对行政机关的委任立法。一般的授权立法是指法律授权行政机关的委任立法。"因此，应当认为宪法本身（或者说宪法所代表的制宪机关意志）对特定主体的立法权限的"确认"亦属于广义之"立法授权"。

那么，了解了本文语境下的广义"立法授权"，接下来讨论的问题便是：《魏玛宪法》是如何授予联邦以立法权的呢？其背后的授权结构又是什么？

（二）"范围+部门法指名+权限"的强限定授权结构

《魏玛宪法》对于联邦的立法授权可分为几类：联邦独享的立法权〔2〕、联邦与各邦共享的立法权以及一些特别事项立法权（有关国库之立法权以及限定的立法权等）。本文所要讨论的，就是其中最有独特性与代表性的《魏玛宪法》第7条二十大类有关规定，即"民法""刑法"与"诉讼法"等指名部门法的立法授权。

考察别国宪法文本，极少出现直接对于某一部门法的指名。实际上，大多数国家更多采用的是"范围+权限"的弱限定授权结构，乃至直接的概括性

---

〔1〕 ［奥］凯尔森：《纯粹法理论》，张书友译，中国法制出版社2008年版，第88页。
〔2〕 《魏玛宪法》第6条，以下分别为第7条至第9条。

授权结构。[1]后者如《中华人民共和国宪法》第58条有关规定，直接对全国人民代表大会及其常委会授予了"国家立法权"，而并未一一规定其对于何种范围之事项具有立法权；而前者则如法国的《法兰西第五共和国宪法》，其第34条规定："法律由议会表决。法律确定以下方面规则：……婚姻财产、遗产和赠与……"，对议会授予了立法权，并确定了其范围为"婚姻财产、遗产和赠与"，这些事项此后被包括《法国民法典》在内的有关民事的法律规范条文进一步固定了下来。这些授权的事项从经验上说属于民事法律的范畴，后来被民法部门固定本属无疑。这样看来，无论是"范围+权限"的弱限定授权结构，还是概括性授权结构，都能够不妨碍有关事宜被与其有关联的部门法（而不只是某一不变的部门法）所固定，而无论国家部门法体系是否因为社会变迁出现较大更迭。

然而，《魏玛宪法》的授权模式却难以被纳入上述两类的任何一类，仍举有关婚姻制度的规定为例，《魏玛宪法》首先确定了对婚姻制度的保护（范围），[2]随后又通过第7条二十大类指明立法权所指向的部门法，最后通过第68条将立法权授予联邦议会，形成了婚姻制度由宪法向民法发展的轨迹的基础。可谓是"范围+部门法指名+权限"的强限定授权结构。这种立法授权模式，不仅暗示了婚姻制度的立法权授予了立法机关，而且也暗示了其所能被归入的部门法类型（考察《魏玛宪法》第7条，除第一项"民法"之外难以将婚姻制度归于其余指名项之中）。通过这样一种立法授权结构，《魏玛宪法》在形式上为立法加了一层限制。这种从宪法规范中指名部门法而立之的方式，也让我们得出了下一步要讨论的问题——宪法本身作为一个独立的法律部门与"其他部门法"是如何发生关系的呢？

三、强限定授权结构揭露的部门法相互关系

在本文看来，《魏玛宪法》的这一结构通过明示的方式体现了宪法与其他部门法在效力以及规范内容双方面的相互关系。

---

〔1〕 在许多有成文宪法的国家，这两种结构通常被同时使用，即"有的法律与宪法之间的联系可能是一根丝线，有的法律与宪法之间的联系可能是一条粗绳，还有的法律与宪法之间的联系可能是千丝万缕"。参见马岭："宪法与部门法关系探讨"，载《法学》2005年第12期。

〔2〕 《魏玛宪法》第119条：婚姻为家族生命及民族生存增长之基础，受宪法之特别保护。

关于宪法和其他部门法之间效力的关系，张翔教授曾经指出，宪法虽然本身亦是部门法的一种，但不应按照并列的、模糊的、重叠的思维理解其与其他部门法之间的关系，而应当在效力等级上明确部门法之间的纵向关系；各个法律部门并非泾渭分明，但是都在宪法之下。[1]从某种程度上说，宪法与其他法律部门的效力关系确为纵向之效力，这也与我们一贯的认知（"宪法是国家的根本大法"）相一致。

而对于宪法与其他部门法之间的规范内容关系则并非完全是以内容延续性体现出来的，换言之，在"部门法+范围+权限"的结构中，"范围"这一要素未必会被宪法明示出来。事实上，这种规范内容的联系是以宪法约束立法机关为纽带的，即宪法能够约束立法机关创制自己框架内处于"下位"的其他部门法。

这也是《魏玛宪法》第 7 条所参与的工作。第 7 条的二十种分类不仅为纵向效力位阶提供了明示的证明——通过宪法的部门法指名，说明了宪法与其他部门法具有上下位的纵向关系，而且在规范结构方面，其通过强限定授权的结构向立法主体精准投放了立法权限的方法并将之付诸了实践。

长久以来，很少有哪一部宪法像《魏玛宪法》这样采取强限定授权结构即部门法指名的方式对立法机关进行约束。考虑到《魏玛宪法》制定的背景，这一结构的产生，有可能源于魏玛德国民权运动下愈加强烈的对于"权源"问题的追问。其结果便是使得立法机关不得不面对第 7 条指名部门法授权的分类模式，如此引发的另一个问题也浮现出来——即民权诘问下的立法机关将被更多地限制在"越界前控制"而非"越界后控制"的宪法约束层面。至于这种限定是固定抑或收缩，本文将在下一部分讨论这一问题。

四、固定抑或收缩？

《魏玛宪法》较前期德意志宪法的规定，联邦在立法范围上的确获得了更大的权限。[2]然而，具体到特定授权方向，《魏玛宪法》却通过强限定授权结构对其进行相对了严格、精准的投放。这种刚性限定的本质是对立法权的

---

〔1〕 张翔："宪法与部门法的三重关系"，载《中国法律评论》2019 年第 1 期。
〔2〕 君劢："德国新共和宪法评"，载《解放与改造》1920 年第 11 期。

固定抑或收缩呢？

我们仍以民法为例讨论这个问题。

关于民法的生成，学界一直存在两种主要看法，即"社会自动生成说"和"国家立法创造说"。前者认为民法规范是市民社会私法自治思想的产物；后者则认为民法应当由立法者通过法律所规定并体现国家意志。选择或者偏向何种民法生成学说，直接决定了主权者的态度是偏向对公权力进行控制抑或对公民权利进行约束。

《中华人民共和国民法典》第 1 条即指出，我国民法的生成乃是"根据宪法，制定本法"，其他法律规范也均有类似表述。而《魏玛宪法》则是在宪法文本中规定了民法的发生，承认联邦的民事立法权。可以说，这两种方式均体现了类似思想不同方向的表述——前者是以民法规范主动承接宪法框架的，而后者则是宪法直接将框架加诸民法的制定。具言之，其背后的思考进路均可以归纳为："宪法赋予公民基本权利，民法则赋予民事权利，既然宪法乃上位法，民法位列其下，民事权利自然以宪法基本权利为依据"，[1]背后均体现了对于民事事务，特别是民事权利法定的观念。

然而《魏玛宪法》的思考似乎不止于此。假设暂时不考虑合宪性的存在，那么可以说我国立法者就是在立法时主动表达了尊重宪法框架的态度；而《魏玛宪法》则是由宪法本身给立法者加以限制，迫使立法者不得不选择在宪法框架下进行立法。因此，才有了本标题下的一问：《魏玛宪法》的这一做法，究竟是对立法者固有立法权力边界的文本化固定？还是对立法者立法权力边界的收缩？

笔者以为，从《魏玛宪法》的表述路径来看，应当认为此种授权方式实际是对立法者立法权力的边界进行收缩。实际上，这种指名部门法的立法授权方式是立法经验主义的体现。如上所述，比起权力法定，《魏玛宪法》似乎更加偏向通过对于公权力（立法权力）的控制以保证人民自由的实现。作为一种保证自由的手段，自然逃不开关于"先验"或是"经验"的审视。

在凯尔森的纯粹法理论中，规范链条虽然体现为从高级法向低级法的逻

---

〔1〕 朱庆育：《民法总论》，北京大学出版社 2016 年版，第 12 页。

辑顺序，但是却并不一定同时具有时间上从高级法到低级法的生长顺序。而显而易见的是，如果一套规范体系受到经验的约束，一个通常的结果就会表现为先生成的规范往往会对后生成的规范产生一定的影响。这两种因素导致的共同结果就是：虽然低级法在逻辑上处于下位，却不妨碍因为低级法出现在先而对高级法规范产生反影响。实际上，这一点在德国民法中体现得亦十分明显——考察《魏玛宪法》颁布前后《德国民法典》的规范变化情况可知，与其说是宪法规范影响了民法典规范，不如说恰恰相反——其"部门法宪法化"之气氛十分浓厚。一个可能的侧面证据是：直到相对稳定时期结束（1929 年前），[1]联邦立法权被行政机关借由《魏玛宪法》第 48 条篡取前，《德国民法典》在《魏玛宪法》颁布前后并未发生根本性的变化。甚至可以说——尽管民法的效力依据已经因为宪法的更迭而发生了转变——在实质意义上，《魏玛宪法》正通过其规范文本对"前朝"法律部门乃至文本保持着极力的尊敬，这也符合法制史和法学史观上的内在体系性。

这一现象导致的结果就是：宪法在授权立法时也明显体现出了对于联邦立法权力的收缩。联邦虽然被授予了"民法"的立法权，可是对于这种直接指名的部门法却缺乏根本性改动的驱动力。一方面，以《德国民法典》为中心的民法部门已经在市民社会的建构下初步形成，联邦被授予的民法改动权限之客体实际上十分匮乏；另一方面，如何在现有的宪法框架内寻得对《魏玛宪法》第 7 条以民法为代表的二十种指名部门法（包括准部门法）刚性框架的突破亦十分困难。[2]而只能将一些未被指名的部门法规范强硬地加入"民法"等指名部门法之中——只要这些未被指名部门法可以被看作带有一点指名部门法的影子。

---

[1] 关于"相对稳定时期"的划分，参见陈从阳："相对稳定时期的魏玛共和国民主政治"，载《武汉大学学报（人文科学版）》2004 年第 3 期。

[2] 一个典型的例子是随着社会发展，新兴部门法如"环境保护法"的出现（如文伯屏："环境保护法是独立的法律部门"，载《法学杂志》1980 年第 2 期）。按照《魏玛宪法》第 7 条的二十种指名归类，其在魏玛共和国中便不能形成独立之部门法，而只能被拆分到列明的部门法当中。

五、刚性的结构与软化

(一) 面对"权源"的诘问

从某种角度上说,《魏玛宪法》是带有里程碑性质的一部宪法:它一方面继受了 1849 年法兰克福宪法的民主因素,又保留了帝国时期的专制结构痕迹;既体现了德意志民族自身的传统宪政思想,又接受了美国、瑞士、法国宪政的影响。它尽可能地结合了各方之优点,而又在一些细节问题上有所妥协。作为西方宪政运动的高潮,《魏玛宪法》是一部体现民主自由思想的宪法(起码是想要努力实现民主自由这一目标)。也正是从这个意义上讲,它更加强调对国家公权力的控制,更加强调"权源"的合法性也就顺理成章了。

强调"权源"即强调立法者的立法权须来源于宪法。立法者不应成为机械逻辑演绎的道具,它具有自己的"自由裁量"以适用宪法创制法律的空间,也就是凯尔森认为的:宪法创制一个框架,适用则要在框架内进行。[1]但是如何调解这个框架?《魏玛宪法》给出的答案是:控制并不一定要透过范围限缩实现,中央集权与公权力控制并不一定冲突;相反,一定程度上扩张立法者本身的立法范围,但限缩其立法部门方向也是一种控制方法——它并不是意图调解框架的大小,而是希望硬化框架的强度使其更趋刚性,进而达到控制之效果。对于其授权结构来说,就是要通过指名部门法的高度明示乃至强调的方式,一方面厘定宪法与其他部门法之间的效力逻辑和规范逻辑顺序,另一方面对立法权加以授予与限定。"明示"也就因此成了对"权源"诘问的回应。

(二) 被"解释"的部门法名称

"部门法,是指根据一定的标准或原则对一国现行全部法律规范进行划分所形成的同类法律规范的总和"。[2]作为对于一国实定法的分类,划分部门法兼具实践与理论价值。[3]通常来说,对部门法的划分由学理界以及常规国家

---

[1] Hans Kelsen, *Reine Rechtslehre*. 1. Aufl, 1994, S. 94.
[2] 舒国滢主编:《法理学导论》,北京大学出版社 2012 年版,第 122 页。
[3] 叶必丰:"论部门法的划分",载《法学评论》1996 年第 3 期。

机关进行，而鲜见通过宪法进行"钦定"的划分方式。这种经由宪法的指名部门法固然有着限定公权力行使范围、明确"权源"、保证国家法律体系稳定的作用，却难以避开无法做到逻辑上的穷尽划分的弊端。[1]实际上，在学理上的大多数划分标准都难以做到对国家实定法穷尽划分的情况下，贸然使用某一标准作为宪法的划分标准或在立法授权结构中的一环进行"明示"，不仅会对理论研究产生影响，而且对于国家立法实践活动也会带来影响——过于刚性的部门法限定将导致立法机关对于一些边缘法律的制定与否无所适从。这个时候，"宪法解释"就作为不得已的一种解决方法出现了。当随着社会进一步发展，超出第7条二十项指名的法律出现时，"宪法解释"就成了在第7条二十项指名中松动其刚性限定的手段。通过宪法解释扩大指名的范围，进而使得难以被归类的（大部分情形下也是未被授权，因而合法性存疑的）法律规范能够被容纳到现有的宪法授权框架下。这种操作在一些情况下甚至不啻于宪法解释部门的造法。例如，对于"民法"的指名，虽是关于"民事"之法律，然而学界对于"民法"为何至今仍在某些细节上纠缠不清，这就使得一些本来因其边缘性而被地方保留下来、不该由法律控制以及其他不该被授予联邦的立法权限有了通过被解释为"民法"而收归中央的可能。而在存在强限定授权结构的刚性框架以及宪法解释权被国家机关垄断的情况下，借由"宪法解释"而使立法权膨胀乃至溢出的可能性反而较之弱限定授权结构以及概括授权结构要大大增加。

但是，仅仅存在可能性还是不够的，如果不具有社会动因，仍不足以引起联邦通过解释进而扩张立法权的行动。这些社会动因的来源，就是随着社会变迁，新兴的、无法被指名部门法所容纳的特别法规定的出现。这些特别法借由解释可以无碍地渗透到联邦的立法权限中，最终导致对强限定授权结构刚性框架的反弹。

（三）《魏玛宪法》失败的另一侧面

通过上面的说明可以看出，本意图追求民主自由、控制公权力的规范设计也许并不像我们想象中的那么有限制力。不过如果将宪法解释权（包括部

---

〔1〕 叶必丰："论部门法的划分"，载《法学评论》1996年第3期。

门法范围的定义权）交给内部即具有天然极化性与张力的议会或者其他类似的代议制机构，在某种程度上也并非不可能产生相比弱限定授权结构或概括性授权更好地限定立法权的效果。然而因为制度设计的一些原因，这一想法也遭遇了失败。

可以说《魏玛宪法》的失误之一，便是没能够在宪法文本中明确指出宪法解释的有权主体。也许没能对于宪法解释权归属作出界定本身并不是什么失误，但是一旦使这一要素与另一些要素相结合，就可能会带来预想不到的后果。一般来说，宪法解释权要么由最高立法机构掌握（如我国），要么由最高司法机构垄断（如美国模式），要么由特别机构掌握（如当今的德国模式）。而对于《魏玛宪法》来说，似乎解释权归属规范的缺失成了一种危险。一方面《魏玛宪法》存在天然的实行缺陷，即总统权力明显优于议会，[1]另一方面，议会内部存在的派系分裂也使得其无法组织力量对抗总统权力，以及收回对于宪法的解释权。如此，总统实际上就成了最接近宪法解释权的一方。第7条的指名部门法限定面对这种权力实际形同虚设。再加之《魏玛宪法》第48条有关紧急命令权的规定，使总统实际一人大权在握，并能够通过此干涉本来通过第7条而隐性保留于地方的立法权力。如果兴登堡担任总统时与联邦议会尚只算是有所克制地斗争，那么后来希特勒的上台就实际上展示了两种权力的结合（紧急命令权与宪法解释权）是多么危险。

结　语

指名部门法（"范围+部门法+权限"）的强限定立法授权结构，其出发点是在民权运动背景下回应"权源"的诘问，其目的是限定立法权的滥用，通过刚性化收缩的方式实现立法权的精准投放。然而，一方面"宪法解释"能够以社会发展为外衣软化其刚性结构，难以达到限权之效果；另一方面，"宪法解释权"也易于被持有紧急命令权的总统所篡夺，反而导致限权效果大不如前。但无论如何，《魏玛宪法》以这种方式像我们展示了通过宪法固定部门法部门划分尝试的效果与局限性，对于部门法、立法授权结构的研究都大

---

〔1〕 王云飞："从魏玛宪法看魏玛共和的体制性弊端"，载《衡阳师范学院学报》2005年第2期。

有裨益。

　　我国是人民民主专政的社会主义国家，这也使我们更加坚定了宪法解释权与最高立法权主体的结合以及宪法对最高立法机关的概括性立法授权、中央对地方的明确性立法授权的立体授权结构，不仅能够较好地达到控制国家公权力的目标，还能够适应不断发展的社会，不断完善我国法律体系理论以及旧有法律部门与新兴法律部门的规范平衡。而对于《魏玛宪法》所暴露的问题，也需要我们有所扬弃，时刻警惕与规避可能的反民主主义的膨胀。

论债权二重让与的权利归属

张　尧

摘　要：《中华人民共和国民法典》（以下简称《民法典》）合同编中对于债权的二重让与没有直接规定，但债权二重让与的情况在现实生活中却经常发生，其中涉及债权二重让与的生效要件、第一受让人和第二受让人的权利归属等问题。本文旨在通过从实际案例入手，联系学界理论进而确定债权二重让与的权利归属。

关键词：债权二重让与　权利归属　让与通知

引　言

在最近的学习中，有这样一起案子引起了我的关注，即浙江城建园林工程有限公司等与董某等建设工程施工合同、债权转让合同纠纷上诉案。[1]这个案子的主要内容为岳某江借用浙江城建园林工程有限公司（以下简称城建公司）资质承接江阴市徐霞客镇中心湖公园工程。岳某江借用城建公司资质，以城建公司名义与投资开发公司签订的建设工程施工合同应属无效，此纠纷非本文关注焦点。本文讨论的焦点在于，岳某江在承接工程后的 2013 年、2014 年的两年间与董某、王甲、王乙签订了债权转让的合同。约定将岳某江对徐霞客镇政府的支付工程价款的债权转让与董某等三人。而本案中最具争议的焦点就在于岳某江与三人的债权转让协议效力的问题。

---

[1]　参见　浙江城建园林工程有限公司等与董某等建设工程施工合同、债权转让合同纠纷上诉案"，（2016）苏 02 民终 2699 号判决。

而由此案引出的债权的二重让与甚至多重让与下的效力问题也值得关注。在实践中，一旦原债权人将先前转让的债权，再次让与第三人时，第一债权受让人是否有权向第三人主张权利，甚至出现多重让与时的转让效力该如何界定？现有法律对此没有明确规定，学界仍有分歧，司法实践中判决的依据不够充分，因此，本文试图对债权的二重转让中的权利归属进行细致的分析。

一、债权让与概念的解读

（一）债权让与的概念

对于债权让与的基本概念的理解，江平教授所主编的《民法学》认为：债权让与是指不改变债的内容与客体，债权人通过债权让与合同移转其债权于第三人（受让人）的处分行为。[1]崔建远教授在《合同法》中认为：债权让与，是指不改变债权关系的内容，债权人通过让与合同将其债权移转于第三人享有的现象。其中的债权人叫作让与人，第三人称为受让人。[2]韩世远教授在《合同法总论》中认为：债权让与，是在保持债权同一性的前提下，以移转该债权为目的的让与人与受让人之间的诺成、不要式的合同，属于具有债权处分行为性质的准物权行为。[3]刘家安教授认为：债权让与，是指不改变债的内容，而原债权人（让与人）以合同将债权转移于新债权人（受让人）。"债权让与"一词，有时指债权让与的结果，即债权人变更的效果；有时则指的是转移债权的法律行为，即债权让与合同。[4]

（二）债权让与的特点

1. 双方法律行为

债权让与合同根据原债权人与受让人之间的意思表示一致即可达成。通过合同行为，债权让与才能达成。但事实上同时也存在着不通过合同即可完成债权的转移的情形，如遗嘱、遗赠等方式，但这样的方式严格来说为债的

---

〔1〕 江平主编：《民法学》，中国政法大学出版社2015年版，第451页。

〔2〕 崔建远：《合同法》，北京大学出版社2016年版，第243页。

〔3〕 韩世远：《合同法总论》，法律出版社2018年版，第592页。

〔4〕 刘家安：《债法：一般原理与合同》，高等教育出版社2012年版，第134-135页。

转移或债的主体变更。[1]

2. 处分行为

债权让与合同同时也是对债权的处分行为，而在处分行为之中，让与人对债权须有处分权，无权处分的效力是待定的。同时根据合同法的规定，债权让与合同除了通知债务人以外，不存在如物权法中规定的交付或登记等公示问题。

（三）与物权转让的区别

由债权让与可以很容易联想到民法上的另一个概念即物权转让。物权转让指通过平等主体之间的有偿法律行为而使物权由转让人移转于受让人的情形。[2]物权转让有一个极为突出的特点即是公示制度。物权行为的生效要件针对动产为交付，针对不动产为登记。也就是说，如果在物权转让上出现"一物二卖"的问题，那么对于权利归属问题的判断是根据哪份合同经过公示程序，由交付或登记来确定合同的效力。但在债权二重让与中显然并无此类办法。

二、我国目前法律的解读

（一）对《民法典》的解读

债权让与的问题联系到《民法典》第 546 条："债权人转让债权，未通知债务人的，该转让对债务人不发生效力。债权转让的通知不得撤销，但是经受让人同意的除外。"

根据我国《民法典》对于债权让与的规定，其中并没有直接对债权二重让与进行规定，因此在我国的理论层面和实务层面均产生了对于债权二重让与权利归属认定的争议。

根据本法条内容的规定，债务人接到债权人权利转让的通知后，债权转让就生效。原债权人被新的债权人替代或者新债权人的加入使原债权人已不

---

[1] 江平主编：《民法学》，中国政法大学出版社 2015 年版，第 452 页。
[2] 江平主编：《民法学》，中国政法大学出版社 2015 年版，第 259 页。

能完全享有原债权。因此，债权人一旦发出转让权利的通知，就意味着债权已归受让人所有或者和受让人分享，债权人不得再对转让的权利进行处置，因此，原债权人无权撤销转让权利的通知。只有在受让人同意的情况下，债权人才能撤销其转让权利的通知。

通过对于法律原条文的分析，我们认识到债权让与的关键在于其生效的要件。在法律规定中，债权人将债权的转让是基于债权人与受让人之间的合意，而真正完成转让的节点是在于债权人将债权让与"通知"给债务人。直到通知后，债权转让才对债务人发生效力。但是，在这里的"通知"是仅仅对债务人生效的要件，并非是对其他人生效的要件。即此时债权让与的效力仅具有相对性，不具有绝对性。当涉及债权的二重让与时尤其是在第二受让人先于第一受让人通知债务人，那么具体如何生效，法律的规定就显得有些苍白无力。

（二）对《中华人民共和国经济合同法》[1]的解读

债权让与的问题最早可追溯至我国 1981 年《中华人民共和国经济合同法》（以下简称《经济合同法》）的出台。1981 年《经济合同法》第 27 条第 1 款第 1 项规定："凡发生下列情况之一者，允许变更或解除经济合同：一、当事人双方经过协商同意，并且不因此损害国家利益和影响国家计划的执行。"1993 年修正时，该条变更为第 26 条，该项的内容为"当事人双方协商同意，并且不因此损害国家利益和社会公共利益"。

本条法规其实并非以债权让与作为出发点，而是把合同的变更作为主要的内容，而债权让与作为以主体变更为内容的合同变更，也受到该法条的规范。本法条所规定的合同变更的生效要件为双方的合意，即在双方合意的前提下即可完成合同的变更，也即我们所说的债权让与。虽然，在 1993 年《经济合同法》并没有对债权二重让与有着直接的规定，但不难看出，在旧有法律体系中对于债权让与类合同是支持合意对抗式，即当原债权人与受让人之间达成合意时，即可完成合同的让与。

---

〔1〕《经济合同法》，1981 年 12 月 13 日发布实施，1993 年修正，现已失效。

三、债权的二重让与权利归属存在的问题

（一）理论层面的问题

通过对于当前的法律现状以及司法实践中的实际操作的观察，我们不难发现，在有关债权二重让与的情况下，法律的规定有待解释与理解，而在真正的司法实践之中又存在着对立的适用方式。据此我们可以意识到，在我国学界，针对债权二重让与的理论尚未达成一致。我国学理界针对债权二重让与情况下，第一债权受让人能否直接根据有关债权让与合同向第三人主张自己的债权形成了三种学说。第一种学说支持"让与在先，权利在先"的合意对抗主义模式；第二种学说支持"通知在先，权利在先"的让与通知对抗主义模式；第三种是"登记在先，权利在先"的让与登记对抗主义模式。

1. 让与在先，权利在先（让与合意对抗主义模式）

在这种模式下通知债务人作为债权让与对债务人产生效力的要件，与受让人无关，受让人于债权让与合同发生效力时，即可对其他第三人主张债权让与的效果。第三人不得以债权让与未向其公示或者未向债务人通知而不承认受让人取得债权。[1]根据这一观点，在债权二重让与的情况下，是通过达成让与合同的先后顺序来确定债权的归属，也就是说先达成债权让与的即可取得债权。同时，受让人可以此债权转让合同来向第三人主张债权。而在此观点中，通知并不是债权让与的成立要件。即在债权二重让与的情况中，第二受让人不能以其债权让与由原债权人通知债务人而第一受让人未通知而向第一受让人主张债权。

债权让与合同作为一种处分行为，在双方达成合意时即告完成，即发生了债权让与的法律效果。同时在完成债权让与后，原债权人已无权再次将债权让与第三人，否则就是无权处分，不发生法律效力。但是，这样的模式仍然存在一定的缺陷。债权的让与并非像动产或不动产上的物权转让，需要通过交付或登记进行外部的权利公示。而这样的情况也导致了第二受让人可能很难知晓第一次的债权让与行为。尤其是当原债权人通知债务人向第二受让

---

[1] 参见韩世远：《合同法总论》，法律出版社 2011 年版，第 481 页。

人进行清偿时，债务人和第二受让人并未感到不妥。但第一受让人权利就很难受到保护。虽然第一受让人可以以不当得利等方式请求第二受让人的债的返还，但若遇到第二受让人的给付能力差时，那么第一受让人的权利就很难及时受到保护。同时另一项缺陷就是原债权人、债务人、第二受让人三人私下串通的话也会造成对第一受让人应有权利的侵犯。

综上，在此种权利归属模式下，对于权利的归属更容易确定，但是存在无法及时保证第一受让人利益的情况。

2. 通知在先，权利在先（让与通知对抗主义模式）

第二种观点则是在债权二重让与的情况下，债权的归属采用通知在先，权利在先的让与通知对抗主义模式。以债权让与通知的先后顺序来决定债权归属，让与通知在先的受让人取得债权。[1]但是有一点需要注意的是，在这种模式下并没有否认合同的效力，依然承认债权让与合同一旦生效即可从原债权人处获得债权。但是"通知"是作为对抗第三人的要件，即在债权二重让与的情况中，通知是受让人向除债务人之外的第三人主张债权时的一种对外公示的方式。而在这种模式下，在债权二重让与的情况中，若第二受让人的债权让与由原债权人通知债务人而第一受让人没有通知，第二受让人可以以其通知债务人作为对抗第一受让人的要件主张其为债权人。如果面对债务人将债务给付于第一受让人时，第二受让人可以请求不当得利返还。若第二受让人的通知先于第一受让人，同理第二受让人也可以以其先通知而对抗第一受让人，存在债务人给付于第一受让人时，也可以请求不当得利返还。

这种观点的学说是来自于《日本民法典》第 467 条的观点，该条第 1 款规定指名债权的让与，非经让与人通知或经债务人承诺，不得以之对抗债务人及其他第三人。但这样的观点在我们看来会有点奇怪。我国合同法规定，通知是向债务人发出的，其作用并不是生效而是告知其债权让与的事实，通知要件的存在是债务人的一种抗辩原由。该项通知仅针对债务人而言，如何将其作为针对第三人的生效要件？日本学者池田真朗是这样解释的：在债务人根据让与通知认识到债权让与的事实之后，其他与该债权有利害关系的第三人则可通过询问债务人而知悉债权的存在及其归属，让与通知因此而具备

---

[1] 参见梁慧星编：《中国民法典草案建议稿附理由：债权总则编》，法律出版社 2013 年版，第 251 页。

债权让与的公示作用。[1]所以，根据池田真朗的观点，虽然债权让与仅向债务人通知，但是欲准备与原债权人进行债权让与的第三人，为了了解具体的债务情况，在与债务人进行了解时即会得知债权是否转让的情况，也就能使第三人了解到债权转让的情况。即可对第三人产生对抗，保证债权受让人的效力。在这里，债务人不仅负担了债权让与后债务的承担还担负着公示的义务。但是，这样的模式也存在相应的问题。这种模式过分依赖了债务人对第三人的说明。相较于合同的缔约有着十分直接具体的时间说明，而通知却并非有直接的证据证明，如果出现原债权人和债务人私下串通提出第二受让人的通知先于第一受让人的通知到达债务人，那么第一受让人很难提出抗辩。除此之外，也可能会出现债务人没有及时提醒或者故意隐瞒或者第三人未向债务人询问的情况。这样会造成第三人在不知情的情况下缔结合同。其中最关键的一点就在于，这一模式的存在有着巨大的矛盾。在债权让与中，债权的转移是以合同为依据，原债权人在达成第一次让与后，第二次的转移属于无权处分。但这项模式又认可第二次的让与通知在第一次之前由第二受让人获得债权。这种矛盾，也是该项模式没法解决的。而且当第一、第二受让人债权转让均未通知债务人时，债权的归属仍然需要依靠"让与在先，权利在先"的规则。

3. 登记在先，权利在先（让与登记对抗主义模式）

除了上述在司法实践中已经了解到的规范模式外，在理论界还有一种比较小众的模式是"登记在先，权利在先"的让与登记对抗主义模式。事实上，当我们谈到权利的二重让与时，我们很容易联想到物权上一个很特别的情况，即"一物二卖"。在物权法上，一物二卖的情况中对抗第三人的方式区别于合同法。在物权法中，一物二卖如果是动产，我们可以通过交付来对抗第三人；如果是不动产，我们可以选择通过在有关机构进行不动产的登记进而保证受让人的权利并以此来对抗第三人。在物权法中，尤其是登记，具有很直接的说明权利归属，对抗第三人的效力。

在上述模式下，债权让与的登记具有很强的公示性，与物权让与具有同等的效力。这种模式似乎在对抗性上很高，能够保证受让人可以基于登记主

---

[1] 参见［日］池田真朗：《债权让渡法理的展开》，弘文堂2001年版，第34页。

张债权。但与此同时，这项模式仍然存在一定的缺陷。在本文中，我们旨在强调债权的二重让与的情况，该种模式也遇到了像让与通知对抗主义模式一样的问题。债权转移的依据是合同，第二受让人不能根据让与登记而善意取得债权，那怎样保证第二受让人登记在先并取得债权。还有一点相同在于，若第一、第二受让人均不登记，则权利归属仍要依据"让与在先，权利在先"的模式去确定权利的归属。

（二）实务层面的问题

考虑到仅仅依靠对于法律的解读无法真正探寻到债权的二重让与的权利归属，我们把注意力聚焦到司法实践中的相似案例的判决上，进而了解到实际中的情况。在我国的司法实务中，同一债权的多次让与的情况时有发生，针对此类情况，有关的判决大致有两种观点存在，一种观点支持让与即生效，即合意优先对抗式判决；另一种观点则是通知才生效，即让与通知式判决。接下来我将引用部分经典判决来说明这两种观点。

1. 合意优先对抗式判决

锦策公司与妙鼎公司等债权转让合同纠纷上诉案[1]中出现的债权二重让与的情况，其裁判要旨为成立在先的第一份让与合同生效，受让人即成为新的债权人，享有获得清偿的请求权。第二份让与合同系原债权人作出的无权处分行为，不具有法律效力，即便第二份让与合同的受让人先行获得了清偿，亦不能以善意取得为由拒绝返还。在本案中原债权人为申祥公司，原债务人为妙鼎公司，在第一次转让中申祥公司将债权转让给锦策公司，但并未通知妙鼎公司，后在第二次转让时，申祥公司将债权二次转让与案外人赵某付。法院判决认为妙鼎公司在知道此时的债权人已不是原债权人申祥公司，而是新债权人锦策公司，在此情形下妙鼎公司向赵某付履行支付义务缺乏事实和法律依据。

同样的在鲁某福等诉浙江钱塘江水利建筑工程公司建设工程分包合同纠纷案[2]中，其裁判要旨强调了转让行为一经完成，原债权人即不再是合同权

---

[1] 参见"上海锦策建筑材料有限公司与上海妙鼎建筑安装工程有限公司等债权转让合同纠纷上诉案"，（2008）沪二中民一（民）终字第 2101 号判决。
[2] 参见"鲁某福等诉浙江钱塘江水利建筑工程公司建设工程分包合同纠纷案"，（2016）浙 0424 民初 2809 号判决。

利主体，亦即丧失以自己名义作为债权人向债务人主张合同权利的资格。在本案中，原债权人陆某平将对浙江钱塘江水利建筑工程公司的工程款债权同时转让给原告鲁某福与第三人海利公司，又由于浙江钱塘江水利建筑工程公司的债务要小于两次债权转让的总金额。法院判决强调债权转让协议在原债权人与受让人达成合意时即生效，正因如此，原债权人负有确保其与受让人之间达成的债权转让协议能够彻底履行的义务，一方面原债权人要及时通知债务人债权的转移，另一方面一旦债权人不通知或怠于通知，导致债权转让协议无法履行或不能得以彻底履行的，债权人应向受让人承担违约责任。

两个案例都强调了在债权二重让与的情况中，均强调了"让与在先，权利在先"的合意对抗主义模式，即在债权二重让与中，原债权人与第一受让人达成合意即完成了债权的转让，在第二次的债权让与中因第一次让与合同的成立使得原债权人丧失处分权，二重让与合同失效。

2. 通知优先对抗式判决

在桠溪公司、付某与王某萍因债权转让合同纠纷案[1]中判决认为，根据我国《民法典》第 546 条第 1 款"债权人转让债权，未通知债务人的，该转让对债务人不发生效力"的规定，通知债务人是债权从让与人移转给受让人的要件，未经通知，受让人不能实际取得债权。在债权二重让与的情形下，应以通知债务人的先后顺序确定债权的受让归属。本案中，卫士公司分别与张某、付某签订《债权转让协议书》，并通知桠溪公司，张某与卫士公司的债权让与通知先于付某与卫士公司的债权让与通知到达桠溪公司，故张某相较付某对桠溪公司优先享有债权。此时，卫士公司让与其对桠溪公司的 350 万债权中，张某享有 320 万元的债权，剩余 30 万元债权由付某享有。

综上，在上述两种观点下的案件在判决上产生了两种不同甚至对立的裁判结果，可见在我国当前债权二重让与的案件时有发生，但我们在裁判适用方面却存有不同的观点，导致在现实的审理与判决中存在不确定性。这就需要我们通过学理上的分析来进一步对权利的归属进行确定。

---

〔1〕 参见"高淳县桠溪建筑安装工程有限公司等诉张某等债权转让合同纠纷案"，（2013）徐民终字第 29 号判决。

四、结论

本文中，我们分析了债权二重让与在当前我国司法实践和学理界中的认知。不管是在司法实践还是学理中，对于债权二重让与的权利归属都存在着巨大的分歧，因而也产生了数种理论。主流观点包括有"合意对抗主义模式""让与通知对抗主义模式"以及少量的"让与登记对抗主义模式"。

"合意对抗主义模式"比较符合我国《民法典》合同编第 546 条的规定。强调了债权让与的效力依赖于原债权人与受让人达成的合同，即让与合同成立在先的即获得债权，在二重让与的情况下，第二受让人因无权处分而不享有债权。而本法条中规定的通知，也是作为债权人的义务，当合同缔结时，原债权人有义务通知债务人。但是通知对债务人来说仅仅是抗辩但并不会影响债权让与的效力。但这种模式的不足就在于对外的公示性差，存在原债权人、债务人、第二受让人串通编造第二受让人的让与时间早于第一受让人，侵犯第一受让人的权益。

"让与通知对抗主义模式"源自于日本。该模式强调债权让与的权利归属依赖于通知作为债权让与发生效力的要件。在二重让与的情况下，先通知的受让人即可获得债权。通知相较于第一种模式有较强的公示性，债务人收到通知后对其他欲受让债权的人可以起到公示、提示的作用。但这种模式也存在不足，一方面通知的证明存在缺陷，不能保证债务人的公示具有很高的效力。另一方面自身模式有矛盾，一方面承认合同让与的效力，但该模式又承认让与在后但通知在前的让与效力。

"让与登记对抗主义模式"源自于英美。这种模式强调债权让与的权利归属依赖于登记作为债权让与发生效力的要件。在二重让与的情况下，先登记的受让人即可获得债权。登记这种模式有着更强的公示性，可以有效地避免债权让与中私下串通损害第三人利益的情形。但该模式仍存在不足，如通知模式一样存在自身模式的矛盾，一方面承认合同让与的效力，但该模式又承认让与在后但登记在前的让与效力，十分矛盾。

以上三种方式各有利弊，在我看来，我更倾向于"让与在先，权利在先"的合意对抗主义模式。基于目前我国的《民法典》合同编第 546 条的内容，"让与登记对抗主义模式"并不符合我国当下的立法体系同时其也存在自身模式的内部矛盾。"让与通知对抗主义模式"虽然是基于第 546 条中的"通知"要件，但是一方面其公示性的目的效果并不突出，另一方面其自身也存在模式的内部矛盾在上文也有提及。

当然，我认为"让与在先，权利在先"的合意对抗主义模式更为合适的理由并不是其他两项的缺陷而是在于其更为稳定和合适。"让与在先，权利在先"基于《民法典》第 546 条的规定，始终坚持债权让与基于合同的效力，同时也符合债权不可善意取得。虽然这种模式可能对后受让人的保护没有那么强，但这不是该种模式的问题，是在于债权让与本身缺乏外部的表现。后受让人应当被赋予在接受债权之前对债权的具体情况，是否被让与进行调查了解的权利。没有一项制度是完美无缺的，我们的目的在于寻求平衡。"合意对抗主义模式"也有其缺陷，但是其制度的稳定性相较于其缺陷更为我们所看重。

我国法上显失公平行为要件的认定

陈惠子

摘　要： 我国法上对《中华人民共和国民法典》（以下简称《民法典》）显失公平法律行为之实务认定，分为主观、客观双重要件。

就主观要件而言，存利用危困状态、缺乏判断能力或其他情形。判断危困状态的类型究为财产危困、人身危困抑或复合型时，须结合法律行为之主体性质和个案具体情况；判断缺乏判断能力之时须综合一般人标准与当事人标准；需添补的其他情形包括但不限于轻率、无经验、意志薄弱。于当事人主观要件举证困难，可借鉴德国法上推定之裁判技术。

就客观要件而言，存时点与失衡度二者。时点须为法律行为成立之时，无需多言。失衡度之判断既有司法解释之上 30% 的"红线"，但仍予裁判者一定裁量空间，即结合绝对差值与相对差值衡平。

关键词： 显失公平　构成要件　乘人之危　失衡度　司法认定

序　言

我国法上现行的显失公平法律行为取《中华人民共和国民法通则》显失公平与乘人之危之规范基础而代之，俾使司法实务上对于显失公平法律行为要件的认定须同时满足主客观双重要件：（1）主观要件，在成立法律行为时，一方存在危困状态、缺乏判断能力等情形，另一方利用这种情形实施了法律行为；（2）客观要件，事实上存在显失公平，即在客观上当事人之间的给付与对待给付存在巨大失衡。鉴于法条文语言之简练，对于危困状态、缺乏判断能力、兜底性的其他情形以及行为人给付与对待给付的失衡度之衡量准则，皆无明确阐释。判例之中，裁判标准僵化、指导实践属性弱等瑕疵可见一斑。

学界就显失公平法律行为而就的专著不多，或在法律行为之下提及一二，且争点集中于要件构造之合理性，于实践运用研究较少。有鉴于此，本文基于对裁判文书的类型化和数据化整理，以中国裁判文书网作为检索数据库，以"显失公平"作为全文关键词、《民法典》第151条作为法律依据，经过筛选，排除与显失公平制度无关的判例，遴选出全国各地各层法院的裁判文书共128篇，旨在揭露宽泛精悍的规定之后，裁判者认定之依据为何。并就整理、探究过程中出现的问题，进行扩展并拓深。

一、我国显失公平制度主观要件的认定

据《民法典》第151条，就受损害一方言之，需要其处于危困状态、缺乏判断能力或其他与上述两种情况类似的情景当中，即陷于相对弱势；就受利益一方言之，须处于相对优势且存利用这种优势获取法律所不允许的暴利的主观状态。从法条的文本解释出发，在判断主观要件时，这二者应当处于同等地位，为裁判者同时考量。若只存在一方处危困或缺乏判断能力等情形而另一方并无利用之故意，不宜以显失公平论处。是以在论述主观要件时，于"危困状态""缺乏判断能力"前缀"利用"二字，不无妥帖。

（一）主观要件之一——利用危困状态

危困状态乃是乘人之危中"危难之机"的演化，所谓"困"，是陷在艰难痛苦或无法摆脱的环境中而对于金钱、物资急迫需求，所谓"利用危困状态"与《中华人民共和国民法通则》第58条规定的无效法律行为中的乘人之危类似，是指一方迫于人身或财产即将或者正在罹难之极其严峻的损害，另一方利用对方急于脱困的迫切心理，以不利于受损方的条件，使其违背真意地订立合同。

1. 财产危困型

就财产权而言，自然人与法人都享有权利而相应地承担义务，故此种类型包括自然人财产危困与法人财产危困。通常言之，受损害方乃迫因一定事由急需向受利益方贷款或者收款，受利益方明知且有意利用对方急迫心态与实际困难牟取暴利。实践中，因自然人的财产与其人身有密不可分的高度关

联性，故纯粹的财产危困状态于自然人而言较少。而法人的典型——营利法人，作为以取得利润并分配给股东等出资人为目的成立的法人，受其自然性质的限制，自非享有以自然人的身体为存在基础的生命权、身体权、健康权等人格权，也非享有以自然人的身份为存在基础的遗产继承权、亲权、家长权等身份权，其余的人身权，如名誉权、信用权被侵犯于法人而言，难以形成危困状态的原由，故在司法实务中，法人涉及纯粹经济利益的法律行为较多，纯粹的财产危困状态于法人而言乃是其主要情形。[1]

个人财产危困的情形，举例如下：在王某与胡某房屋买卖合同纠纷一案中，原告因欠他人钱款无力偿还，遂经由案外人介绍向被告借款，双方签署名为借款抵押房屋之合同实为买卖之合同，约定被告以原告还清借款为条件过户房屋于原告名下，原告遂将价值 12 万余元的房屋以 4 万元"出售"于被告。[2]法院认为，原告因急需用钱，迫于困境，为了向被告借款，以出售案涉房屋于被告作借款偿还之担保，可见，出售房屋并非原告真意，且房屋合同约定价远低于市场价，显失偏颇，判决撤回房屋买卖合同。本案中，受损害方纯粹受经济上的不利益，涉案房屋为闲置房屋，原告日常生活居所非受其影响，买卖合同的订立并未给原告带来人身上的不利益，因此可归属于自然人财产危困情形。

法人财产危困情形，举例如下：在桐乡市宝达投资有限公司、翁某文确认合同效力纠纷一案中，原告外有 2700 万巨额投资项目尚未取得分红回报，资金紧张，出于供给其法定代表人银行转贷所需资金才向被告借款。[3]法院认为，原告处于资金困难状态的事实既定，加之被告有明知原告法定代表人急需资金而趁机与原告订立合同的故意，要求原告以放弃 2700 万的投资权益为代价借款 130 万给原告的法定代表人，对价显失公平，判决撤回双方订立的协议中显失公平的条款。然而，在实务中法院仅因为法人资金紧张认定其出于危困状态的极少。以南通东顺船务工程有限公司与江苏韩通赢吉重工有限公司船舶建造合同纠纷一案为例，原告提交诸证人之证言欲表明其签订涉案合同时处于经济困难时期兼有被债权人催债之虞，因而作出不真实的意思

---

〔1〕 王泽鉴：《民法总则》，北京大学出版社 2009 年版，第 163 页。
〔2〕 该案判决号为：（2018）皖 0181 民初 2631 号。
〔3〕 该案判决号为：（2018）浙 0802 民初 8989 号。

表示。[1]法院认为，原告作为市场经营主体，须具备正常判断能力，虽经济状况不善，然不能就此判定其处于危困状态。

可见，对法人是否存在财产危困状态的情形，法院认定标准宽严有别，乃是由于法条规定之模糊性。我国审判系统并非有类似普通法系遵循先例的强制规定，出现同案不同判之情形实属习见，究如何认定，在于法官自由裁量。基于市场的机遇与风险并存特征之酌量，法人经营不善而面临亏损素来不足为奇，若放任法人恣意以处于财产之危困状态为诉由提起撤销之诉，那么滥诉不可规避，将严损交易安全、信赖利益，致资源不必要地浪费。况且法人与自然人相比，乃具有人合性与财合性，其法人机关的决策更加科学合理，能更有效规避自身处于危困状态，退一步讲，法人即使面临困境，其处理机制也更多样、系统，因此法院对法人是否处于财产之危困状态，以及能否以财产危困为由诉请行使撤销权的认定更加严格，不无道理。

2. 人身危困型

人身权分为人格权和身份权，与财产权相对，自然也是法律所保护的对象。

自然人之人身危困，以赵某年与赵某坤合同纠纷一案加以说明。[2]原被告乃是父子关系，被告将耄耋之年的原告关在院内长达数小时，最终原告在惊惧、饥饿、极度疲惫的状态下才签订合同。法院认为，原告身处人身不自由，甚至危险的状态下，违背真意地作出意思表示，应依法支持原告请求撤销合同。

人身危困状态与受胁迫的法律行为相似。胁迫是指一方故意以危害相威胁，使对方陷于恐惧而作出违背真意的意思表示。受胁迫之当事人对真实事实是明知的，因此对意思表示的意义也是知晓的，为避免因对方胁迫之行为，使自己或亲友的诸般利益落入不利境地，不得已作出意思表示，也可认为是不真实、不自由的表意。二者区别在于：（1）胁迫人之胁迫行为具有违法性，显失公平的受损害方处于危困状态不限于非法因素；（2）受胁迫方处于的危境是胁迫方造成的，显失公平受损害方处于危困状态非由对方造成；（3）胁

---

[1]　该案判决号为：（2017）鄂72民初823号。

[2]　该案判决号为：（2017）津0110民初7755号。

迫之要挟程度须使得受胁迫人达到恐惧，乃是最严重的限制表意自由的行为。

就上述案例，被告之拘禁行为因使原告心生恐惧且无合法性而构成胁迫。原告的危困处境由被告一手造成，不可归因于其他，须与显失公平中危困状态的发生原因——由自身或者是非对方之他人导致作出判别。据此，仅本案的主观要件已成立受胁迫之法律行为，又因受胁迫不要求实质损害结果，即使缺乏显失公平的客观后果，原告亦可以受胁迫为诉由请求法院撤销。

3. 复合型

社会生活之复杂性俾使权利主体可能同时受到来自财产和人身两方面的损害而处于危困状态，此乃最普遍的情形。兹就检索判例，列出三例以供说明：

例一：急需金钱进行医疗。

陈某阳与钟某文、张某水提供劳务者受害责任纠纷一案，钟某文与陈某阳、张某水乃是雇主与受雇人的关系，由于张某水的操作失误以及雇主未尽到保护义务导致原告陈某阳受伤住院治疗。[1]被告钟某文、张某水等人明知原告急需支付医疗费用，否则可能影响其正常治疗乃至危及生命，利用原告对损害赔偿之迫切心理，与原告签订了损害赔偿金额数量显失公平的合同。此案中，原告的人身利益和财产利益皆受侵害而处于危困，且被告有利用之主观意愿，遂显失公平主观要件之一"利用危困状态"成立。

例二：资金困难而受工人催债。

宁夏宇鑫热能设备工程有限公司与大同市左云县云宝耐火材料有限责任公司买卖合同纠纷一案中，原告乃被告债权人，年关将近，原告迫于发放农民工工资的压力，同意被告"以车抵债"的协议，事后调查得知该车价值与货款的价值相去甚远。[2]原告面临的危困由多方因素混合而成，若拖欠农民工工资，自社会角度观之，催债极有可能导致群体事件甚至发酵成为恶性事件而影响社会安定，自原告本人利益观之，原告之人身安全与自由亦有受损害之可能。

---

〔1〕 该案判决号为：（2018）粤 0784 民初 2987 号。

〔2〕 该案判决号为：（2018）晋 02 民终 148 号。

例三：受通缉且财产危困。

试举胡某勇与徐某股权转让纠纷一案予以说明。[1]原告因寻衅滋事被公安局通缉，被告在原告被网逃通缉期间寻至原告处，以封原告名下门店及让原告承担刑事责任为威胁，要求原告低价将股权转让，且原告之家人在原告外逃期间人身受限，原告在自身与亲人面临危困的状态下，被迫将股权低价转让给被告。此案中，原告虽未被施以强制性手段剥夺人身自由，但考虑到原告受通缉这一事实，在法律允许范围之内其行动仍非得完全自由。此外原告斥巨资装修的门店亦面临被收回而定金将不予退还的风险。原告在人身、财产、精神状况不佳之情形下与被告签订合同，实施法律行为并非其真意所愿。

4. 小结

何为危困，须依具体境况而言，在此据裁判实例与权利划分逻辑归纳出三种概括性类型：（1）财产危困型；（2）人身危困型；（3）复合型。然实际操作之中具体个案事实迥异，总结出放之天下而皆准的认定方式无疑不切实际，须法官结合法律主体之性质、法律事实之根基，兼顾当事人双方利益权衡，具体而综合地裁判。

（二）主观要件之二——利用缺乏判断能力

所谓缺乏判断能力，是指缺少基于理性考虑而实施民事法律行为或对民事法律行为的后果予以评估的能力。[2]具体而言，可能是因为年老、年幼、衰弱、不识字、患有不能辨认的精神疾病等而对生活或交易上的事项缺乏理性判断的能力，或是须判断之内容专业性极强，非社会普遍大众所能够或应当知晓。

1. 情绪状况严重不佳

王某英、吴某华与周某燕、吴某杰合同纠纷一案中，原告主张签订涉案合同之时，由于其子身故方三日，尚处于悲伤状态，对合同内容缺乏判断能力，法院予以支持。[3]柯某炎、江某梅等与梁某婷合同纠纷一案，原告饮酒驾车与被告发生交通事故后逃逸，在交通部门对事故进行查处期间，与被告

---

〔1〕 该案判决号为：（2018）鄂 1127 民初 2889 号。

〔2〕 韩世远：《合同法总论》，法律出版社 2018 年版，第 292 页。

〔3〕 该案判决号为：（2019）宁 02 民终 551 号。

签订明显不利于己方的合同，乃是害怕进一步承担刑事责任的心理作祟，欲通过双方和解从而逃避被追究饮酒驾车等法律责任。[1]法院认为，虽对原告基于不正当目的而实施的行为应予以谴责并承担相应过错责任，然考虑到被告事实上也没有就此要求有关部门进一步查处，并利用了对方因害怕心理而缺乏正确判断能力签署欠条，欠条所约定的债务对于原告显失公平，故原告要求撤销，符合法律规定，应予支持。另一例案件，张某星与王某机动车交通事故责任纠纷一案中，原告亦利用被告酒后驾车撞坏原告的汽车，可能面临行政或刑事处罚的害怕心理，签订有利于自身的合同，法院同样支持撤销。[2]诸件判例显示情绪于人之判断能力的影响被纳入裁判者之考量范围，综合采信心理科学与人之常情，于个案正义、人道主义关怀而言，大有裨益。

2. 不具备极专业之知识

涉及人身侵害的损害赔偿是最常见的发生类型，亦是比较复杂的纠纷形式。涉及法律、医学、国家政策等众多专业知识，一般公民未经系统、缜密的专业训练，难以全面获取和掌握这些知识。故在与具备这些专业知识的机构，如医院、保险公司等主体订立合同之时，极大可能因无法短时间内掌握有效信息而基于匮乏的判断能力使得不利于自身的法律后果产生。

伤残等级的鉴定乃是确定损害赔偿金额的重要依据，但由于伤残等级的确定与损害赔偿合同的订立之间存在时间差，也不可奢求受损害方，亦即患者一方具备专业知识，对自己的损伤程度及是否构成伤残充分认知，有悖公序良俗的对方当事人利用时间差或者患者从始至终未被告知可以伤残鉴定，使得患者实获赔偿与应获赔偿在数额上极大可能高度不对等。在实际判例中，因事后的伤残鉴定报告出具导致受损害方诉请法院撤销争议合同之案多如牛毛。关某红、黑龙江省医院合同纠纷一案；马某萍与陕西大地影院建设有限公司确认合同效力纠纷一案；倪某利与吴某星、泰山财产保险股份有限公司邯郸市肥乡支公司机动车交通事故责任纠纷一案，皆为原告在订立合同之时缺乏伤残鉴定报告之辅助而缺乏判断能力。[3]

---

〔1〕 该案判决号为：（2018）粤 0606 民初 5949 号。

〔2〕 该案判决号为：（2018）京 0115 民初 19023 号。

〔3〕 该案判决号分别为：（2018）黑 01 民终 1779 号、（2017）陕 0113 民初 7280 号、（2017）冀 0204 民初 1790 号。

实务中，明知伤残等级鉴定结果，由于不满意获得的赔偿金额向法院诉请因法律行为显失公平撤销合同者大有人在。以绵竹市信源劳务派遣有限公司与孙某明确认合同效力纠纷一案为例，法院认为合同是在伤残鉴定报告已认定，并在合同中以具体明文载有，在签订合同前，原告有足够的时间和方式去了解其因工伤可获得的相关待遇。[1]从此点来看，在资讯高度发达的今天，很难认定原告系因无经验、缺乏判断能力而草率签约。

从此看来，法院在认定有关伤残鉴定产生的合同效力纠纷中，考虑到网络、通讯的发达与信息开放程度日益增长，以伤残鉴定报告作为专业性极强的信息，而根据伤残等级进行赔偿的标准却不属于专业性极强的知识，这种因地制宜、因时制宜的做法，切合实际，利于衡平双方利益与责任。

3. 经验不足

显失公平制度设立在可撤销的民事法律行为分类之下，与限制民事行为能力人所实施的效力未定的法律行为不同，其主体须为完全民事行为能力人。设置自然人民事法律行为能力制度的宗旨在于保护行为能力欠缺者的合法利益，防止其意思能力不足而财产逸散。"为了降低成本，提高可操作性，法律以年龄为基本标准将意思能力类型化且提升为行为能力"，于法律上做了一种"假想"，只要行为能力完全，则意思能力完全、社会经验足够，行为人就能理智地认识和判断自己的行为。[2]但是，实际上意思能力与行为能力并不同调，从自然人个体的角度看，一个人的判断能力的状况需要结合具体交易场合的条件才能确定，并不能一概而论地断言成年人在每个交易场合都具有相应的判断能力，反之亦然。[3]就此而言，显失公平缺乏判断能力之条款起到了扩张完全行为能力人意思表示决定法律行为效力的功能。

实务中，年轻人与老年人因其社会、交易经验欠缺，在从事民事法律行为之时，因不能对行为之结果作出准确判断而遭受损害者众多，兹举下列两例以说明。

例一：已成年但涉世未深的年轻人。

---

[1] 该案判决号为：（2017）川 0683 民初 2966 号。

[2] 韦鹏翔："意思能力、行为能力与意思自治"，载《法学》2019 年第 3 期。

[3] 李国强："论行为能力制度和新型成年监护制度的协调——兼评《中华人民共和国民法总则》的制度安排"，载《法律科学》2017 年第 3 期。

以雷某某与陆某甲、陆某乙等民间借贷纠纷为例，涉案保证合同的担保人陆某乙系高中三年级学生，虽提供担保之时业已成年，然考虑到其年龄、受教育程度和社会经验，法院认定其在订立保证合同时缺乏判断能力。[1]本案中，陆某乙担任其父陆某甲与雷某某借款之担保人，不明担保行为后果，作出意思表示极有可能是在其父之引导下完成的，且陆某乙并未从担保行为中获取担保责任相应的对价，显然非为其自身谋利，凭借一介高中生，也无代其父为清偿债务之能力。被告明知保证人身份，却未对其保证资格提出异议，无疑将自己的借款暴露在逸散之风险下，此并非担保合同欲实现之目的，法院对撤销担保合同予以支持，在情理之中。

例二：步入暮年与社会脱节的老年人。

以滕某某、于某某等房屋买卖合同纠纷一案为例，原告夫妇将近八十岁受不法分子诈骗陷入高利贷的泥潭，以居住房屋抵押贷款，在不知情的状况下，又经由被告将房屋低价出售，最后被强制赶出家门，无家可归。[2]老年人对新生事物知晓速度缓慢、接受度低，理性人可洞察之骗局，老年人仍极其容易被心怀不轨之人乘虚而入，严重者家财散尽。另外，据相关媒体报道，该市被骗受损之人众多，尤以老年人居于首位，房屋均通过与本案类似的公证委托买卖手段买卖过户与他人。被告联合违规办理委托的公证机关，手段高明，要求年逾古稀之原告洞悉对方诡计，实为强人所难。因此，法院以原告缺乏判断能力为显失公平的主观要件，依法撤销被告代理原告签订的房屋买卖合同，于事实有理，于法有据。

4. 不识字

周某甲与赤水市开源典当有限公司、周某乙民间借贷纠纷一案中，原告辩称自己不识字而缺乏判断能力，请求撤销案中欠条，但原告在不识字的情况下，既未就欠条内容提出异议，也未寻求他人帮助，于常理不符，法院就此认为原告系自愿出具欠条，驳回诉请。[3]

随着当代教育普及程度上升，我国文盲率逐年下降，根据我国国家统计局

---

〔1〕 该案判决号为：(2018) 晋 0106 民初 1163 号。

〔2〕 该案判决号为：(2016) 京 0106 民初 22422 号。

〔3〕 该案判决号为：(2019) 黔 0381 民初 1115 号。

2010 年人口普查的数据，我国文盲人口数为 5466 万人，文盲率为 4.1%。[1]时代发展日新月异，我国的中文文盲已属罕见，况且，根据一般理性人的经验认知，当事人还可以通过多种渠道，如向他人寻求帮助来克服障碍。但是，若因合同所使用之文字非当事人所能够或应当知晓而导致当事人缺乏判断能力，当事人行使撤销权无可厚非。法院应当具体问题具体分析，结合相关证据公正裁判。

5. 不知法或不懂法

湖南高华环保股份有限公司、龚某某劳动争议一案，判决书载："从缺乏判断力的角度来讲，经济补偿金的知识属于法律的规定，知法、守法是每个公民的应尽义务，不知法、对法律知识缺乏判断力不能成为撤销民事法律行为的理由。"[2]法律一旦生效，任何人不得以不知法为由对抗法律。因为法律自被有权机关公布之日起，人人皆可得了解法律之机会。况且如今网络通讯发达，不管是电子版还是纸质版的法条都方便可查，法律咨询服务被普遍提供，行为人作为理性主体，在合同订立之前了解相关法律并非难事，也是对自己的行为负责。实务中法院对基于不知法、不懂法缺乏判断能力的诉请不予支持的情况非常普遍。

6. 小结

可以看出，当判断行为人是否缺乏判断能力时，法院结合了主观、客观两方面。客观标准，采理性人标准或一般人标准，即一般人对待判断的事务是否具有判断能力，通常情况下，使用客观标准即可作出判定；主观方面，即结合行为人个体标准进行判定。对于同一事物，不同个体认知能力有异，仅依赖客观标准，将引致个案不公正结果之发生。

（三）主观要件之其他情形

作为兜底性的规定，此"其他情形"应当作严格解释，须与上述"处于危困状态"或"缺乏判断能力"比较相似时才能认定。德国暴利制度主观要

---

〔1〕 引自中华人民共和国国家统计局，http://data.stats.gov.cn/easyquery.htm? cn=C01&zb=A0305&sj=2018，最后访问时间：2019 年 11 月 3 日。

〔2〕 该案判决号为：（2019）湘 01 民终 4271 号。

件为乘他人急迫情形、无经验、缺乏判断能力或意志薄弱。[1]我国台湾地区的显失公平制度主观要件为急迫、轻率或无经验。我国显失公平主观要件法条之中的"等"理论上应包括但不限于受损害方无经验、轻率、意志薄弱的情形。家园公司诉森得瑞公司合同纠纷案中，法院依最高人民法院《关于贯彻执行〈中华人民共和国民法通则〉若干问题的意见》（试行）谓，合同订立中一方是否故意利用其优势或者对方轻率、没有经验，提及轻率之类型。[2]然纵观当事人以主观轻率提起请求撤销之诉者，法院支持率却极低。究其原因，一是轻率之心态证明不易，二是由于受损害方主体属性大都为法人，本应具备审慎交易、自担风险的能力，于价值取向上难以获得法院支持认可。就意志薄弱言之，极尽检索之能事，未发现当事人直接明确以之为诉由者，就整个法体系而言，涉及意志薄弱的案件唯 51 件，且在离婚纠纷、刑事犯罪领域居多。有学者认为，"利用对方意志显著薄弱"应单列为一种主观上情形，因成瘾性消费日益受到关注，意志薄弱的消费者纵认识到其行为之性质与后果，与心存利用的经营者订立合同，那么此法律行为可满足显失公平之构成要件。[3]诚然，意志薄弱与缺乏判断能力为属性截然不同的状态，但依解释论将之并入缺乏判断能力之发生原因，精简立法语言，降低裁判者适用法律成本，不失为一种进路。

（四）主观要件之程序法维度——举证责任

在认定显失公平上，我国遵循程序正义，而非实质正义。程序正义，注重诉讼过程的公平，它排斥利益当事人非理性因素与私欲的干扰，假定当事人只要严格遵从预设好的程序，就能在制度之羽翼下达到合理而公正的实质结果。根据"谁主张谁举证"的原则，向法院诉请撤销显失公平的受损害方就理所应当地负担起举证责任。《最高人民法院关于适用〈中华人民共和国民事诉讼法〉的解释》第 90 条规定："当事人对自己提出的诉讼请求所依据的

---

〔1〕《德国民法典》第 138 条第 2 款规定："法律行为，如系乘他人之强制情况、无经验、欠缺判断能力或显然之意志薄弱，使其对自己或者他人的财产为财产上利益之约定或给付者，而此财产利益与给付相比显失公平时，应尤无效。"

〔2〕 该案引自《最高人民法院公报》2007 年第 2 期。

〔3〕 参见武腾："显失公平规定的解释论构造——基于相关裁判经验的实证考察"，载《法学》2018 年第 1 期。

事实或者反驳对方诉讼请求所依据的事实，应当提供证据加以证明，但法律另有规定的除外。在作出判决前，当事人未能提供证据或者证据不足以证明其事实主张的，由负有举证证明责任的当事人承担不利的后果。"可以看到，我国司法奉行证据裁判原则，即认定案件事实，必须以证据为根据。法律上的事实是置身事外的裁判者基于证据这一面"镜子"，加上自己的认识和判断，还原出来的事实。哲学上所谓"存在第一性，意识第二性"，法律事实这一经过意识加工的事实不等同于客观存在的事实，并且司法也非建立在既成的事实之上，事实是辅助司法的工具，而不是司法追求的目的，需要明确这一点，避免本末倒置。[1]

正是因为我国实务上的裁判严格依赖证据，在显失公平的认定上，出现了许多因当事人举证不能致法院驳回诉请，以至于"证据不足"成为法院拒绝进一步分析是否构成显失公平的囊括性理由，而主观要件依其性质首当其冲。以"利用危困状态"为例，在检索的案例中，有 29 例因当事人未递交有效证据，导致当事人诉求未满足，损害未得救济。证明受损害方处于危困状态或缺乏判断能力尚且相对容易，证据类型有如公证书、接警记录、伤残报告，等等，但要证明受利益方存在主观上"剥削"己方窘境的意图实为困难，这进一步加重了受损害方的举证难度，也提高了诉讼的成本。

德国法上暴利制度的受损害方同样背负此种举证责任。为缓解这一司法上再次不利于受损害方的困难，德国法院放宽对主观要件的认定，引入"推定"的技术，在"给付和对待给付之间存在着特别重大的不相称关系"的情况下，可以推测行为人主观上具有剥削的意图。[2]也即通过客观的显失公平结果倒推行为人利用之主观故意。推定，是指为克服当事人证明困难，实现当事人之间实体权利义务的均衡配置而设立的制度。当且仅当显失公平的客观事实确已发生，受损害方难以举证，但主观要件有一定外在表现形式之时，法院方可作出推定。此外，基于程序正义要求的双方当事人获得同等权利的原则，推定还赋予推定不利方以推翻推定适用的程序反驳权，以对不利于己方的推定进行充分的攻击与防御。

---

[1] 参见张宝生："事实、证据与事实认定"，载《中国社会科学》2017 年第 8 期。

[2] 参见［德］迪特尔·梅迪库斯：《德国民法总论》，邵建东译，法律出版社 2001 年版，第 542 页。

检索的案例中未见有推定裁判者，可见我国法院对于"显失公平"主观要件适用推定之方法态度谨慎，避免与证据裁判原则发生冲突。笔者以为，原则并非不可有例外，实务上不能自绝出路，把推定这一条路径从裁判技术中抹去，广泛以"缺乏证据"为搪塞，还应当充分结合案件事实，有必要适用推定时不应吝啬。

二、我国显失公平制度客观要件的认定

在认定显失公平的客观要件之时，须注意时点以及合同订约双方对待给付是否达到严重失衡的程度。第一，双方当事人之间存在对待关系，即明确单务无偿行为不可纳入显失公平的范畴；第二，关于失衡度的判断，《中华人民共和国民法总则》（以下简称《民法总则》）、《中华人民共和国合同法》的法条并未对于何为"显"作出界定，但在最高人民法院《关于适用〈中华人民共和国合同法〉若干问题的解释（二）》第19条对"明显不合理的低价"有定义谓，"转让价格达不到交易时交易地的指导价或者市场交易价百分之七十的，一般可以视为明显不合理的低价"，对于法官断案有一定参考价值。司法解释仅对可明确价格基准的案件进行规定，其余权利义务是否达显著失衡程度，乃不确定法律概念，仅能依个案具体情形综合加以度量。

（一）客观要件之一——时点

以合同这一民事法律行为为例，从合同成立到合同履行，可以划分为三个阶段，显失公平发生的时点有如下三种情况：（1）合同成立之时，当事人之间给付与对待给付严重失衡；（2）合同成立之后债务关系消灭之前，因某些特殊事由发生，导致约定的权利义务与一方享有的权利、另一方履行的义务之间发生严重失衡；（3）合同已经履行完毕，债务关系消灭，但市场发生变化，当事人认为显著不公。根据法条文义，将显失公平法律原则之适用时点限缩于民事法律行为成立之时，放诸上述情形，也即在订立合同之时，亦属当然。准此，从合同法的整体视野来看，第二种情况发生于合同成立后或法律行为成立后，属情势变更规则所调整之范畴，而第三种情况发生在法律关系消灭之后，受损害方发生的损失也非因对方未尽后合同义务所致，故无法律上之依据可诉。

客观上来说，当事人利益确受损害，但这是由于风险性这一市场的固有属性引起的。在市场经济条件下，要求各种交易中给付和对价给付都达到完全的对等乃强人所难，从事交易必然要承担风险，并且这种在法律允许范围之内的风险乃当事人在商事交易中明知且自愿承担的。显失公平制度之宗旨并不是为免除当事人所应承担的正常商业风险，人为地、包揽一切地确保当事人从事的法律行为完全公平，而是禁止限制一方当事人获得超过法律允许的利益。倘若滥用显失公平制度，势必会造成市场经济秩序紊乱，交易安全被破坏，损害另一方当事人的利益，制度本身将造成不公平。可以看到，我国法院在裁判文书中考量双方权利义务是否发生显著失衡时，有意加入类似如"在缔约时""订立合同时"这样的描述，亦在规范对时点的判断。

实例如下，陕西安康银兴旅游开发有限公司、杨某龙、王某昌、尤某因与陕西银兴电力电子通讯有限责任公司股东资格确认纠纷一案，原告认为其为银兴公司出资 7000 万余元，而与被告签订的合同约定仅以 1800 万元收购，显失公平。[1]法院认为，股份价值应当以合同签订之时作为衡量之时点，以股权转让为标的合同，合同条款的约定本身包含有合同双方当事人对履行成本、收益及风险的商事判断，而原告无证据证明合同订立时其股权仍具有出资时的价值，无法认定为显失公平，驳回原告诉请。江门市新会区鸿胜物业管理有限公司与刘某明确认合同效力纠纷一案，原告称，在履行合同过程中才了解涉案《商铺租赁合同》约定的租赁单价已经远远低于目前市场价，如继续履行合同，明显对原告不公平。对此，法院认为，价格或高或低均属于租赁市场价格波动的风险，原告作为一间物业管理公司，作为合同的一方当事人，在签订相关合同时理应了解相关物业的管理、出租等信息而未了解，不构成撤销合同之原由。[2]

（二）客观要件之二——失衡度

1. 失衡度之判断标准

在检索的判例中，统计能够以金钱衡量的案件，其实际给付和应当给付之间的差额与应当给付的百分比关系（以下简称相对差值）如图 1 所示。

---

〔1〕 该案判决号为：（2017）陕 09 民终 338 号。
〔2〕 该案判决号为：（2018）粤 0705 民初 4605 号。

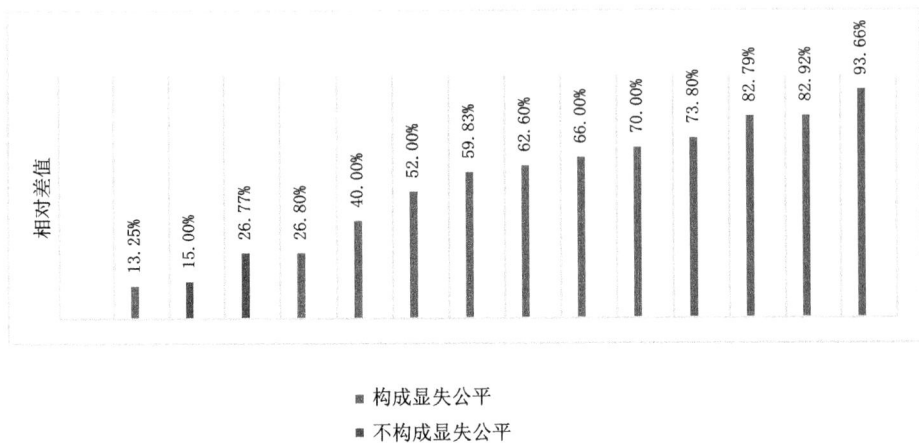

图1　相对差值统计图

总体来说，绝大多数显失公平的判例的相对差值都处于30%这一条"红线"之上或者左右，然司法解释非我国法源，在实际判案时，相对差值并非必须达到司法解释的标准才能被认定为显失公平。就这一起失衡度在30%以下仍被认定为显失公平的判例言之，法院判断显失公平时还衡量了绝对差值。[1] 笔者认为，相对差值，于绝对差值来说更客观，且能普遍适用于各种标的额的案件，裁判者以相对差值为主，绝对差值为辅来衡量失衡度，既有一条普遍适用之准绳，也有可契合具体案情的游标，原则与例外结合，法官在此享有的自由裁量权，使得断案不显僵化。

2. 典型案例

例一：人身侵害的损害赔偿显失公平。

此种类型乃是由于受损害方缺乏判断能力或其他不可归责于受损害方的原因致合同所约定的赔偿损害金额与基于其伤残等级所应得的金额差异明显超过法律所允许的范围。郁某花与刘某民债权人撤销权纠纷案；吴甲林、吴乙林等提供劳务者受害责任纠纷案；毕某会、刘某霞等与汤某强、赵某梅等确认合同效力纠纷案等案例中失衡度均大于30%，法院也都支持了撤销之诉请。[2]

───────────

〔1〕 该案判决号为：（2016）京0106民初22422号。

〔2〕 判决号分别为：（2018）苏0902民初5881号、（2018）闽0803民初1574号、（2017）内0426民初7901号。

孙某明、绵竹市信源劳务派遣有限公司确认合同效力纠纷一案中，原告与被告通过协议获得的工伤赔偿与可得金额相差 34 000 余元，失衡度未达 30%，法院意见谓，"有失公平，但并非显失公平"，结合了绝对差值和相对差值来衡量其失衡度，遂驳回原告诉请。[1]

一般的合同关系仅涉及双方当事人的财产权纠纷，而此类案型之标的具有高度人身关联性，并非简单债权债务关系，还关乎对受损害方生存权益之救济。就社会法理论出发，权利在性质上有积极与消极之分，积极权利旨在通过国家的积极行为对弱势一方带来利益。人身侵害损害赔偿合同双方之法律地位平等，而实质地位并非如此，为保护受损害一方应享权利，法院之判决实际上是为合理"保护弱者"与公序良俗所作的"司法倾斜"，使得私法公法化，避免权利流于规定之形式。[2]

例二：交易显失公平。

以销售行为之中的房屋买卖为例，在邱某亮与张某房屋买卖合同纠纷案中，双方签订合同之时，当地二手房的均价已超过 10 000 元，而涉案房产双方约定每平方米 4800 余元，况且该合同约定的价格还低于在房管部门的价格，双方约定的价金明显不具有合理性，且也不符合常理，因此该合同显失公平。[3]

"显失公平"概念本身的模糊性，需要裁判者在具体案件中作出价值判断。最高人民法院《关于贯彻执行〈中华人民共和国民法通则〉若干问题的意见》（试行）以及部分判例认为销售交易中显失公平之客观判断标准可依托于等价有偿原则，然民事法律行为是双方当事人意思自治的结果，该原则难以灵活根据交易环境准确判断标的物之价值，那么与当事人的意思自治或多或少发生龃龉。例如在信息公开、合法的拍卖交易中，拍卖成交价是竞买人通过多轮公开竞争形成的价格，是市场竞争机制下自然形成的，意思表示是真实自由的，不可单纯以成交价显著高于起拍价为由判定拍卖违反公平原则。另有经济生活中常见的赠与、无偿代理、股票交易等法律行为，是否公平等价，取决于当事人单方或双方意思。故此，在判断交易中是否存在显失公平

---

[1] 该案判决号为：（2017）川 0683 民初 2966 号。

[2] 黄越钦：《劳动法新论》，中国政法大学出版社 2003 年版，第 54 页。

[3] 该案判决号为：（2018）鲁 0104 民初 3503 号。

客观情形之时，应以民法之魂灵——意思自治原则为核心，而以其他原则为翼辅助裁判，对意思表示瑕疵之当事人进行救济，切忌"家父主义"过盛，干涉当事人正常合法之合意。

例三：利息显失公平。

根据《最高人民法院关于审理民间借贷案件适用法律若干问题的规定》的相关规定，借贷双方对逾期利率有约定的，从其约定，但以不超过年利率36%为限。桐乡市宝达投资有限公司、翁某文确认合同效力纠纷一案中，原告、被告已经按民间借贷利率上限（月利率3分）约定利息的情况下，再额外约定逾期归还借款本息时由原告放弃巨额投资权益，显失公平。[1]

关于信用暴利，梅迪库斯认为，因利息本身与国家经济形势脉脉相通，包含有货币贬值、市场风险等复杂因素，要一劳永逸地给出一个固定的"不违反善良风俗的利息界限"恐弄巧成拙。德国联邦最高法院在计算利息之时，将其他的信贷费用，如要约费、中介费用一并纳入其中，再与联邦银行月度报告中给出的"重点利息"作比较。并且，在利率高低不同的时期，构成对善良风俗违反的界限也不尽相同。[2]德国法院此种认定方法，可借鉴参考。

结　语

私法自治及合同自由系为私法领域最为重要的两大基本原则，当事人约定之权利义务关系，法院应予以尊重，以维护私法秩序之稳定。然由于社会生活的复杂性，成立法律行为之时难免会因当事人意思表示瑕疵致使双方权利义务严重失衡，法院始得适用显失公平制度介入修正。我国《民法总则》显失公平法律行为之条文规范具有高度概括性，对于实践指导属性较弱。基于此，本文结合具体裁判经验分析了主客观要件的认定标准与实践问题。

申言之，在主观要件的认定上，有如利用危困状态、缺乏判断能力与其他类似情景。就危困状态，须法官结合法律主体之性质、法律事实之根基，兼顾当事人双方利益权衡，具体而综合地裁判；就缺乏判断能力，须法官结合一般人标准与当事人个体标准进行裁判；就兜底的其他情形，学理上有轻

---

[1] 该案判决号为：（2018）浙0802民初8989号。

[2] ［德］迪特尔·梅迪库斯：《德国民法总论》，邵建东译，法律出版社2001年版，第539页。

率、意志薄弱、无经验等类型，但实践上提起与支持诉请皆并非常见，还待积淀相关判例。就举证困难之问题，法官可酌情借鉴德国法上以显失公平的客观结果推定受利益方存利用的主观心态之裁判技术，灵活使用，既不宜太过死板，也不宜滥用推定。

在客观要件的认定上，须注意时点与失衡度。显失公平解决的是法律行为成立之时所生的病灶，当事人在提起诉求时应与情势变更相区别。法院在衡量失衡度之时，总体遵循司法解释划定的 30% 的界限，采相对差值与绝对差值相结合之法，考察货币形式与非货币形式的给付与对待给付，综合多种因素而作出判决。风险是市场的固有属性，从事交易必然要承担风险，并且这种风险都是当事人明知且自愿承担的，属意思自治的范畴。法官须识别市场主体正常地遭受风险带来的损失和法律所不允许的暴利之间的差别，避免过度"家父主义"，干扰缔约自由。

《民法总则》中显失公平制度新规虽实行时间不可谓长，但实践中已累积不少案例可供参考，在此抛砖引玉，望更多学者可就显失公平制度展开研究，发掘实务中存在的问题，探寻解决途径，为构建更完善的理论与实践体系、实现显失公平法律制度追寻正义的初衷而努力。

论重新仲裁适用情形的完善

刘佳琪

摘　要：现行司法解释仅将证据类瑕疵作为发回重新仲裁的法定事由，导致重新仲裁制度得不到有效实施。造成现状的根本原因是，司法解释的规定违背了重新仲裁制度的立法目的，迫使当事人花费更多的时间、精力、成本以解决纠纷。本文拟就重新仲裁的适用情形加以讨论，并提出完善相关立法的可能思路。

关键词：重新仲裁　适用范围　撤销裁决

根据《中华人民共和国仲裁法》（以下简称《仲裁法》）第9条[1]的规定可知，仲裁裁决一经作出，即具有终局性。但在仲裁实践中，由于程序瑕疵、证据效力、仲裁员专业素养等多方面因素的影响，仲裁裁决难免有错误。对于错误或有瑕疵的仲裁裁决，《仲裁法》赋予了当事人申请撤销该裁决的权利，同时又在撤销裁决的处理程序中并入重新仲裁程序——法院审查当事人撤销仲裁裁决申请后，如果认为满足重新仲裁的条件，可以裁定中止仲裁裁决的撤销程序，通知仲裁庭重新仲裁。[2]从《仲裁法》的体系看，重新仲裁应当属于撤销仲裁的组成部分。[3]

撤销仲裁的相关规定占据了《仲裁法》一个章节的篇幅，但对于重新仲

---

　〔1〕《仲裁法》第9条第1款规定，仲裁实行一裁终局的制度。裁决作出后，当事人就同一纠纷再申请仲裁或者向人民法院起诉的，仲裁委员会或者人民法院不予受理。

　〔2〕杨秀清、史飚：《仲裁法学》，厦门大学出版社2016年版，第305页。

　〔3〕重新仲裁位于《仲裁法》第五章"申请撤销裁决"之中，该章除第61条涉及重新仲裁，其余皆为有关撤销裁决的规定。

裁，我国《仲裁法》仅用一个条文做了极为简略的规定，[1]对于重新仲裁的具体适用情形更是仅以司法解释的形式作出简要概括，其立法空白导致仲裁实践中产生了许多问题。本文拟就重新仲裁的适用情形加以讨论，并提出完善相关立法的可能思路。

一、司法解释对重新仲裁事由的限定

作为一项针对错误裁决、瑕疵裁决的救济制度，重新仲裁向仲裁庭提供了更正先前过失的机会，能够减少仲裁裁决被法院撤销的概率，但目前的立法对重新仲裁的适用做了严苛的限制。

（一）司法解释的规定

上文已经指出，我国《仲裁法》对于重新仲裁的规定十分简略，整个重新仲裁制度尚且只在《仲裁法》中占据一个条文，遑论该制度的具体适用情形。事实上，我国《仲裁法》对重新仲裁的适用情形只字未提，当前实践中法院判断仲裁裁决能否发回重新仲裁，皆参照《最高人民法院关于适用〈中华人民共和国仲裁法〉若干问题的解释》第21条[2]的规定。该司法解释将证据瑕疵作为重新仲裁事由，原因在于，尽管证据瑕疵影响了仲裁裁决的公正性，但该瑕疵是当事人的过失所导致，仲裁庭在实体及程序上不存在过错。此时若将仲裁裁决撤销，对于仲裁庭来说有失公正。但若维持仲裁裁决，必定会对另一方当事人不利。[3]在此情形下，适宜将案件发回原仲裁庭重新仲裁。

---

〔1〕《仲裁法》第61条规定，人民法院受理撤销裁决的申请后，认为可以由仲裁庭重新仲裁的，通知仲裁庭在一定期限内重新仲裁，并裁定中止撤销程序。仲裁庭拒绝重新仲裁的，人民法院应当裁定恢复撤销程序。

〔2〕《最高人民法院关于适用〈中华人民共和国仲裁法〉若干问题的解释》第21条规定："当事人申请撤销国内仲裁裁决的案件属于下列情形之一的，人民法院可以依照仲裁法第六十一条的规定通知仲裁庭在一定期限内重新仲裁：（一）仲裁裁决所根据的证据是伪造的；（二）对方当事人隐瞒了足以影响公正裁决的证据的。人民法院应当在通知中说明要求重新仲裁的具体理由。"

〔3〕汪一凡："法院通知重新仲裁的事由及裁量标准"，载《广西政法管理干部学院学报》2015年第2期。

在重新仲裁制度存在立法空白的情况下，该司法解释的出台使法院裁定重新仲裁时有据可依。毫无疑问，其对于重新仲裁制度的发展具有一定的积极意义。但同时我们也应该认识到，该条司法解释将重新仲裁的适用情形局限于证据事项，未免过于限缩了重新仲裁的适用范围，导致如今的司法实践中，能够发回重新仲裁的异议裁决少之又少。

（二）司法实践现状：撤销裁决较多，发回重新仲裁较少

尽管重新仲裁是对瑕疵裁决、错误裁决的有效救济途径，但在实践中，这种制度的适用率极低——笔者在中国裁判文书网上搜索 2018 年度北京市各法院的重新仲裁裁定书，发现整个北京地区的法院，尽管一年中受理了近千起仲裁裁决异议案件，却只作出 3 次重新仲裁裁定。[1] 笔者认为，造成这种现象的原因有两点：

一方面，由于现行司法解释仅将证据瑕疵规定为重新仲裁事由，司法实践中对重新仲裁的适用存在"无法可依"的困境。即使一些仲裁裁决只存在微小瑕疵，但由于此瑕疵不属于证据事项，不在司法解释规定的重新仲裁的适用情形范围之内，多数情况下，人民法院只能选择撤销裁决，并告知当事人重新达成仲裁协议或通过诉讼的方式解决纠纷。

另一方面，法官更倾向于选择直接撤销仲裁裁决。因为发回重新仲裁后，当事人可能因为第二次仲裁中的瑕疵而再次向法院申请审查——相比之下，直接撤销仲裁裁决成了一种"一劳永逸"的做法。[2]

二、司法解释与重新仲裁制度的价值理念冲突

最高人民法院出台司法解释的本意是为重新仲裁制度的适用提供便利，但就上文的分析来看，该司法解释反而在事实上阻碍了重新仲裁制度的发展。其根本原因在于，该司法解释与重新仲裁制度本身的价值理念存在冲突。

---

〔1〕 笔者在裁判文书网上搜索后发现，2018 年北京各法院共对 874 起申请撤销仲裁裁决的案件作出民事裁定，但其中只有 3 起案件被裁定发回仲裁庭重新仲裁；其余案件要么驳回异议，要么裁定撤销仲裁裁决。

〔2〕 杨玲："论我国重新仲裁的发回根据——以国内法院实践为例"，载《北京仲裁》2007年第 1 期。

（一）重新仲裁价值理念梳理

重新仲裁制度立足的基础是一裁终局原则。根据《仲裁法》第 9 条可知，仲裁裁决一经作出即产生与生效判决相同的效力，[1]相对于多审级的诉讼制度而言，仲裁简化了解决争议的程序，具有审理期间短、收取费用低的显著优势。[2]但同时，"一裁终局"也导致仲裁制度无法对存在错误的仲裁裁决自行救济。为维护仲裁裁决的公信力，《仲裁法》规定仲裁裁决受法院监督，当事人如对裁决结果有异议，可申请法院撤销。

然而，法院的监督虽然在一定程度上保证了仲裁裁决的公信力，但也造成了不小的弊端。首先，司法干预冲击了仲裁的独立性，使得仲裁庭作出的仲裁裁决可能被法院撤销，不再具有确定的、终局的效力；并且一旦仲裁裁决被撤销，原先的仲裁协议就失去了效力，双方当事人只能重新达成仲裁协议或直接选择以诉讼的方式解决纠纷，如此便违背了当事人希望通过仲裁解决纠纷的初衷。其次，若被撤销的裁决数量过多，反而可能对仲裁的公信力产生消极影响，这与《仲裁法》创设司法监督仲裁制度的立法目的背道而驰。

基于以上两点的考量，重新仲裁制度应运而生——对于一些仅具有微小瑕疵的裁决，将案件发回原仲裁庭重新审理，由原仲裁庭作出新的裁决，既能保证仲裁裁决的公信力，又能够维护仲裁制度的独立性。换言之，重新仲裁制度诞生即是为减少仲裁裁决被撤销的概率。

但是，上文已经说明，现行司法解释对重新仲裁事由做了极为严格的限定，导致重新仲裁适用率极低，无法达到《仲裁法》的立法原旨。

（二）司法干预仲裁的弊端

上文提到，法院对仲裁的监督，尤其是法院对仲裁裁决的撤销，虽然能够给予仲裁裁决一定的公信力保障，但也造成事实上的司法干预仲裁。重新仲裁制度本来可以缓解司法监督仲裁的消极影响，但现行司法解释很显然没能充分发挥该制度原本可以达到的效果。

之所以强调发挥重新仲裁制度应有的效果，是因为司法干预仲裁存在一

---

[1] 杨桦："重新仲裁事由的程序与实体性质之辨"，载《社会科学家》2019 年第 3 期。

[2] 杨秀清、史飚：《仲裁法学》，厦门大学出版社 2016 年版，第 3 页。

些弊端。事实上，虽然同属于对仲裁裁决异议的处理方式，重新仲裁与撤销仲裁裁决却是两种不同性质的救济途径。

重新仲裁是一种非诉讼的救济措施，法院本身并不对争议的案件作出处理，也不改变仲裁裁决对争议案件实体问题所作的决定，只是通过法院的干预和监督力量迫使仲裁庭对仲裁所处理的案件继续采用仲裁的方式予以处理。撤销仲裁裁决则属于诉讼救济，通过法院的审理使原仲裁裁决的实体内容及其所确定的当事人的权利和义务关系消灭。[1]

对比非诉讼救济，诉讼救济具有特定的劣势。重新仲裁使原仲裁庭自行弥补瑕疵，是针对原仲裁案件之仲裁程序的继续，不仅可以保证当事人以仲裁方式解决其争议的初衷得以实现，也可以节省时间、人力、费用的重复投入。撤销仲裁裁决则使案件重回原点，不仅使得当事人原先的仲裁协议失去效力，也使得仲裁庭的调查审理、双方当事人为此付出的时间和精力成本都付诸东流——虽然能够保障公正，却损失了效益。

本文着眼于发挥非诉讼救济途径的作用，试图使重新仲裁制度真正达到其应有的效用。

三、扩大重新仲裁的适用范围

若要充分发挥重新仲裁的作用，则必须扩大重新仲裁的适用范围，将一些有瑕疵的仲裁裁决发回仲裁庭重新仲裁。本文所探讨的发回重新仲裁，是指将案件发回原仲裁庭重新仲裁——原仲裁庭对案件比较熟悉，可以更高效地解决纠纷。若重新组成仲裁庭，花费的时间成本不亚于一次新的仲裁，不能达到高效的目的。

但是，并不是所有错误的仲裁裁决都可以发回重新仲裁，部分裁决仍然应当由法院撤销。笔者认为，判断仲裁裁决是否可以发回重新仲裁有两点依据：第一，仲裁裁决之瑕疵可由原仲裁庭自行弥补；第二，弥补该瑕疵不会造成程序过分的拖延。[2]以上两点都满足的瑕疵裁决才适宜发回重新仲裁。

---

〔1〕 杨秀清、史飚:《仲裁法学》，厦门大学出版社 2016 年版，第 307 页。
〔2〕 唐姣:"重新仲裁制度的重塑"，中国政法大学 2011 年硕士学位论文。

由于重新仲裁隶属于撤销仲裁之程序，下文将参照我国《仲裁法》第 58 条规定的 7 种撤销裁决事由，分析对于其中何种情形可以在立法上作出调整，由撤销裁决改为发回原仲裁庭重新仲裁。

（一）没有仲裁协议

仲裁协议体现了双方当事人愿意把他们之间将来可能发生或者业已发生的争议交付仲裁的合意，[1]是仲裁机构受理当事人的仲裁申请的依据，也是仲裁庭对当事人提请仲裁的争议案件行使管辖权的依据。换言之，没有有效的仲裁协议，任何一方当事人均无权将争议提交仲裁解决，仲裁机构也无权受理该争议案件，仲裁庭自然也就无权审理该争议案件并作出裁决。[2]

可见，没有仲裁协议是不可弥补的瑕疵，不能发回重新仲裁。

（二）裁决的事项不属于仲裁协议的范围或者仲裁委员会无权仲裁的

该款可拆分为两种情形，虽然被《仲裁法》视作同一类瑕疵，但彼此之间却存在较大差异，笔者认为应当分别讨论。

（1）裁决的事项不属于仲裁协议的范围。裁决事项不属于仲裁协议范围，是指仲裁庭作出的裁决超出了当事人请求的范围。由于仲裁秉持"不告不理"原则，仲裁庭的裁决明显超出其权限范围。对于此类瑕疵，笔者认为，不必一概撤销仲裁裁决，应当分情况处理。

如若超出仲裁协议部分的裁决事项可拆分，则可将仲裁裁决发回原仲裁庭，由其自行删改越权的裁决部分。如若超出仲裁协议部分的裁决事项不可分，那么发回重新仲裁可能会造成程序的过分拖延，反而与仲裁制度强调效率的宗旨相违背。笔者认为，出现裁决事项不属于仲裁协议的范围时，法院应将重新仲裁的时间、精力成本纳入考量，若在个案中，发回重新仲裁反而会造成程序的过分拖延，那么直接撤销仲裁裁决无疑是更好的选择。

（2）裁决事项是仲裁委员会无权仲裁的。裁决事项不具有可仲裁性，是

---

〔1〕 "仲裁协议是指双方当事人愿意把他们之间将来可能发生或者业已发生的争议交付仲裁的协议。"韩健：《现代国际商事仲裁法的理论与实践》，法律出版社 2000 年版，第 42 页。

〔2〕 杨秀清、史飚：《仲裁法学》，厦门大学出版社 2016 年版，第 145 页。

指裁决事项超出了《仲裁法》第 2 条[1]规定的范围，或违反了《仲裁法》第 3 条[2]对仲裁范围的限制，仲裁委员会原本无权受理此类案件，当事人应当通过诉讼或其他途径来解决纠纷。此类瑕疵与上一类虽然都是由于仲裁庭的越权裁决而造成，但此类瑕疵明显不可弥补，违反了法律的强行性规定，笔者认为必须撤销仲裁裁决。

（三）仲裁庭的组成违反法定程序或仲裁程序违反法定程序

《仲裁法》从程序违法的视角出发，将两种原因造成的程序瑕疵汇总至本项中。事实上，虽然同属于程序瑕疵，仲裁庭的组成瑕疵与仲裁程序本身的瑕疵，在可弥补性方面大为不同，笔者认为适宜分别讨论。

（1）仲裁庭的组成违反法定程序。《仲裁法》第四章第二节规定了仲裁庭的组成程序，其中第 31 条[3]、第 33 条[4]、第 34 条[5]的规定在实践中经常出现程序瑕疵，构成了实践中最常见的仲裁庭组成瑕疵。[6]

违反《仲裁法》第 31 条，常常表现在仲裁委员会强行指定仲裁员，没有给予当事人自行选择的机会。笔者认为，强行指定仲裁员违反了当事人的意思自治，仲裁庭的组成非以当事人的合意为基础，所以其并不具有仲裁权，而一个没有仲裁权的仲裁庭所作的裁决自然是无效的。对于此类瑕疵，笔者认为不宜发回重新仲裁，因为重新仲裁仍然是将案件发回原仲裁庭，不能解决原仲裁庭没有仲裁权的问题。

---

[1] 《仲裁法》第 2 条规定，平等主体的公民、法人和其他组织之间发生的合同纠纷和其他财产权益纠纷，可以仲裁。

[2] 《仲裁法》第 3 条规定："下列纠纷不能仲裁：（一）婚姻、收养、监护、扶养、继承纠纷；（二）依法应当由行政机关处理的行政争议。"

[3] 《仲裁法》第 31 条规定："当事人约定由三名仲裁员组成仲裁庭的，应当各自选定或者各自委托仲裁委员会主任指定一名仲裁员，第三名仲裁员由当事人共同选定或者共同委托仲裁委员会主任指定……当事人约定由一名仲裁员成立仲裁庭的，应当由当事人共同选定或者共同委托仲裁委员会主任指定仲裁员。"

[4] 《仲裁法》第 33 条规定，仲裁庭组成后，仲裁委员会应当将仲裁庭的组成情况书面通知当事人。

[5] 《仲裁法》第 34 条规定，仲裁员有下列情形之一的，必须回避，当事人也有权提出回避申请。

[6] 唐姣："重新仲裁制度的重塑"，中国政法大学 2011 年硕士学位论文。

《仲裁法》第 33 条创设了仲裁委员会于双方当事人的通知义务，仲裁委员会未将仲裁庭的组成情况通知当事人即构成程序违法，但并不必然导致仲裁庭没有仲裁权。笔者认为，若仲裁委员会的疏忽未导致仲裁庭的组成有任何实质不公，发回重新仲裁即可；若此瑕疵导致当事人错失申请仲裁员回避的机会，则另当别论。

仲裁庭的组成违反回避情形属于不可弥补的瑕疵，必须撤销仲裁裁决，理由有二：第一，当事人若以仲裁员违反回避义务为由提出异议，则说明当事人对仲裁庭的人员组成存在不满，故仲裁庭不具有仲裁权，必须撤销其所作的裁决；第二，即使当事人基于其他理由向法院提出针对仲裁裁决的异议，法院审查后发现仲裁员属于《仲裁法》第 34 条中的回避人员后，也应当撤销该裁决，因为《仲裁法》第 34 条是强制性规定，此类人员有必须回避的义务。

（2）仲裁程序违反法定程序。《仲裁法》第四章第一节和第三节分别规定了仲裁的申请、受理、开庭、裁决程序，实践中，基于仲裁庭违反这两节的程序性规定而向法院提出异议申请是数量最多、最常见的。

笔者认为，这类程序性瑕疵大多可以发回重新仲裁，因为此类程序性瑕疵至多影响仲裁裁决的公正性，并未动摇仲裁权的合法性，完全可以将案件发回先前的仲裁庭，由其自行弥补错误。更何况，此类程序性瑕疵对仲裁裁决的影响较小，很多情况下甚至不会对仲裁裁决的公正性造成影响，也就是说，即使没有出现该瑕疵，仲裁庭也会得出同样的仲裁裁决——为避免时间、精力等浪费，重新仲裁无疑是很好的选择。

（四）裁决所依据的证据是伪造的

司法解释已将此类瑕疵纳入可重新仲裁的情形。

（五）对方当事人隐瞒了足以影响公正裁决的证据的

司法解释已将此类瑕疵纳入可重新仲裁的情形。

（六）仲裁员在仲裁该案时有索贿受贿、徇私舞弊、枉法裁决行为的

对于仲裁员出现职业操守问题时能否适用重新仲裁，学界一直存在争议。

有学者认为，仲裁员一旦出现职业操守问题，就会导致仲裁庭丧失仲裁基础，因此不应发回重新仲裁；[1]也有学者认为，仲裁员的职业操守问题并不会导致仲裁协议失效，此时仍然可以发回重新仲裁，但需另行组成仲裁庭。[2]

笔者较支持第一种观点，认为此类仲裁裁决应当撤销为宜。仲裁员一旦出现职业操守问题，原先的仲裁庭自然不宜再次接管案件，并且上文已经指出，重组仲裁庭由于效率过低，不在本文讨论范围之内。笔者认为，法院如果不直接撤销仲裁裁决，则由当事人自行选择下一步以何种方式解决纠纷。

（七）违反公共利益

违反公共利益在我国任何部门法中都属于严重违法的情形，因为公共利益关乎社会公众重大利益。仲裁裁决的"瑕疵"若已严重到足以危害公共利益，那么恐怕已经不属于瑕疵，而构成了严重违法。为维护社会稳定，此类裁决绝不能发回重新仲裁，必须撤销仲裁裁决。

四、结语

现行司法解释对于重新仲裁适用情形的规定较为局限，仅将证据类瑕疵作为发回重新仲裁的法定事由，导致司法实践中，重新仲裁制度得不到有效实施，法院往往直接撤销仲裁裁决。造成现状的根本原因是，司法解释的规定违背了重新仲裁制度的立法目的，而这种以撤销仲裁裁决代替重新仲裁的做法，也迫使当事人花费更多的时间、精力以解决纠纷。

上文已经讨论，目前《仲裁法》第58条规定的可撤销裁决中，部分裁决其实可以发回原仲裁庭重新仲裁，并且发回重新仲裁相较于撤销裁决更符合仲裁制度对于效率的价值追求。笔者认为，司法解释对于重新仲裁适用情形的限缩已经严重影响了重新仲裁制度的发展，应当采取措施尽快改变现状。

---

〔1〕 "仲裁员有索贿受贿、徇私舞弊、枉法裁决行为……因仲裁庭没有适当进行仲裁的基础，法院不应将案件发回仲裁庭重新审理。"黄进、宋连斌、徐前权：《仲裁法学》，中国政法大学出版社2008年版，第151页。

〔2〕 "借鉴美国统一仲裁法的立法精神及原则，将仲裁庭组成、仲裁员操守导致的裁决瑕疵，应另行组成仲裁庭重新仲裁为宜，必经仲裁庭的瑕疵不能当然导致仲裁协议的失效。"韩健主编：《涉外仲裁司法审查》，法律出版社2006年版，第351页。

最理想的改良措施自然是修订《仲裁法》，以法律的形式对重新仲裁的适用情形及其他具体细节作出规定；但重修法律的成本过高，最高人民法院亦可延续先前的做法，重新出台司法解释来扩展重新仲裁事由。无论如何，只有将重新仲裁的适用情形进一步扩大，该制度才能真正发挥其应有的效果。